全国水利行业“十三五”规划教材(职业技术教育)
浙江省高职高专院校优势专业建设教材
中国水利教育协会策划组织

乡镇供水工程

(修订版)

主　编　任红侠
副主编　刘建飞　张时珍　王雪梅
　　　　赵　静　张政毓　潘珊珊
主　审　侯根然　刘福臣

黄 河 水 利 出 版 社
·郑 州·

内 容 提 要

本书是全国水利行业“十三五”规划教材、浙江省高职高专院校优势专业建设教材，是根据中国水利教育协会职业技术教育分会高等职业教育教学研究会组织制定的乡镇供水工程课程标准编写完成的。本书共9章，主要内容包括绪论、供水规模的确定及水源的选取、取水构筑物设计、水处理系统设计、输配水系统设计、供水工程构筑物施工、管道工程施工、水源及取水系统管理、水处理构筑物及水厂运行与管理、管网及设备运行与管理等。

本书为高职高专院校水利类、土建类给水排水工程专业的教学用书，也可作为在职人员技术培训的教材。

图书在版编目(CIP)数据

乡镇供水工程/任红侠主编.—郑州：黄河水利出版社，2016.11 （2021.7 修订版重印）

全国水利行业“十三五”规划教材.职业技术教育

ISBN 978-7-5509-1614-2

Ⅰ.①乡… Ⅱ.①任… Ⅲ.①农村给水-给水工程-高等职业教育-教材 Ⅳ.①S277.7

中国版本图书馆 CIP 数据核字(2016)第 308083 号

组稿编辑：王路平 电话：0371-66022212 E-mail：hhslwlp@163.com

出 版 社：黄河水利出版社 网址：www.yrcp.com

地址：河南省郑州市顺河路黄委会综合楼 14 层 邮政编码：450003

发行单位：黄河水利出版社

发行部电话：0371-66026940、66020550、66028024、66022620(传真)

E-mail：hhslcbs@126.com

承印单位：河南承创印务有限公司

开本：787 mm×1 092 mm 1/16

印张：13.25

字数：310 千字 印数：2 101—3 100

版次：2016 年 11 月第 1 版 印次：2021 年 7 月第 3 次印刷

2021 年 7 月修订版

定价：27.00 元

前　言

本书是贯彻落实《国家中长期教育改革和发展规划纲要(2010~2020年)》、《国务院关于加快发展现代职业教育的决定》(国发〔2014〕19号)、《现代职业教育体系建设规划(2014~2020年)》和《水利部教育部关于进一步推进水利职业教育改革发展的意见》(水人事〔2013〕121号)等文件精神,在中国水利教育协会精心组织和指导下,由中国水利教育协会职业技术教育分会组织编写的全国水利行业“十三五”规划教材。教材以学生能力培养为主线,体现了实用性、实践性、创新性的特色,是一套水利高职教育精品规划教材。

为了不断提高教材质量,编者于2021年7月对本书进行了全面修订完善,补充了国家及行业最新颁布的规范、标准,改正了书中在教学实践中发现的问题和错误。

随着城镇化建设步伐的加快、乡镇企业的快速发展、人民生活水平的不断提高,乡镇用水需求增长迅猛,人们对水的要求也越来越高。乡镇供水工程在保障乡镇人民身体健康、促进乡镇经济发展中发挥着重要的作用,带来了巨大的社会效益、经济效益和环境效益。

本书从培养生产一线技能型人才出发,分析岗位所需的职业能力和工作任务,确定和组织教材内容。以理论够用为原则,重点突出实用性,结合新的行业规范,更新、补充了乡镇供水工程的新技术、新要求、新工艺。

本书为全国水利行业“十三五”规划教材、浙江省高职高专院校优势专业建设教材,是中央财政支持建设专业、全国水利骨干专业、浙江省高职高专院校特色专业建设成果之一,在校本教材多年试用的基础上不断修改完善而成。

本书由具有丰富实际工程经验的企业技术专家和相关高职院校具有多年教学经验的骨干教师参加编审工作。编写人员及编写分工如下:绪论由浙江省水利水电勘测设计院潘珊珊、浙江乾方电气有限公司张政毓编写,第一章由浙江同济科技职业学院金斌斌、王雪编写,第二章由杨凌职业技术学院王雪梅、杭州联纵规划建筑设计院童励燕编写,第三章由金华婺城金西水厂俞建华、浙江同济科技职业学院赵静、吴佩佩编写,第四、五、六章由浙江同济科技职业学院任红侠、刘建飞编写,第七章由安徽水利水电职业技术学院张时珍、杨凌职业技术学院王雪梅编写,第八章由浙江同济科技职业学院任红侠、常州工学院范力旻编写,第九章由常州机电职业技术学院刘建功、陕西工业职业技术学院谢静编写。本书由任红侠担任主编,并负责全书统稿;由刘建飞、张时珍、王雪梅、赵静、张政毓、潘珊珊担任副主编;由黄河水利职业技术学院侯根然、山东水利职业学院刘福臣担任主审。

本书从主要参考文献中采用了很多素材和文字材料,在此向文献作者表示诚挚的感谢!

由于编者水平有限,书中错误和不当之处在所难免,恳请读者批评指正。

编　者

2021年7月

目 录

第三篇　供水工程运行与管理

绪 论

水是人们赖以生存的物质基础。人们在日常生活和生产活动中，都要使用大量的各种用途的水，不同用户对水质、水量和水压的要求也不相同，天然水源的水与用户用水要求之间往往存在着这样或那样的矛盾。给水工程就是满足用户对水质、水量和水压要求的一整套的工程设施，它的任务就是安全可靠、经济便利地满足用户对水的要求，保证人民生活、工业企业、公共设施、保安消防等用水，提高人民的生活健康水平，促进国民经济的发展。因此，供水工程在人们的日常生活和国民经济发展中有着十分重要的意义。

乡镇供水工程是向县(市)城区以下的镇(乡)、村、学校、农场、林场等居民区及分散住户供水的永久性工程，以满足乡镇居民、企事业单位的日常生活用水和生产用水需求为主，不包括农业灌溉用水。乡镇供水工程与城市供水工程相比，在建设条件、管理条件、供水方式、用水条件和用水习惯等方面都有较大差异。

一、乡镇供水工程的现状

我国现代化给水工程已有100多年的历史，但目前在乡镇供水中还存在很多问题。

(1)农村饮水与乡镇供水建设严重滞后于当地的经济发展水平。目前，我国农村的吃、住、行、通信、电力等普遍得到改善，而与居民生活质量密切相关的生活用水的发展和改善速度相对较慢，影响了当地经济和社会发展及小城镇建设的进程。

(2)工程建设标准、用水方便程度和保证率都较低。农村供水除人畜饮水由国家积极支持外，其他用水基本处于一种自然发展的状态，存在水资源不合理开采利用、工程建设标准低、用水方便程度和保证率低等问题，无法满足乡镇经济的发展需求。

(3)政策支持不足。乡镇供水工程作为村镇重要的基础设施之一，缺乏有效的政策支持。到目前，我国除对缺水地区解决群众饮水困难有资金补助外，对其他地区还缺乏有力的支持。

(4)供水水价偏低。我国乡镇所在地已建成并投入运行的集中供水工程中，保本微利的、仅达到成本的和达不到成本的约各占1/3，村级供水工程的水价更低，使工程的正常维修和更新改造难以保证。而这不仅影响了供水的经济效益，也不利于供水条件的改善和服务水平的提高。

(5)经营管理方式粗放，模式单一。农村供水缺少科学规划和有效管理，管理意识淡薄，规章制度不完善，管理方式和手段落后。

二、发展乡镇供水的意义

随着城镇化建设步伐的加快、乡镇企业的快速发展、人民生活水平的不断提高，人们对用水的要求也越来越高。乡镇供水工程在保障乡镇人民身体健康、促进乡镇经济发展中发挥着重要的作用，同时带来了巨大的社会效益、经济效益和环境效益。

(1)改善群众生活条件,提高群众生活质量。确保广大群众能够饮用安全、卫生的自来水对提高群众的卫生条件和健康水平有显著作用,特别是对降低肠道传染病的发病率以及各种由水质问题引起的地方病有显著作用。据统计,饮用安全、卫生的自来水可使肠道传染病发病率降低70% ~90%,使传染性肝炎、痢疾、伤寒的发病率降低75% ~85%。

(2)繁荣乡镇企业,促进农村经济的发展。良好的供水条件改善了投资环境,有利于招商和吸引外资搞开发,为村办工业、副业的发展提供了有利条件,如粮食加工、农副产品加工、畜产品加工、棉毛织品加工、果品加工、化工、印染等得以充分发展。

(3)缩小城乡差别、促进全社会协调发展。饮用安全、卫生的自来水不仅直接影响群众的健康水平,而且使许多家庭生活设施、设备(洗衣机、热水器等)能够进入农家,从而有利于改善农户家庭环境,缩小城乡差别,促进全社会协调发展。

(4)促进水资源的综合开发利用。发展乡镇供水,由水利部门统一建设和管理,合理并有计划地开发利用水资源,节约用水。

三、乡镇供水工程的项目申报

(一)建设目标

水利部、卫生部《农村饮水安全项目建设管理办法》(2006)中指出,乡镇供水工程的建设目标是加快解决农村饮水安全问题,改善农民的生存环境和生活条件。解决农村饮水安全问题的范围,主要指解决农村(包括牧区、渔区、农垦区和农村学校)饮水不安全人口的生活饮用水。

(二)建设依据

建设依据如下:

(1)国家发展与改革委员会、水利部、卫生部《农村饮水安全项目建设管理办法》(2006)。

(2)水利部、卫生部《农村饮用水安全卫生评价指标体系》。

(三)项目申报程序

根据《农村饮水安全项目建设管理办法》(2006)有关规定,项目申报时:

(1)原则上以地(市)或县为单元,由具有一定资质的规划设计单位编制项目可行性研究报告,并按现行建设程序的有关要求,由省级发展改革部门商水利部门审批。

(2)地(市)级发展和改革委员会和水利(水务)局根据年度计划控制规模,联合向省(自治区、直辖市)级发展和改革委员会及水利(水务)厅(局)申报年度项目建议计划,由省级发展和改革委员会及水利(水务)厅(局)联合编制省级年度项目建议计划,报送国家发展和改革委员会及水利部。

(3)报送的文件材料包括:①农村饮水安全年度项目建议计划;②所列项目可行性研究报告审批文件;③省级有关部门对配套资金的承诺文件;④上一年度项目建设情况总结,包括工程进度、效益、配套投资到位和中央补助投资的使用情况。

四、乡镇供水工程规划

发展乡镇供水应制定区域供水规划和供水工程规划。区域供水规划根据规划区域内各乡镇的社会经济状况、总体规划、供水现状、用水需求、区域水资源条件及其管理要求、乡镇分布和自然条件等进行编制。规划内容包括供水现状分析与评价，拟建供水工程的类型、数量、布局及受益范围，各工程的主要建设内容、规模、投资估算，建设和管理的近期、远期目标，保障供水工程良性运营的管理措施，以及实现规划的保障措施等。区域供水规划能指导当地乡镇供水工程的建设和管理。

根据水源的水量和水质、供水的水量和水质、供水可靠性、用水方便程度等，对乡镇供水现状进行分析与评价。有符合水质、水量要求的水源时，规划建造集中式供水工程；有条件时，优先选择联片集中式供水或管网延伸式供水，水源和供水范围可跨村、镇等行政区域进行规划，并应做好协调工作。

受水源、地形、居住、电力、经济等条件限制，不适宜建造集中式供水工程时，可根据当地实际情况规划建造分散式供水工程，合理确定其水源、供水范围、供水规模、供水方式、水厂厂址、净水工艺和管网布置。

（一）乡镇供水工程规划设计的原则

（1）工程形式的选择应符合乡镇供水的发展方向，优先选择城乡已有可靠水厂管网延伸供水或建设规模化供水工程，并供水到户。

（2）水源选择和供水范围不应受村、镇（乡），甚至县（市、区）的行政区域限制，应从区域的角度合理配置水资源、选择优质可靠水源并加强水源保护，根据区域水资源条件、地形条件和居民点分布等合理确定供水范围并尽可能规模化联片供水。

（3）工程布置和技术方案应因地制宜、安全可靠，要便于建设与管理，有利于节水、节能和环境保护，要有抵御干旱、洪涝、冰冻、地震、地质等灾害及污染的措施。

（4）应与当地乡镇总体规划相协调，统筹考虑乡镇发展的需要和当前亟待解决的饮水问题，近远期结合，分期实施，近期设计年限宜采用5～10年，远期规划设计年限宜采用10～20年。

（5）应积极采用适合当地条件并成熟实用的新技术、新工艺、新材料和新设备。

（6）应充分利用现有水源工程及供水设施。

（二）乡镇供水工程建设标准及要求

1.建设标准

（1）供水水质。应符合国家《生活饮用水卫生标准》（GB 5749—2006）的要求。

（2）供水量。应满足不同地区、不同用水条件的要求，可参照《村镇供水工程设计规范》（SL 687—2014）确定。

（3）用水方便程度。集中供水工程应尽可能供水到户，无条件做到时可分步实施。

（4）水源保证率。一般地区不低于95%，严重缺水地区不低于90%。

（5）供水水压。集中供水工程的供水水压应满足《村镇供水工程设计规范》（SL 687—2014）的要求。

2.建设要求

参照2004年水利部、卫生部联合发布的《农村饮用水安全卫生评价指标体系》，并结合自然地理特点，新时期农村饮用水安全工程应满足水量充足、水质合格、用水方便、保证率高、可持续运行等方面的要求，全面提高农村饮用水安全标准。

（1）水量充足。在节约用水的前提下，设计水平年限内应满足供水范围内最大用水需求。总供水量主要包括居民生活用水量、饲养畜禽用水量、公共建筑用水量、企业用水量、管网漏失水量和其他未预见用水量等，一般不考虑浇洒道路和绿地用水量。供水规模由设计年限内当地实际用水需求的最高日用水量确定，并满足消防用水量要求。

（2）水质合格。农村饮用水安全工程供水水质应符合我国现行的《生活饮用水卫生标准》（GB 5749—2006）的有关规定。但考虑到目前部分偏远农村地区，受经济和技术条件限制的村组小型供水工程和农村分散供水工程，供水水质应达到《农村实施〈生活饮用水卫生标准〉准则》的要求。

（3）用水方便。一般应建成自来水工程，供水到户。

（4）保证率高。供水水源保证率应在95%以上，海岛等缺水地区不低于90%。

（5）可持续运行。管理规范，机制健全，水价合理，建管并重。

（三）乡镇供水工程规划设计的标准

乡镇供水工程的建设和管理，应符合国家现行有关标准的规定。主要有：

（1）《村镇供水工程设计规范》（SL 687—2014）。

（2）《镇（乡）村给水工程技术规程》（CJJ 123—2008）。

（3）《农村饮用水安全卫生评价指标体系》。

（4）《生活饮用水卫生标准》（GB 5749—2006）。

（5）《地表水环境质量标准》（GB 3838—2002）。

（6）《地下水质量标准》（GB /T 14848—2017）。

（7）《生活饮用水水源水质标准》（CJ 3020—1993）。

（8）《给水排水管道工程施工及验收规范》（GB 50268—2008）。

（9）《给水排水工程管道结构设计规范》（GB 50332—2002）。

五、供水工程的组成

乡镇供水工程可分为集中式和分散式两大类。集中式供水工程是指以乡镇为单位，从水源集中取水输送至水厂，经水厂净化和消毒后，通过配水管网输送到用户或集中供水点的供水工程。其他以户为单位和联户建设的自管自用供水工程为分散式供水工程。

供水系统是由取水、输水、水质处理和配水等设施所组成的总体，可分为取水系统、水处理系统、输配水系统（包括泵站、输水管、调节构筑物等），如图0-1所示。

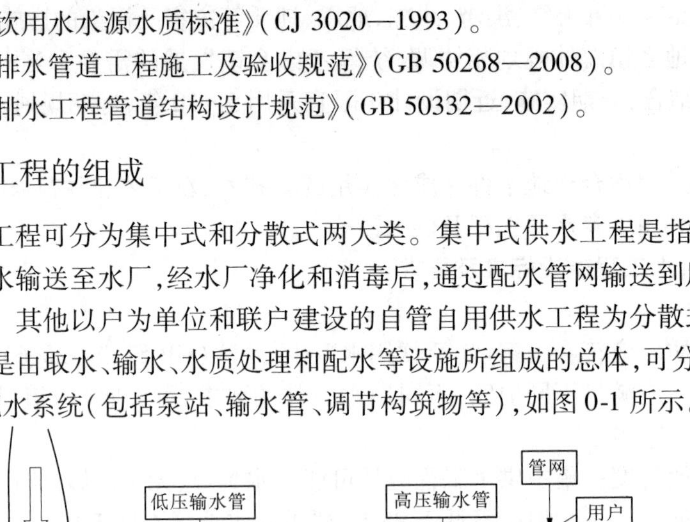

图0-1　供水工程的组成示意图

(1)取水系统。把水从天然水源中取来,并在水量上达到使用要求。由取水构筑物和进水泵房组成。

(2)水处理系统。把取来的原水进行处理,使水质达到国家规定的生活饮用水标准。由净水构筑物和消毒设施组成。

(3)输配水系统。把水在保证水量和压力要求的条件下,通过管网送到用水点。由清水池、取水泵房、输配水管、水塔等组成。

思考与练习

1. 乡镇供水工程规划的原则是什么?
2. 乡镇供水工程建设的要求是什么?
3. 乡镇供水工程由哪些部分组成?各自的作用是什么?

第一篇 乡镇供水工程规划、设计

乡镇供水工程规划、设计的内容包括设计供水规模的确定、水源选取及配置、供水范围和供水方式确定、取水构筑物设计、水厂厂址选择、供水水质和水压确定、净水厂设计、泵站和调节构筑物设计、输配水管网设计等。

集中式供水工程设计应遵照《村镇供水工程设计规范》(SL 687—2014)的要求,还要注意以下几点:

(1)要合理确定供水工程的制水规模和供水规模、合理确定用水量组成与选择用水定额标准。供水规模的确定,应综合考虑需水量、水源条件、制水成本、已有供水能力、类似工程的供水情况。

(2)应详细调查和收集规划区域水资源资料,并据此进行水源论证,选择适宜的供水水源。若规划区有多个水源可供选择,应对其水质、水量、工程投资、运行成本、施工和管理条件、卫生防护条件等进行综合比较,择优确定。干旱年枯水期设计取水量的保证率,严重缺水地区不低于90%,其他地区不低于95%。

(3)供水范围和供水方式应根据区域的水资源条件、用水需求、地形条件、居民点分布等进行技术经济比较,按照优水优用、便于管理、工程投资和运行成本合理的原则确定。

(4)水厂厂址的选择,与水源类型、取水点位置、洪涝灾害、供水范围、供水规模、净水工艺、输配水管线布置、周边环境、地形、工程地质和水文地质、交通、电源、乡镇建设规划等条件有关,影响因素较多,应综合考虑,通过技术经济比较确定。

(5)输配水管道的投资占供水工程总投资的比例较大,线路的选择对其有较大影响。管道系统的布置与地形和地质条件、取水构筑物、水厂和调节构筑物的布置以及用水户的分布等有关。输配水管道的选线应使整个供水系统布局合理、供水安全可靠、节能、工程投资低、施工和维护方便。此外,应科学、合理选择管材。

(6)根据水源水质选择适宜的净水工艺与消毒措施是水厂设计的关键。应根据原水水质、设计规模,参照相似条件下水厂的运行经验,结合当地条件,选择技术可靠、经济合理的工艺和技术。水质净化方案应优先考虑采用净水构筑物方案。

(7)典型工程设计应提供工程总平面布置图、工艺流程图、水厂平面布置图、配水管网水力计算图、水源工程布置图、构筑物高程布置图等。

分散式供水工程形式多样,应根据当地具体条件选择。当淡水资源缺乏或开发利用有困难时,可建造雨水集蓄供水工程;当水资源缺乏,但有季节性雨水或泉水时,可建造引蓄供水工程;当有良好浅层地下水或泉水、用户少、居住分散时,可建造分散式管井或引泉工程。

本篇从设计供水规模、供水的水源、取水设计、供水的水质水压要求、水处理工艺、水厂的布置、管网以及乡镇经济、技术等方面阐述乡镇供水系统设计。

第一章　供水规模的确定及水源的选取

【学习目标】

掌握确定设计供水规模的方法；熟悉常用水源类型；了解选取水源的原则。

乡镇用水不仅包括居民生活用水等常规用水，还包括建筑施工用水、汽车和拖拉机用水，部分农村还有庭院浇灌用水和农田灌溉用水。但居民的生活用水已包括建筑施工用水、汽车和拖拉机用水；庭院浇灌和农田灌溉，年用水次数有限，为非日常用水，根据乡镇一般允许间断供水的特点，从供水系统的经济合理性考虑，不宜将其列入日常供水规模中，但确定水源规模时可根据具体情况适当予以考虑。

常用的水源有江水、河水、湖水、水库水、山溪水等地表水和泉水、浅层水、深层承压水等地下水。水源类型多、水质差异大，为了选择到较好的水源，可跨村、镇、行政区，从区域水资源的角度进行选择，有多水源可供选择时，应通过技术经济比较确定，并优先选择技术条件好、工程投资低、运行成本低和管理方便的水源。水源水质和水量的可靠性是水源选择的关键。

第一节　供水规模的确定

设计供水规模是指供水工程最高日输出的水量。集中式供水工程按供水规模可分为五种类型，见表 1-1。

表 1-1　乡镇集中式供水工程按供水规模分类

工程类型	规模化供水工程			小型集中供水工程	
	Ⅰ型	Ⅱ型	Ⅲ型	Ⅳ型	Ⅴ型
供水规模 W(m^3/d)	$W \geqslant 10\ 000$	$10\ 000 > W \geqslant 5\ 000$	$5\ 000 > W \geqslant 1\ 000$	$1\ 000 > W \geqslant 200$	$W < 200$

常见的用水包括居民生活用水、公共建筑用水、饲养家畜用水、企业用水、浇洒道路和绿地用水、管网漏失及未预见用水、水厂自用水、消防用水等。设计供水规模包括居民生活用水量、公共建筑用水量、饲养家畜用水量、企业用水量、浇洒道路和绿地用水量、消防用水量、管网漏失水量和未预见用水量等。确定水源取水量时除设计供水规模外，还包括水厂自用水等。

确定设计供水规模时，应综合考虑现状用水量、用水条件及发展变化、水源条件、制水成本、用户意愿、当地用水定额标准和类似工程的供水情况。连片集中供水工程的设计供水规模，应分别计算供水范围内各村、镇的用水量。

设计供水规模应根据当地实际用水需求列项，按最高日用水量确定。用水定额是确定设计供水规模及用水量常采用的依据，是指设计年限内达到的用水水平。

一、居民生活用水量

生活用水量是指人们从事生活活动需要的水量。其中，居民生活用水量用 W_1 表示，可按式(1-1)、式(1-2)计算。

$$W_1 = Pq/1\,000 \tag{1-1}$$

$$P = P_0(1+\gamma)^n + P_1 \tag{1-2}$$

式中　W_1——居民生活用水量，m^3/d；

P——设计用水居民人数，人；

q——最高日居民生活用水定额，可按表 1-2 确定，L/(人·d)；

P_0——供水范围内的现状常住人口数，其中包括无当地户籍的常住人口，人；

γ——设计年限内人口的自然增长率，可根据当地近年来的人口自然增长率确定；

n——工程设计年限，a；

P_1——设计年限内人口的机械增长总数，可根据各乡镇的人口规划以及近年来流动人口和户籍迁移人口的变化情况，按平均增长法确定，人。

表 1-2　最高日居民生活用水定额　（单位：L/(人·d)）

气候和地域分区	公共取水点或水龙头入户、定时供水	水龙头入户，基本全日供水	
		有洗涤池，少量卫生设施	有洗涤池，卫生设施较齐全
一区	20～40	40～60	60～100
二区	25～45	45～70	70～110
三区	30～50	50～80	80～120
四区	35～60	60～90	90～130
五区	40～70	70～100	100～140

注：1. 表中“定时供水”是指每天供水时间累计小于 6 h 的供水方式，“基本全日供水”是指每天能连续供水 14 h 以上的供水方式，“卫生设施”是指洗衣机、水冲厕所和淋浴装置等。

2. 一区包括新疆、西藏、青海、甘肃、宁夏，内蒙古西北部，陕西和山西两省黄土高原丘陵沟壑区，四川西部。二区包括黑龙江、吉林、辽宁，内蒙古东部，河北北部。三区包括北京、天津、山东、河南，河北北部以外地区，陕西关中平原地区，山西黄土高原丘陵沟壑区以外的地区，安徽、江苏两省的北部。四区包括重庆、贵州、云南南部以外地区，四川西部以外地区，广西西北部，湖北和湖南两省西部山区，陕西南部。五区包括上海、浙江、福建、江西、广东、海南、安徽和江苏两省北部以外的地区，广西西北部以外地区，云南南部。

3. 本表所列用水量包括了居民散养畜禽用水量、散用汽车和拖拉机用水量、家庭小作坊生产用水量。

确定用水定额时，应对本地乡镇居民的水源条件、供水方式、用水条件、用水习惯、生活水平、发展潜力等情况进行调查分析，并遵照以下原则：村庄比镇区低，生活水平较高地区采用高值，有其他洁净水源可用且取水方便的地区宜采用低值，发展潜力小的地区宜采用低值。当实际调查情况与表 1-2 有出入时，应根据当地实际情况适当增减。

二、公共建筑用水量

公共建筑包括学校、机关、医院、饭店、旅馆、公共淋浴室、商店等。《建筑给水排水设计规范》(GB 50015—2003)(2009 年版)对各种用水定额做了详细的规定,但对村镇来说普遍偏高,应适当折减。公共建筑用水量用 W_2 表示,应根据公共建筑性质、规模及其用水定额确定,并应符合下列要求。

(1)村庄的公共建筑用水量,可只考虑学校和幼儿园的用水,可根据师生人数、是否寄宿,按表 1-3 中的用水定额确定。

表 1-3 农村学校的最高日生活用水定额 (单位:L/(人·d))

走读师生和幼儿园	寄宿师生
10 ~ 25	30 ~ 40

注:综合考虑气温、水龙头布设方式及数量、冲厕方式等取值,南方取较高值,北方取较低值。

(2)乡镇政府所在地、集镇,公共建筑较多且发展势头强劲时应充分考虑其用水。可用《建筑给水排水设计规范》(GB 50015—2003)(2009 年版)确定公共建筑用水定额。当缺乏资料时,公共建筑用水量可按居民生活用水量的 10% ~25% 估算。其中,集镇和乡镇政府所在地可为 10% ~15%,建制镇可为 15% ~25%。

三、饲养畜禽用水量

集体或专业户饲养畜禽最高日用水量 W_3 应根据畜禽饲养方式、种类、数量、用水现状和近期发展计划等确定,并应符合以下要求:

(1)圈养时,饲养畜禽最高日用水定额可按表 1-4 选取。

(2)放养畜禽时,应根据用水现状对按定额计算的用水量适当折减。

(3)有独立水源的饲养场可不考虑此项。

表 1-4 饲养畜禽最高日用水定额 (单位:L/(头或只·d))

家畜类别	马、骡、驴	育成牛	奶牛	母猪	育肥猪	羊	鸡	鸭
用水定额	40 ~ 50	50 ~ 60	70 ~ 120	60 ~ 90	30 ~ 40	5 ~ 10	0.5 ~ 1.0	1.0 ~ 2.0

四、企业用水量

(1)企业用水量用 W_4 表示。应根据企业类型、规模、生产工艺、生产条件及要求、用水现状、近期发展计划和当地的生产用水定额标准等确定,也可按表 1-5 计算,当用水量与该表出入较大时,可按当地统计资料经主管部门批准,适当增减用水定额。

表 1-5 各类乡镇工业生产用水定额

工业类别	榨油(m^3/t)	豆制品加工(m^3/t)	制糖(m^3/t)	罐头加工(m^3/t)	酿酒(m^3/t)	制砖(m^3/万块)	屠宰(m^3/头)	制革制茶(m^3/担)
用水定额	6 ~ 30	5 ~ 15	15 ~ 30	10 ~ 40	20 ~ 50	7 ~ 12	0.3 ~ 1.5	0.2 ~ 0.5

(2)企业内部工作人员的生活用水量,应根据车间性质、温度、劳动条件、卫生要求等确定。无淋浴的可为20~30 L/(人·班),有淋浴的可为40~50 L/(人·班)。

(3)对耗水量大、水质要求低或远离居民区的企业,是否将其列入供水范围,应根据水源充沛程度、经济比较和水资源管理要求以及企业意愿等确定,并对企业用水现状及发展计划进行调查。

(4)只有家庭手工业、小作坊的乡镇不计此项。

五、浇洒道路和绿地用水量

浇洒道路和绿地用水也称为市政用水量,用 W_5 表示。当经济条件好或规模较大的乡镇确实需要时,可根据浇洒道路和绿地的面积,按1.0~2.0 L/(m^2·d)的用水负荷计算。其余镇(乡)、村可不计此项。

六、管网漏失水量和未预见水量

在供水工程运行中,管网会产生不同程度的漏水,也会有未考虑到以上用水项中的一些用水。管网漏失水量与管网长度、管道连接方式、管龄等有关,未预见水量主要与发展有关。管网漏失水量和未预见水量之和用 W_6 表示,宜按上述用水量之和的10%~25%取值,应综合考虑管网长度和用水区的发展潜力确定,村级供水工程取较低值,乡镇供水工程和规模化供水工程取较高值。

$$W_6 = (W_1 + W_2 + W_3 + W_4 + W_5) \times (0.1 \sim 0.25)$$

七、水厂自用水量

在饮用水工程中,原水必须经过处理,符合饮用水标准后才能送给用户。水厂内部生产工艺过程和其他用途所需用的水,称为水厂自用水量,用 W_7 表示。水厂自用水量应根据原水水质、净水工艺和净水构筑物(设备)类型确定。采用常规净水工艺的水厂,可按最高日用水量的5%~8%计算;只进行消毒处理的水厂,可不计此项。

八、消防用水量

消防用水量用 W_8 表示,应按《建筑设计防火规范》(GB 50016—2014)和《农村防火规范》(GB 50039—2010)确定。

编制乡镇规划时应同时规划消防给水和消防设施,并宜采用消防、生产、生活合一的给水系统。消防水池的容量应满足在火灾延续时间内消防用水的要求。甲、乙、丙类液体储罐和易燃、可燃材料堆场的火灾延续时间不应小于4 h,其他建筑不应小于2 h。

下列情况可不列此项:

(1)允许短时间间断供水的用水区,主管网的供水能力大于消防用水量。

(2)乡镇附近有可靠的其他水源且取水方便可作为消防水源。

九、设计供水规模

设计供水规模按最高日用水量(也称设计用水量)确定,用 W_d 表示。在计算时,由于水厂自用水不进入供水管网，消防用水也不是每天都发生的，消防用水量只是储存在水厂的清水池中，所以设计用水量不包括这两项。

设计用水量等于居民生活用水量 W_1、公共建筑用水量 W_2、饲养畜禽用水量 W_3、企业用水量 W_4、市政用水量 W_5、管网漏失水量和未预见水量 W_6 等项之和，即

$$W_d = W_1 + W_2 + W_3 + W_4 + W_5 + W_6$$

水源取水量也称设计取水量，是确定水源及取水构筑物设计规模的重要依据。设计取水量可按设计供水规模加上水厂自用水量确定，用 W 表示；当输水管道较长时，应增加输水管道的漏失水量。

$$W = W_1 + W_2 + W_3 + W_4 + W_5 + W_6 + W_7$$

采用反渗透脱盐工艺的供水工程，供水规模可按 5 ~ 7 L/(人·d)的水量确定，取水量可按日产水量的 1 倍计算。

十、用水量变化系数

（一）时变化系数 K_h

在最高日用水时，每一时段的用水量并不一样。最高用水量发生在用水高峰时段，把这一时段的用水量称作最高日最高时供水量，用 W_h 表示。最高日最高时供水量与最高日平均时供水量 $\overline{W}_h$ 之比称为时变化系数。时变化系数反映用水变化的幅度。

时变化系数应根据各乡镇的供水规模、供水方式，生活用水和企业用水条件、方式和比例，结合当地相似供水工程的最高日供水情况综合分析确定，并应符合下列要求：

（1）基本全日供水工程的时变化系数 K_h，可按表 1-6 确定。

表 1-6　基本全日供水工程的时变化系数

供水规模 W(m^3/d)	W > 5 000	5 000 ≥ W > 1 000	1 000 ≥ W ≥ 200	W < 200
时变化系数 K_h	1.6 ~ 2.0	1.8 ~ 2.2	2.0 ~ 2.5	2.5 ~ 3.0

注：当企业日用水时间长且用水量比例较高时，时变化系数可取较低值；当企业用水量比例很低或无企业用水量时，K_h 可在 2.0 ~ 3.0 范围内取值；用水人口多、用水条件好或用水定额高的取较低值。

（2）定时供水工程的 K_h，可在 3.0 ~ 4.0 范围内取值，日供水时间长、用水人口多的取较低值。

（二）日变化系数 K_d

每天的用水量都不相同。日变化系数 K_d 是最高日供水量与平均日供水量的比值。实际应用中应根据供水规模、用水量组成、生活水平、气候条件，结合当地相似供水工程的年内供水变化情况综合分析确定，可在 1.3 ~ 1.6 范围内取值。

第二节　水源的选取

一、水源选择的基本要求

常用的水源有江水、河水、湖水、水库水、山溪水等地表水和泉水、浅层水、深层承压水

等地下水,无条件地区可收集雨(雪)水作为水源。由于乡镇在地理位置、气候特征等方面相差悬殊,并且水源类型多、水源水质差异大,在进行水源选择时应结合乡镇水源特点考虑以下几个方面:

(1)水质良好、便于卫生防护。水源水质应根据《生活饮用水水源水质标准》(CJ 3020—1993)判别是否符合要求。地下水水源,其水质要符合《地下水质量标准》(GB/T 14848—2017),地表水水源水质要符合《地表水环境质量标准》(GB 3838—2002)的要求。当水源水质不符合上述要求时,应采用相应的特殊净化工艺进行处理,并要符合《生活饮用水卫生标准》(GB 5749—2006)的要求。取水点应避开污染源,保护区内的污染源和污染物应及时清除。

(2)水量充沛。水量除保证当前需水量外,还应满足一定时期内社会经济发展的需要。地下水水源的设计取水量应小于允许开采量,开采后不应引起地下水水位持续下降、水质恶化及地面沉降;地表水水源的设计枯水期流量的年保证率,严重缺水地区不低于90%,其他地区不低于95%。当单一水源水量不能满足要求时,可采取多水源或加大调蓄能力等措施。对于规模化供水工程,有条件时应用备用水源。

(3)符合当地水资源统一规划管理的要求。应能获得取水许可证;按照优质水源优先保证生活用水的原则,合理处理与其他用水之间的矛盾;符合防洪管理要求。选择水源时,必须配合经济、计划部门制定水资源开发利用规划,全面考虑、统筹安排,正确处理与给水工程有关部门(如农业灌溉、水力发电、航运、木材流送、水产、旅游及排水等)的关系,以求合理地运用和开发水资源,特别是水资源比较贫乏的地区,合理开发利用水资源对所在地区的全面发展具有决定性意义。

二、水源选择的顺序

乡镇水源情况差异大,有些地方还存在着多种水源。当有多个水源可供选择时,应对其水质、水量、位置、高程、施工和管理难度、卫生防护,结合净水工艺及成本、供水系统节能布置、管网布置等进行综合比较,并宜根据下列要求择优确定:

(1)小型供水工程,宜优先选择仅需消毒即可饮用的泉水、井水或截潜流等地下水。一般地下水源,取水条件及取水构筑物简单,便于施工和运行管理;水质较好,水处理工艺比地表水简单,故处理构筑物投资和运行费用较为节省;便于靠近用户建立水源,从而降低给水系统,特别是输水管和管网的投资,节省输水运行费用,同时也提高了给水系统的安全可靠性;便于分期修建;便于建立卫生防护区。按照开采和卫生条件,选择地下水源时,通常按泉水、承压水(或层间水)、潜水的顺序。

(2)规模化供水工程,宜优先选择保证率高且水质良好的地表水源,如江水、河水、受轻微污染的水库水及湖泊水等,尤其应优先选择水库、傍河井或渗渠等水源。

(3)山丘区,宜选择地势较高的水源。地势高的水源可以靠重力输送,自流供水,输水成本低,工程投资小,工程效益显著。

(4)平原地区的水源井,应选择不受污染的含水层作为开采层。

在选择水源时可依照以下顺序考虑:①可直接饮用或经消毒等简单处理即可饮用的水源,如泉水、深层地下水(承压水)、浅层地下水(潜水)、山溪水、未污染的洁净水库水和未污染的洁净湖泊水；②经常规净化处理后即可饮用的水源，如江河水，受轻微污染的水库水及湖泊水等；③便于开采，但需经特殊处理后方可饮用的地下水源，如含铁、锰量超过《生活饮用水卫生标准》(GB 5749—2006)的地下水源，高氟水；④缺水地区可修建收集雨水的装置或构筑物(如水窖等)，作为分散式给水水源。

三、雨水水源

对于地面水和地下水都极端缺乏，或对常规水资源的开采十分困难的山区，解决水的问题只能依靠雨水资源。雨水集蓄工程能就地开发利用雨水资源，依靠农民自主修建和管理。要实现缺水山区的可持续发展，雨水集蓄利用是一种不可替代的选择。

对于地表水、地下水缺乏或开采利用困难，且多年平均降水量大于250 mm的半干旱地区和经常发生季节性缺水的湿润、半湿润山丘地区，以及海岛和沿海地区，可利用雨水集蓄解决人畜饮用、补充灌溉等用水问题。

思考与练习

1. 影响供水规模的因素有哪些？
2. 设计用水量如何确定？设计取水量如何确定？
3. 时变化系数、日变化系数的含义是什么？有什么实际意义？
4. 常用的饮用水水源有哪几类？选取水源的原则是什么？
5. 某镇最高日用水量为15万m^3，每小时用水量变化如表1-7所示。

表1-7　某镇每小时用水量变化表

时间段	0:00～1:00	1:00～2:00	2:00～3:00	3:00～4:00	4:00～5:00	5:00～6:00
用水量(%)	2.53	2.45	2.50	2.53	2.57	3.09
时间段	6:00～7:00	7:00～8:00	8:00～9:00	9:00～10:00	10:00～11:00	11:00～12:00
用水量(%)	5.31	4.92	5.17	5.10	5.21	5.21
时间段	12:00～13:00	13:00～14:00	14:00～15:00	15:00～16:00	16:00～17:00	17:00～18:00
用水量(%)	5.09	4.81	4.99	4.70	4.62	4.97
时间段	18:00～19:00	19:00～20:00	20:00～21:00	21:00～22:00	22:00～23:00	23:00～24:00
用水量(%)	5.18	4.89	4.39	4.17	3.12	2.48

求：(1)该镇的最高日平均时用水量和最高时用水量、时变化系数。

(2)绘制用水量变化曲线。

6. 某乡镇最高日生活用水量标准为60 L/(人·d)，用水人口3 200人，生产用水量为90 m^3/d。水厂实行24 h工作制，$K_h = 2.0$。消防用水由于供水区域较小且附近又有河道，故不考虑，管网漏水及未预见水量按最高日用水量的20%计，水厂自用水量按最高日用水量的5%计。

试确定水厂设计规模和取水泵站设计流量、送水泵站设计流量。

7. 某村现有人口3 500人，牲畜用水为45 m^3/d，企业用水为110 m^3/d。人口自然增长率12‰，设计年限为15年，生活用水量标准为80 L/(人·d)，管网漏水及未预见水量按最高日用水量的20%计，水厂自用水量按最高日用水量的10%计，水厂实行16 h工作制，$K_h=2.0$。

试计算水厂设计规模和取水泵站设计流量、送水泵站设计流量。

第二章 取水构筑物设计

【学习目标】

掌握固定式取水构筑物的适用范围、类型、结构；掌握管井、大口井、复合井、辐射井、渗渠和泉室的适用条件及结构；了解移动式取水构筑物的类型、结构。

常用饮用水水源有江河、湖泊、水库、山溪水、泉水、浅层水、深层承压水、雨水等。乡镇集中式供水工程的取水构筑物可分为地表水取水构筑物和地下水取水构筑物。地表水取水构筑物的形式主要有固定式(岸边式、河床式、引水式)、活动式(浮船式、缆车式)、低坝式和低栏栅式；地下水取水构筑物的形式主要有管井、大口井、复合井、辐射井、渗渠和泉室等。

第一节 地表水取水构筑物设计

地表水水体受自然因素和人为因素的影响，具有各自的特性。地表水种类、性质和取水条件的差异，使地表水取水构筑物有多种类型。

地表水取水构筑物的位置应根据下列基本要求，通过技术经济比较确定：

(1)位于村镇上游等水源水质较好的地带。

(2)靠近主流，枯水期有足够的水深。

(3)有良好的工程地质条件，稳定的岸边和河(库、湖等)床。

(4)易防洪，受冲刷、泥沙、漂浮物、冰凌的影响小。

(5)靠近主要用水区。

(6)符合水源开发利用和整治规划的要求，不影响原有工程的安全和主要功能。

(7)施工和运行管理方便。

地表水取水构筑物按取水方式分为水泵取水和自流引水。按取水构筑物的构造分为固定式取水构筑物、活动式取水构筑物、低坝式取水构筑物和底栏栅式取水构筑物，固定式取水构筑物包括岸边式取水构筑物、河床式取水构筑物、引水式取水构筑物，活动式取水构筑物包括浮船式取水构筑物、缆车式取水构筑物。

固定式取水构筑物具有取水可靠、维护管理简单、适用范围广等优点，但投资较大、水下工程量较大、施工期长，适用于各种取水量和各种地表水源；活动式取水构筑物具有投资小、施工期短、见效快、水下工程量小、对水源水位变化适应性强、便于分期建设等优点，但维护管理复杂，易受水流、风浪、航运的影响，取水可靠性差，适用于水源水位变幅大，供水急和取水量不大的情况，多用于河流、水库和湖泊取水。

选择取水构筑物的类型时，应根据取水量和水质要求，结合河床地形、河床冲淤、水位变幅、冰冻和航运等情况以及施工条件，在保证取水安全可靠的前提下，通过技术经济比较确定。

一、固定式取水构筑物

(一)岸边式取水构筑物

直接从江河岸边取水的构筑物,称为岸边式取水构筑物,由进水间和泵房两部分组成,如图 2-1 所示。它适用于河流(水库、湖泊)岸坡较陡、稳定、工程地质条件良好,岸边有足够水深,水位变幅较小、水质较好时取水。

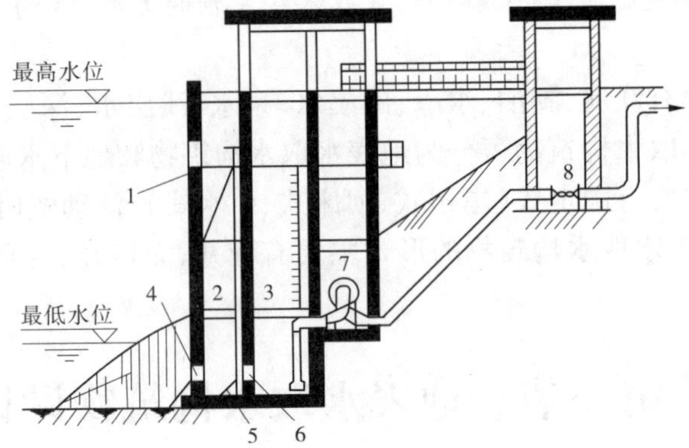

1—进水间;2—进水室;3—吸水室;4—进水孔;
5—格栅;6—格网;7—泵房;8—阀门井

图 2-1 岸边式取水构筑物

河水从进水孔进入进水间的进水室,再经过格网进入吸水室后由水泵送至水厂。进水孔上设有格栅拦截水中粗大的漂浮物及鱼类。格栅由金属框架和栅条组成,栅条断面有矩形、圆形等,栅条厚度或直径一般为 10 mm,栅条净距视水中漂浮物情况而定,通常采用 30 ~ 120 mm。格网设在吸水室前,用以拦截水中细小的漂浮物。

在不同季节、不同水深,深水湖泊或水库的水质相差较大。为避免水生生物及泥沙的影响,可以在取水构筑物的不同高度设置取水窗。

小型岸边式取水构筑物的平面形状主要有圆形、矩形等。圆形取水构筑物平面结构性能好,便于施工,但水泵、设备等不好布置,面积利用率不高;矩形取水构筑物结构性能不及圆形,但便于机组、设备布置。

(二)河床式取水构筑物

利用伸入江河中心的进水管和固定在河床上的取水头部取水的构筑物,称为河床式取水构筑物。河床式取水构筑物由取水头部、进水管、集水井(集水间)和泵房等部分组成。河水经取水头部的进水孔流入,沿进水管流至集水间,然后由水泵抽走。

当河(水库、湖泊)岸边平坦、枯水期水深不足或水质不好,而河(水库、湖泊)中心有足够水深、水质较好且床体稳定时,可采用河床式取水构筑物。

为了提高进水的安全可靠性和便于清洗检修,进水管一般不少于两条。当一条检修时,其余进水管通过的流量应满足事故用水要求。进水管的管径按正常供水时的设计水量和流速确定,设计流速一般不小于 0.6 m/s(不淤流速),以免泥沙沉积造成淤积;当水量和含沙量较大、进水管较短时，可适当增大管内流速，当管道冲洗或检修时，管中流速允许达到1.5～2.0 m/s。按照进水管形式的不同，河床式取水构筑物分为以下类型。

1. 自流管取水

自流管淹没在水中，河水依靠重力从取水头部流入集水井，经格网进入吸水井，再由水泵抽走（见图2-2）。管材一般采用钢管、铸铁管和钢筋混凝土管。当水位变幅较大、洪水期历时较长、水中含沙量较高时，可在集水间壁上开设不同高程的进水孔或自流管，以便在洪水期取上层含沙量较少的水。

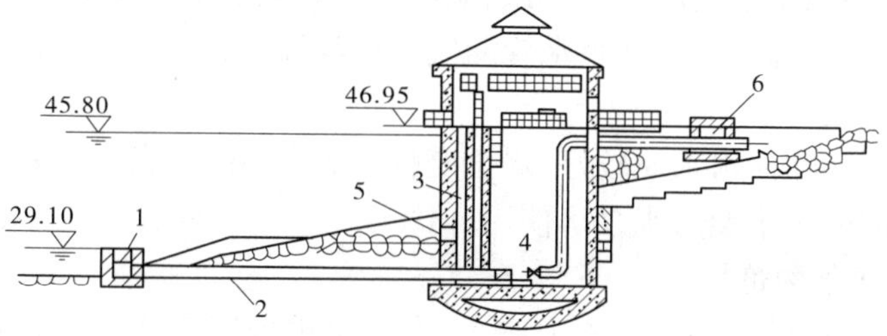

1—取水头部；2—自流管；3—集水井；4—泵房；5—进水孔；6—阀门井

图2-2　自流管式河床式取水构筑物

当河床较稳定、河岸平坦、主流距离河岸较远或河岸水深较浅、岸边水质较差、自流管埋深不大、允许在河岸开挖敷设自流管时，从河中取水宜采用自流管取水。

2. 虹吸管取水

图2-3为虹吸管式取水构筑物。河水从取水头部靠虹吸作用流至集水井中，然后由水泵抽走。当河水位高于虹吸管顶时，无需抽真空即可自流进水；当河水位低于虹吸管顶时，须先将虹吸管抽成真空方可进水。

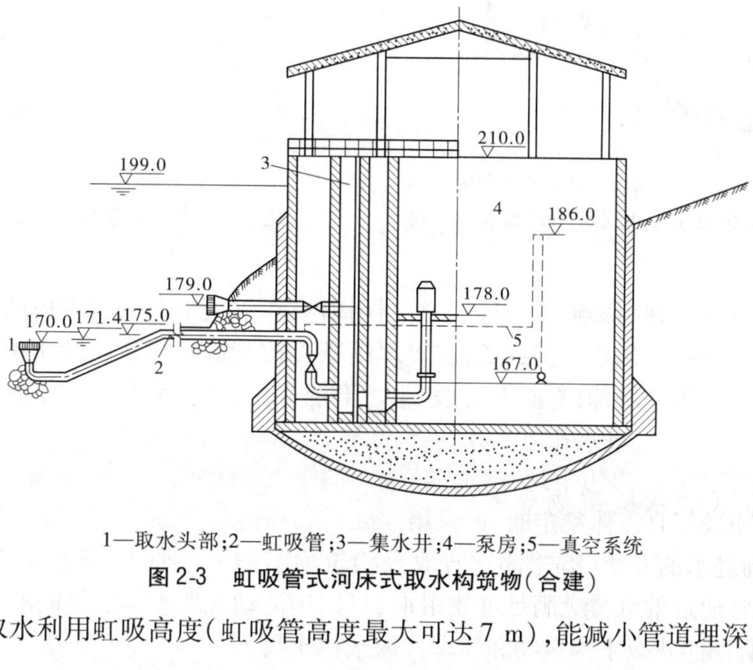

1—取水头部；2—虹吸管；3—集水井；4—泵房；5—真空系统

图2-3　虹吸管式河床式取水构筑物（合建）

虹吸管取水利用虹吸高度（虹吸管高度最大可达7 m），能减小管道埋深，减少水下施工量和自流管的大量开挖，缩短工期，节约投资。但虹吸管对管材及施工质量要求较高，运行管理要求严格，并须保证管道严密不漏气；需要装置真空设备；虹吸管管路相对较长，容积也大；真空引水水泵启动时间较长，工作可靠性不如自流管。

在河水水位变幅较大，河滩宽阔，河岸较高，自流管埋设较深，枯水期主流离岸较远而水位较低，管道需要穿越防洪堤等情况下，从河中取水时宜采用虹吸管。

3. 水泵直接吸水

图 2-4 为水泵直接吸水式取水构筑物。不设集水井，水泵吸水管直接伸入河中取水。由于不设集水井，利用水泵吸水高度，可以减小水泵房埋深，结构简单，施工方便，造价较低。但要求施工质量较高，不允许吸水管漏气。当河流泥沙颗粒较大时，管道易受堵塞且对水泵叶轮磨损较大。

水泵直接吸水宜在河水水质较好、水位变幅不大、水中漂浮杂质少、取水量小、吸水管不长且不需设格网的中小型取水泵房使用。

（三）引水式取水构筑物

在水深大于 10 m 的湖泊或水库中取水，或当岸边坡度较缓、岸边地质条件及地形不适宜修建构筑物时，宜采用引水式布置，可用引水隧洞或引水明渠取水。

隧洞式取水构筑物可采用水下岩塞爆破法施工（见图 2-5）。在挖掘修建取水隧洞的下游端，在接近湖底或库底的地方预留一定厚度的岩石（岩塞），然后采用水下爆破的办法，一次炸掉预留岩塞，从而形成取水口。

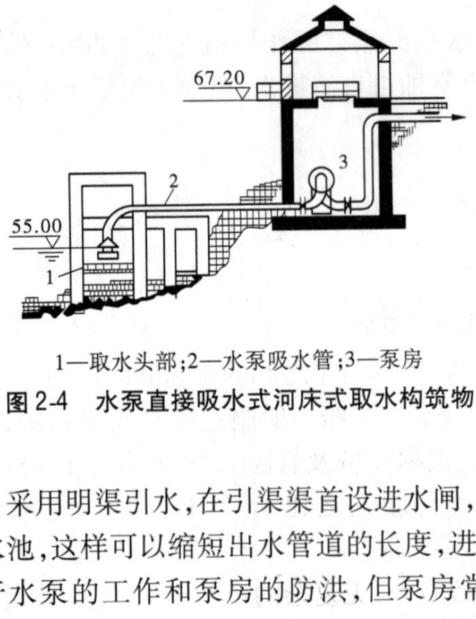

1—取水头部；2—水泵吸水管；3—泵房

图 2-4　水泵直接吸水式河床式取水构筑物

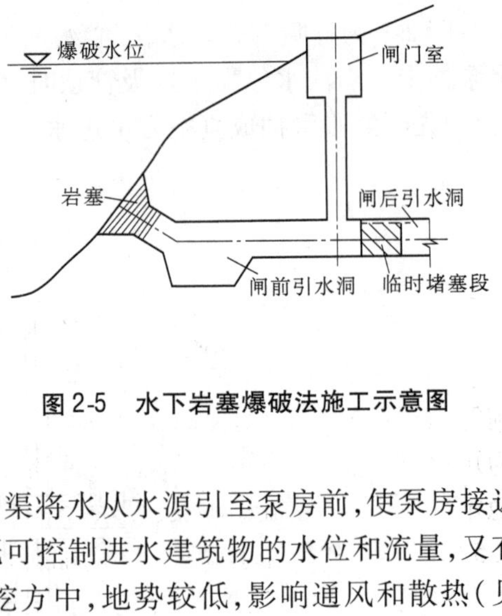

图 2-5　水下岩塞爆破法施工示意图

采用明渠引水，在引渠渠首设进水闸，利用引渠将水从水源引至泵房前，使泵房接近出水池，这样可以缩短出水管道的长度，进水闸既可控制进水建筑物的水位和流量，又有利于水泵的工作和泵房的防洪，但泵房常处于挖方中，地势较低，影响通风和散热（见图 2-6）。

二、活动式取水构筑物

当水源水位变幅很大，修建固定式取水构筑物不能满足要求，且水位涨落速度小于 2.0 m/h、水流不急、枯水期水深大于 1 m 时，可采用活动式取水构筑物取水。活动式取水构筑物主要有浮船式取水构筑物和缆车式取水构筑物。

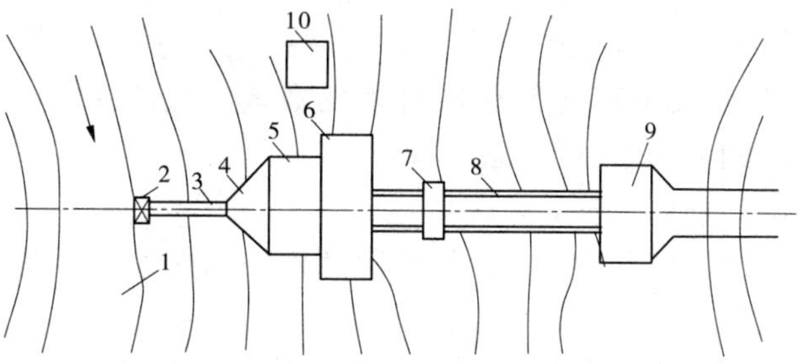

1—河道;2—进水闸;3—引渠;4—前池;5—进水池;
6—泵房;7—镇墩;8—出水管;9—出水池;10—变电站

图 2-6 引水式取水布置示意图

(一)浮船式取水构筑物

浮船式取水构筑物如图 2-7 所示,将取水设备直接安装在浮船上,浮船能随水位涨落而升降,可随河流主航道的变迁而移动。

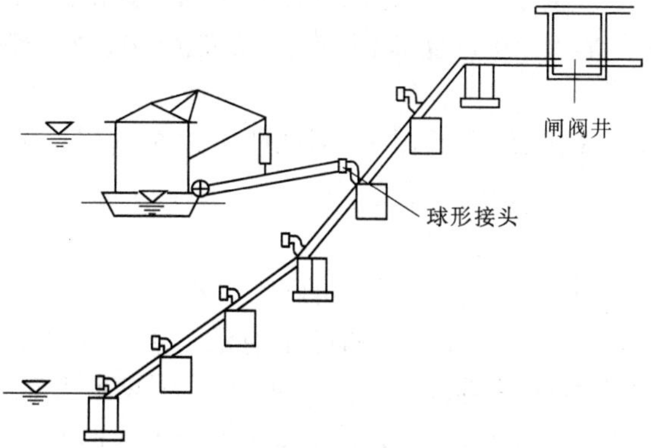

图 2-7 浮船式取水构筑物

浮船式取水构筑物一般由浮船、联络管、输水管、船与岸之间的交通联络设备、锚固设施等组成。浮船可采用木船、钢板船、钢网水泥船等。浮船一般制造成平底围船式,平面为矩形,横截面可为矩形或梯形。浮船的尺寸应根据设备及管路布置、操作及检修要求、稳定性等因素而定。一般船宽 5 ~ 6 m,船长与船宽之比为 2∶1 ~ 3∶1,吃水深为 0.5 ~ 1.0 m,船体深 1.2 ~ 1.5 m,船首、船尾长 2 ~ 3 m。

浮船式取水构筑物的优点是:工程用材少,投资小;无复杂的水下施工作业,且无大量的土石方工程,施工简单,基建费用较低;在河流水文和河床易变化的情况下,能经常取得含沙量少的表层水。但浮船式取水构筑物受风浪、航运、漂木及浮筏、河流流量、水位的急剧变化影响较大,安全可靠性差;取水需随水位的涨落拆换接头,移动船位,紧固缆绳,收放电线电缆,尤其在水位变化幅度大的洪水期,操作管理更为频繁;浮船必须定期维护,且工作量大。

浮船式取水构筑物适用于河岸较稳定,河床冲淤变化小,岸坡角度在 20° ~ 30°;水位变幅在 10 ~ 35 m,枯水期水深不小于 1.5 ~ 2 m,河水涨落速度在 2 m/h 以内;水流平缓,风浪不大;河流漂浮物少、无冰凌且不易受漂木、浮筏、船只撞击等条件。

考虑供水规模、供水安全程度等因素,浮船的数量一般情况下不少于两只,若可间断供水或有足够容积的调节水池,可考虑设置一只。

1. 浮船式取水构筑物取水位置的选择

浮船式取水构筑物的位置应选在河岸较陡和停泊条件良好的地段,要有可靠的锚固设施。应注意以下几点:

(1)河岸有适宜的坡度。岸坡过于平缓,不仅联络管增长,而且移船不方便,容易搁浅。当采用摇臂式连接时,岸坡宜陡些。

(2)设在水流平缓、风浪小的地方,以利于浮船的锚固和减小颠簸。在水流湍急的河流上,浮船位置应避开急流和大回流区,并与航道保持一定距离。

(3)尽量避开河漫滩和浅滩地段。

2. 浮船的平衡与稳定

为了保证运行安全,浮船应在正常运转、风浪作用、移船、设备装运时均能保持平衡与稳定。首先应通过设备布置使浮船在正常运转时接近平衡,在其他情况下(如不平衡)可用平衡水箱或压舱重物来调整平衡。为保证操作安全,在移船和风浪作用时,浮船的最大横倾角以不超过 7° ~ 8°为宜。为防止沉船事故,应在船舱中设水密隔舱。

3. 联络管和输水管

浮船随河水涨落而升降,随风浪而摇摆,因此船上水泵与岸边输水管间的联络管应转动灵活。常用连接方式有阶梯式和套筒式。

1)阶梯式连接

按选用连接管材的不同,分为柔性连接和刚性连接。

(1)柔性联络管连接(见图 2-8),采用两端带有法兰接口的橡胶软管作联络管,管长一般为 6 ~ 8 m。橡胶软管使用灵活,接口方便,但承压一般不大于 490 kPa,使用寿命较短,管径较小(一般为 350 mm 以下),适宜在水压和水量不大时采用。

(2)刚性联络管连接(见图 2-9)。采用两端各有一个球形万向接头的焊接钢管作为联络管,管径一般在 350 mm 以下,管长一般为 8 ~ 12 m。钢管承压高,使用年限长,故采用较多。球形万向接头转动灵活,使用方便,转角一般采用 11° ~ 15°。

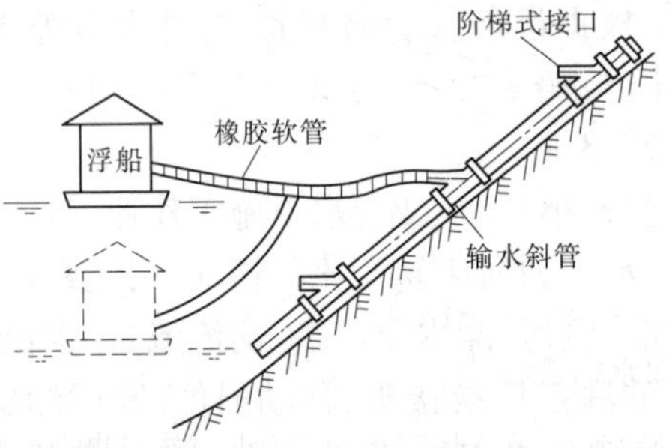

图 2-8 柔性联络管连接

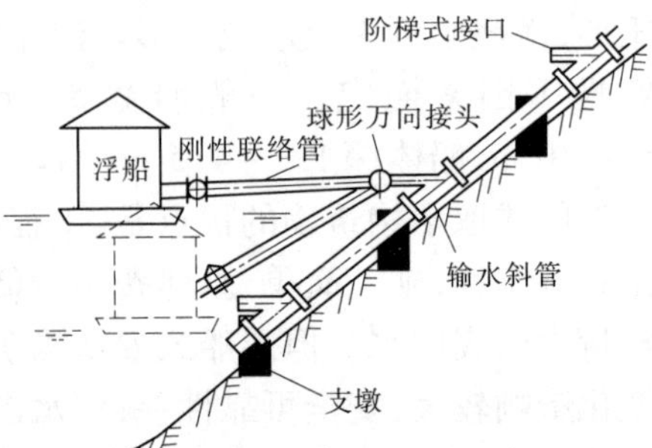

图 2-9 刚性联络管连接

(3)阶梯式连接,由于受联络管长度和球形万向接头转角的限制,当水位涨落超过一定范围时,就需移船和换接头,且须短时间停止取水,操作较麻烦。但船靠岸较近,连接比较方便,可用在水位变幅较大的河流。

2)套筒式连接

套筒式连接又称为摇臂式连接。该连接形式的联络管由钢管和几个套管旋转接头组成。当水位涨落时,联络管可以围绕岸边支墩上的固定接头转动。这种连接形式的优点是:不需要拆换接头,不用经常移船,能适应河流水位的大幅涨落,管理方便,不中断供水,因此采用广泛。但洪水时浮船离岸较远,上下交通不便。

由于1个套筒接头只能在1个平面上转动,因此1根联络管上需要设置5个或7个套筒接头,才能适应浮船上下、左右摇摆。

3)输水管

输水管一般沿岸敷设。当采用阶梯式连接时,输水管上每隔一定距离设置叉管。叉管垂直高度差取决于输水管的坡度、联络管长度、活动接头的有效转角等,一般为1.5～2.0 m。在常年低水位处布置第一个叉管,然后按高度差布置其余叉管。当有2条以上输水管时,各输水管上的叉管在高程上应交错布置,以便于浮船交错移位。

4. 浮船的锚固

浮船需用缆索、撑杆、锚链等锚固,锚固方式应根据浮船停靠位置的具体条件决定。用系缆索和撑杆将船固定在岸边,适宜在岸坡较陡、江面较窄、航运频繁、浮船靠近岸边时采用。船首尾抛锚与岸边系留相结合的形式,锚固更为可靠,同时便于浮船移动,它适用于岸坡较陡、河面较宽、航运较少的河段。当水流急、风浪大、浮船离岸较远时,除首尾抛锚外,还应增设角锚;当河道流速较大时,浮船上游方向固定索不少于3根。

(二)缆车式取水构筑物

缆车式取水构筑物是用卷扬机绞动钢丝绳牵引泵车,使其沿坡道上升或下降以适应河水的涨落,从而取得较好水质的水。它由泵车、坡道或斜桥、输水管和牵引设备等部分组成,如图2-10所示。缆车式取水构筑物宜布置在岸边倾角为10°～28°的地段,缆车应设安全可靠的制动装置。

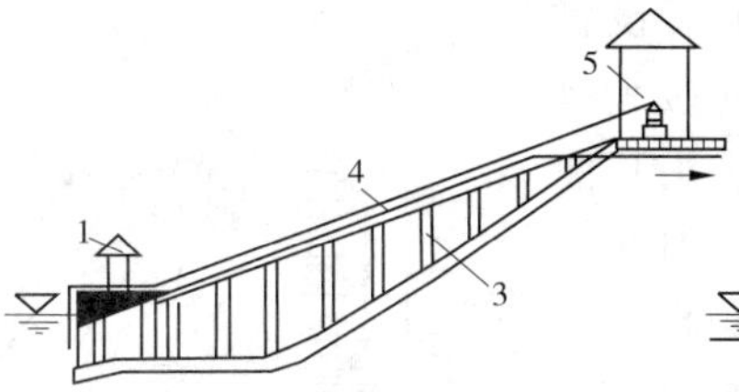

(a)斜桥式

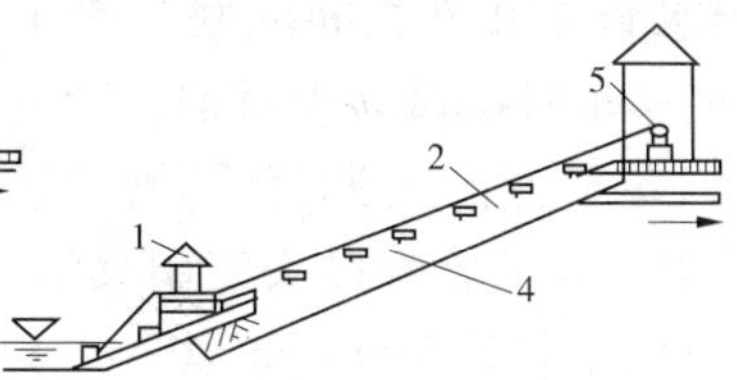

(b)斜坡式

1—泵车;2—坡道;3—支墩;4—输水管;5—绞车房

图2-10　缆车式取水构筑物

缆车式取水构筑物的施工较固定式取水构筑物简单,水下施工量小,施工期短;投资小于固定式,但大于浮船式;比浮船式稳定,能适应较大风浪。只能取岸边表层水,水质较差;需管理人员多,移车困难,安全性差;取水位置固定,需经常按水位涨落拆装接头,在水位变化较大时，不如浮船取水机动灵活；泵车内面积和空间较小，工作条件较差。

其适用条件为河水涨落在 10 ~ 35 m，涨落速度不大于 2 m/h；河床比较稳定，河岸地质条件较好，且岸坡有适宜的角度（一般在 10° ~ 28°）；河段顺直，靠近主流；河流漂浮物较少、无冰凌且不易受漂木、浮筏、船只等撞击。

1. 泵车

当取水量不大、允许中断供水时，可考虑采用一部泵车；当供水量较大、对供水可靠性要求较高时，应考虑选用两部或两部以上的泵车，每部泵车选用 2 ~ 3 台水泵。要选择有独立的吸水管且吸水高度不小于 4 m、Q—H 特性曲线较陡的水泵，以减少移车次数，在河流水位变化时，不致取水量变化太大。

由于受坡道的倾角、轨距的影响，泵车尺寸不宜过大，小型泵车面积为 12 ~ 20 m^2。泵车车厢净高：当无起吊设备时采用 2.5 ~ 3.0 m，当有起吊设备时采用 4.0 ~ 4.5 m。泵车的下部车架为型钢组成的桁架结构，在主桁架的下节点处装有 2 ~ 6 对滚轮。

2. 坡道

坡道的坡度一般为 10° ~ 28°，有斜坡式和斜桥式两种。当岸边地质条件较好、坡度适宜时，可采用斜坡式坡道；当岸坡较陡或河岸地质条件较差时，可采用斜桥式坡道。斜桥式坡道基础可做成整体式、框式挡土墙和钢筋混凝土框格式。坡道顶面应高出地面 0.5 m 左右。斜桥式坡道一般采用钢筋混凝土多跨连续梁结构。

在坡道基础上敷设钢轨，缆车轨道的坡面宜与原岸坡接近。当吸水管直径小于 300 mm 时，轨距采用 1.5 ~ 2.5 m；当吸水管直径为 300 ~ 500 mm 时，轨距采用 2.8 ~ 4.0 m。水下部分轨道，应避免挖槽。

坡道上除设有轨道外，还设有输水管、安全挂钩座、电缆沟、接管平台及人行道等。当坡道上有泥沙淤积时，应在尾车上设置冲沙管及喷嘴。

3. 输水管

一般一部泵车设置一根输水管，输水管沿斜坡或斜桥敷设。管上每隔一定距离设置叉管，以便与联络管相接。叉管的高差主要取决于水泵吸水高度和水位涨落速度，一般采用 1 ~ 2 m。当采用曲臂式联络管时，叉管高差可取 2 ~ 4 m。

在水泵出水管与叉管之间的联络管上需设置活动接头，以便移车时接口易于对准。活动接头有橡胶软管接头、球形万向接头、套筒旋转接头和曲臂式活动接头等。橡胶软管接头使用灵活，但使用寿命较短，一般用于管径 300 mm 以下。套筒接头由 1 ~ 3 个旋转套筒组成（见图 2-11），装拆接口较方便，使用寿命较长，应用较广。

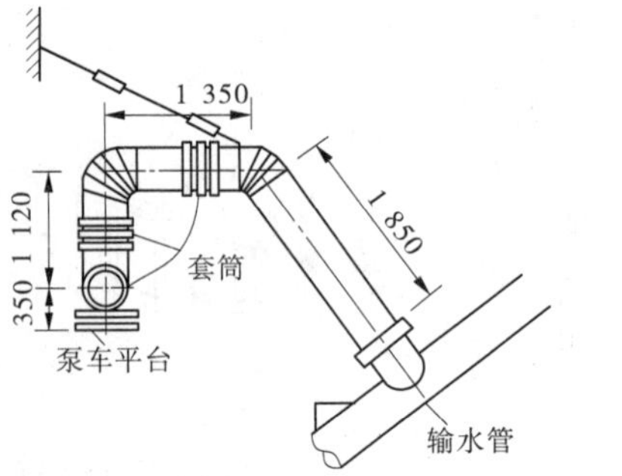

图 2-11　套管接头连接　（单位：mm）

4. 牵引设备及安全装置

牵引设备由绞车及连接泵车和绞车的钢丝绳组成。绞车一般设置在洪水位以上岸边的绞车房内，当牵引力在 50 kN 以上时宜用电动绞车。

为了保证泵车运行安全，在绞车和泵车上都必须设置制动保险装置。绞车制动装置有电磁铁刹车和手刹车，以两者并用较为安全。固定泵车时，一般采用螺栓夹板式保险卡或钢杆安全挂钩作为安全装置，前者多用于小型泵车，后者多用于大中型泵车。泵车在移动时一般采用钢丝绳挂钩作为安全装置，以免发生事故。

三、低坝式、底栏栅式取水构筑物

（一）山区河流的特点和取水方式

1. 山区河流的特点

（1）流量和水位变化幅度很大，水位波动幅度大，洪水持续时间不长。在枯水期内流量很小，水层很浅。有时出现多股细流，甚至地面断流。暴雨之后，山洪暴发，洪水流量可为枯水流量的数十倍、数百倍或更大。

（2）水质变化剧烈。枯水期水流清澈见底，暴雨后，水质骤然浑浊，含沙量大，漂浮物多。雨过天晴，水又变清澈。

（3）河床常由砂、卵石或岩石组成。河床坡度陡，比降大，有时甚至出现 1 m 以上的大滚石。

（4）北方某些山区河流潜冰（水内冰）期较长。

2. 山区河流取水的特点

（1）由于山区河流枯水期流量很小，因此取水量所占比例很大，可达 70% ~90% 甚至 90% 以上。

（2）由于枯水期水层浅薄，因此取水深度不足，需要修筑低坝抬高水位，或者采用底部进水等方式解决。

（3）由于洪水期推移质多，粒径大，因此修建取水构筑物时，要考虑能将推移质顺利排除，不致造成淤塞或冲击。

（二）取水构筑物

根据山区河流取水的特点，在推移质不多的浅水河流中取水，可采用低坝式（活动坝和固定坝）取水构筑物；在大颗粒推移质较多的浅水河流中取水，可采用底栏栅式取水构筑物。当河床为透水性良好的砂砾层，含水层较厚，水量较丰富时，也可采用大口井或渗渠取地下渗流水。

1. 低坝式取水

当山区河流取水深度不足、不通船、不放筏，且推移质不多时，可在河流上修筑低坝来抬高水位和拦截足够的水量。低坝式取水构筑物的位置应选择在河床稳定的河段，并有泄水和冲砂设施，坝高应满足取水水深和蓄水量要求，取水口宜布置在坝前河床凹岸处。低坝式取水有固定式取水和活动式取水两种。低坝式取水适用于小型山区河流。

1）固定式低坝取水

固定式低坝取水枢纽由拦河低坝、冲砂闸、进水闸或取水泵站等组成，其布置如图 2-12 所示。拦河低坝一般由混凝土或浆砌块石做成溢流坝形式，坝高 1 ~2 m。

坝的上游河床应用黏土或混凝土作防渗铺盖。当采用黏土铺盖时，还需在上面铺设 30 ~50 cm 厚的砌石层加以保护。坝下游一定范围内也需用混凝土或浆砌块石铺筑护坦，护坦上有时设有齿槛、消力墩等辅助消能设施，防止河床冲刷。

冲砂闸设在溢流坝的一侧,利用坝上、下游的水位差将坝上沉积的泥沙排至下游。进水闸的轴线与冲砂闸轴线的夹角为30°~60°,以便在取水的同时进行排沙,使含沙较少的表层水从正面进入进水闸,而含沙较多的底层水则从侧面由冲砂闸泄至下游。

2)活动式低坝取水

低水头活动坝种类较多,如袋形橡胶坝(见图2-13)、浮体闸、设有活动闸门(平板闸门或弧形闸门)的水闸、水力自动翻板闸等。

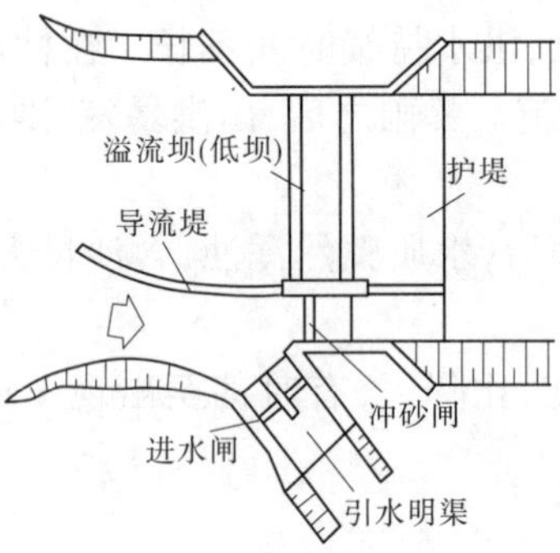

图2-12　低坝式取水示意图

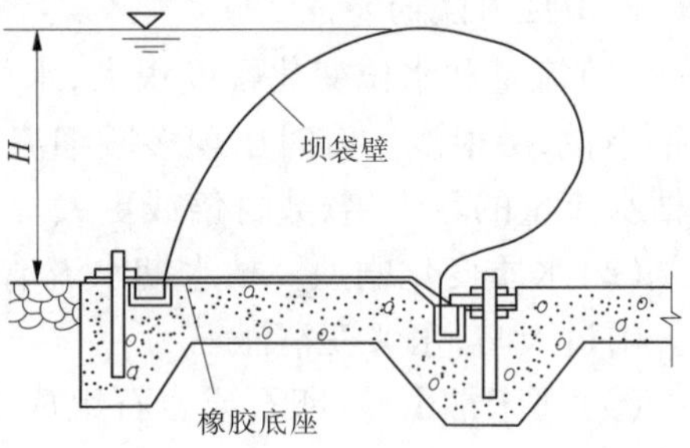

图2-13　袋形橡胶坝断面图

袋形橡胶坝是用合成纤维(尼龙、卡普隆、锦纶、维纶)织成的帆布,布面塑以橡胶,黏合成一个坝袋,锚固在坝基和边墙上,然后用水或空气充胀,形成坝体挡水。当水或空气排除后,坝袋塌落便能泄水。

活动坝既能挡水又能泄水,在洪水期能减少上游淹没面积,且便于冲走坝前沉积的泥沙,因此采用较多,但维护管理较复杂。

2. 底栏栅式取水构筑物

底栏栅式取水构筑物应选在河床稳定、纵坡大、水流集中和山洪影响较小的河段,并有沉砂和冲砂设施,由拦河低坝、底栏栅、引水廊道、沉砂池、取水泵站等组成,如图2-14所示。

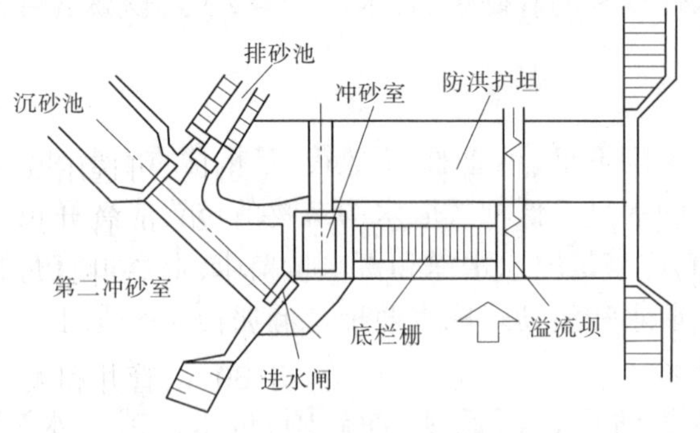

图2-14　底栏栅式取水构筑物

(1)拦河低坝。它用以拦截水流,抬高水位。坝轴与水流垂直布置,坝身用混凝土或浆砌块石筑成。坝顶一般高出河底0.5~1.0 m。溢流坝段的顶面应较栏栅坝段的顶面高0.3~0.5 m,以便常水位时水流能全部从栏栅上通过。为防止冲刷,坝下游应做陡坡、护坦和消力设施。

(2)底栏栅。它用以拦截水中大粒径推移质和漂浮物,使其不进入引水廊道。断面为梯形的栏栅条不易堵塞和卡石,栅条宽度多为8~25 mm,栅条净距一般采用6~10 mm,最大20 mm。为利于水流带动推移质顺利越过栏栅泄至下游,并减轻大石块对栏栅的冲击,栏栅应向下游以0.1~0.2的坡度敷设。

(3)引水廊道。它一般采用矩形断面。水流按无压考虑,因此廊道内水面以上应留有0.2~0.3 m的保护高度。为避免泥沙淤积,廊道内的流速应从起端到末端逐渐增大,并应大于不淤流速。一般起端流速不小于1.2 m/s,末端流速不小于2.0~3.0 m/s。

(4)沉砂池。沉砂池用以去除水中粗颗粒泥沙,可做成直线型或曲线型。直线型沉砂池一般为矩形,采用一格或两格,每格宽1.5~2.0 m,长15~20 m。起端水深2.0~2.5 m,底坡0.1~0.2 m。池中沉淀的泥沙利用水力定期冲走。

由于在低坝上设有顶部带栏栅的引水廊道,河水流经坝顶时,一部分水通过栏栅流入引水廊道,经过沉沙池去除粗颗粒泥沙后,再由水泵抽走,其余河水经坝顶溢流,并将大粒径推移质、漂浮物及冰凌带至下游。当取水量大、推移质多时,可在底栏栅一侧设置冲砂室和进水闸(或岸边进水口)。冲砂室用以排泄坝上游沉积的泥沙。进水闸用以在栏栅及引水廊道检修或冬季河水较清时进水,它通过坝顶带栏栅的引水廊道取水。

底栏栅式取水构筑物适用于河床较窄、水深较浅、河底纵坡较大、大颗粒推移质特别多的山溪河流,且取水量占河水总量比例较大时的情况,一般建议取水量不超过河道最枯流量的1/4~1/3。

第二节 地下水取水构筑物设计

地下水取水构筑物的形式和位置,应根据地下水类型、水文地质条件、设计取水量等通过技术经济比较确定。由于地下水类型、埋藏深度、含水层性质等各不相同,开采和集取地下水的方法及取水构筑物形式也各不相同。取水构筑物有管井、大口井、辐射井、渗渠、泉室等,其中以管井和大口井最为常见。

应根据下列条件选择构筑物形式:

(1)当含水层厚度大于5 m、底板埋深大于15 m时,可选用管井。

(2)当含水层总厚度为5~10 m、底板埋深小于20 m,管井出水量不能满足要求时,可选用大口井。有时在已建大口井中再打入管井成为复合井,以增加井的出水量和改善水质,复合井适用于地下水位较高、厚度较大的含水层。

(3)当含水层有可靠补给条件、底板埋深小于30 m,管井和大口井出水量不能满足要求时,可选用辐射井。

(4)当集取地表渗透水或地下潜流,含水层厚度小于5 m且埋深较浅时,可选用渗渠,但渠底埋深应小于6 m。渗渠在我国东北和西北地区应用较多。

(5)当有泉水露头、流量稳定、覆盖层厚度小于5 m、水质良好、水量充足时,可用泉室集取泉水。

地下水取水构筑物的位置应根据以下要求确定：

(1)位于水质良好、不易受污染、容易开采的富水地段，并便于划定保护区。

(2)位于工程地质良好的地段。

(3)按地下水流向，设在村镇上游，并靠近主要用水区。

(4)当集取地表渗透水时，地表水水质应符合《地表水环境质量标准》(GB 3838—2002)的要求。

(5)靠近电源，施工方便和运行管理方便。

地下水取水构筑物设计要符合下列要求：

(1)拟开采含水层应根据各含水层的岩性、透水性、水质、补给条件和设计取水量等确定。

(2)构筑物深度应根据开采含水层的埋深、岩性、出水能力、枯水季节地下水位埋深及其近年来的下降情况、相邻井的影响、施工工艺等因素综合确定。

(3)进水结构应具有良好的过滤性，进水能力大于设计取水量，结构坚固、抗腐蚀性强且不易堵塞。

(4)应具有防止地面污水和非开采含水层渗入的措施。

(5)大口井、辐射井、渗渠和泉室，应有通气措施。

(6)应有测量水位的条件和装置。

(7)位于河道附近的地下水取水构筑物，应有防冲和防淹措施。

在规模较大的地下水取水工程中，常由很多取水井(管井或大口井)组成一个井群系统。按取水方法和集水方式，井群系统可分自流井井群、虹吸式井群、卧式泵取水井群、深井泵取水井群；当承压含水层的静水位高出地表时，可以用管道将水直接汇集至清水池、加压泵站或直接送入给水管网，这种井群系统为自流井井群；由虹吸管将各水井水汇入集水井，再由泵输送入清水池或管网，这种井群系统为虹吸式井群；当地下水位较高，井的最低动水位距地面不深(6~8 m)时，可采用卧式泵取水，且当井距不大时，可不用集水井，直接用吸水管或总连接管与各井相连吸水，这种井群系统称为卧式泵取水井群；当井的动水位低于地面10~12 m时，一般不能用虹吸管或卧式泵取水，需要用深井泵(包括深井潜水泵)取水，这种井群系统称为深井泵取水井群。

规模化集中供水工程，应设备用井，备用井数量可按设计取水量的10%~20%确定，且不少于一眼。

一、管井

管井又称机井，指用凿井机械开凿至含水层中，用井管保护井壁，垂直地面的直井。管井能用于各种岩性、埋深、含水层厚度和多层次含水层，是地下水取水构筑物中应用最为广泛的一种形式。管井按揭露含水层的类型划分，有潜水井和承压井；按揭露含水层的程度划分，有完整井和非完整井。管井直径一般为50~1 000 mm，井深可达1 000 m以上。管井常用直径多小于500 mm，井深不超过200 m。

常见的管井构造由井室、井管、过滤器及沉淀管组成(见图2-15)。当有几个含水层，且各层水头相差不大时，可用图2-15(b)所示的双层过滤器管井；当抽取结构稳定的岩溶裂隙水时,也可不装井管和过滤器,仅在上部覆盖层和基岩风化带设护口井管。此外,在有坚硬覆盖层的砂质承压含水层中,也可采用无过滤器管井。

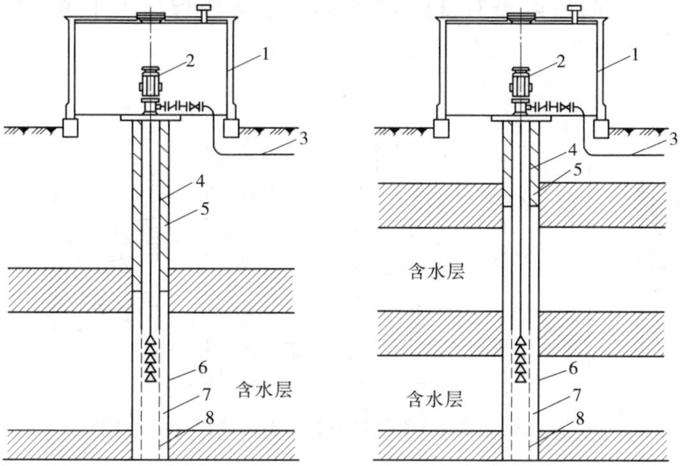

(a)单层过滤器管井　　(b)双层过滤器管井

1—井室;2—深井泵;3—压水管;4—井管;5—黏土封闭层;
6—过滤器;7—规格填砾;8—沉淀管

图 2-15 管井的一般构造

(一)井室

井室是用以安装各种设备(如水泵、电机、阀门及控制柜等)、保持井口免受污染和进行维护管理的场所。为保证井室内设备正常运行,井室中应有采光、采暖、通风、防水和防潮设施;为防止井室积水流入井内,井口应高出井室地面 0.3 ~ 0.5 m;为防止地下含水层被污染,井口一般用优质黏土或水泥等不透水材料封闭,密封高度一般不少于 5 m。

井室可以建成地面式、地下式或半地下式。地面式深井泵房在维护管理、防水、防潮、采光、通风等方面均优于地下式泵房,大流量深井泵房通常采用地面式,地下式深井泵站较适宜于北方寒冷地区,井室内一般无须采暖。

(二)井管

井管也称井壁管,安装于不需进水的地层(如咸水含水层、出水量小的黏性土层等),用以加固井壁、隔离水质较差或水头较低的含水层。井管应具有足够的强度,不弯曲,内壁平滑、圆整,有较强的抗腐蚀性能。井管可以是钢管、铸铁管、钢筋混凝土管、石棉水泥管、塑料管等。钢管适用的井深范围不受限制;铸铁管一般适用于井深小于 250 m 的情况;钢筋混凝土管井深不得大于 150 m;当井深较小时,可采用塑料管。井管直径应按水泵类型、吸水管外形尺寸等确定,通常大于或等于过滤器的内径。当采用深井泵或潜水泵时,井管内径应大于水泵下部最大外径 100 mm。

在井管与井壁间的环状空间应填入不透水的黏土,形成隔水带,称为黏土封闭层。

(三)过滤器

过滤器是管井的重要组成部分,俗称花管(见图 2-16)。它连接于井管,安装在含水层中,带有孔眼或缝隙,用以集水和保持填砾与含水层的稳定。过滤器的构造、材质、施工安装质量对管井的出水量、含沙量和工作年限有很大影响,所以是管井构造的核心。过滤器要有足够的强度和抗腐蚀性,具有良好的透水性能,才能保持人工填砾层和含水层的稳定。

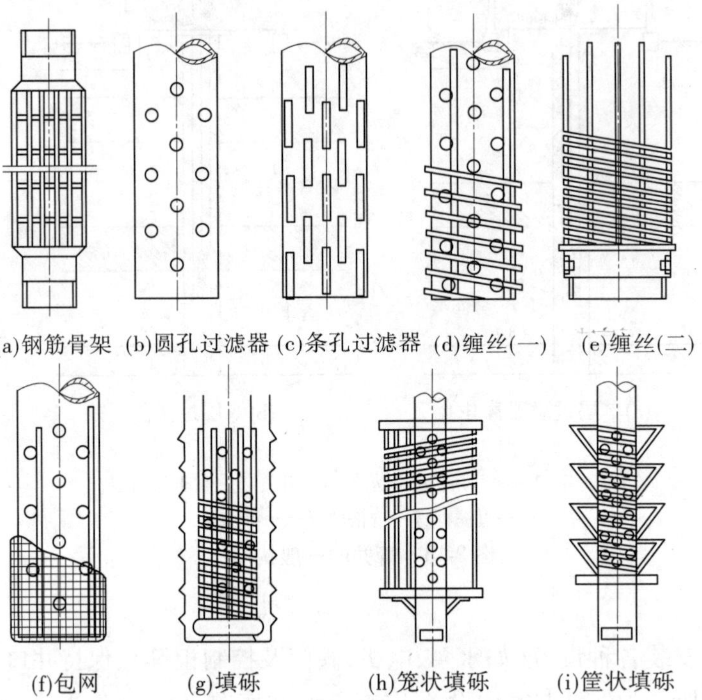

图 2-16　过滤骨架、过滤器类型

过滤器主要由过滤骨架和过滤层组成。过滤骨架主要起支撑作用,也可直接用作过滤器;过滤层起过滤作用,由分布于骨架外的密集缠丝、带孔眼的滤网及砾石充填层等组成。

工程上常用的过滤骨架有两种结构形式,即管状骨架和钢筋骨架,管型按其上的孔眼特征又分为圆孔及条孔两种。当用作过滤器时,分别称为圆孔过滤器、条孔过滤器和钢筋骨架过滤器,由不同骨架和不同过滤层可组成各种过滤器。常用的有骨架过滤器、缠丝过滤器、包网过滤器、填砾过滤器、砾石水泥过滤器等。

为保持含水层的渗透稳定性,提高过滤器的透水性,扩大管井实际进水面积、减小水头损失,提高管井单位出水量,延长使用寿命等,应在过滤器或过滤骨架周围铺填与含水层颗粒有一定级配关系的砾石层,这种人工围填的砾石层称人工反滤层(见图 2-17)。

从试验观察,在级配比范围内,当填砾厚度为填砾粒径的 3～4 倍时,就能保持含水层的稳定。一般当含水层为粗砂、砾石、卵石时,填砾厚度为 150 mm;当含水层为中、细、粉砂时,填砾厚度为 200 mm。

由于填砾层在建成运行中可能出现下沉现象,因此填砾层应超过过滤器顶 8～10 m。

(四)沉淀管

沉淀管接在过滤器的下面,用以沉淀进入井内的细小沙粒和自地下水中析出的沉淀物,以防在日后的运行中因沉积物堆积而堵塞过滤器,影响管井出水量。其长度根据井深和含水层出沙量而定,一般为 2 ~10 m,当井深小于 20 m 时,沉淀管长度取 2 m;当井深大于 90 m 时,沉淀管长度取 10 m。

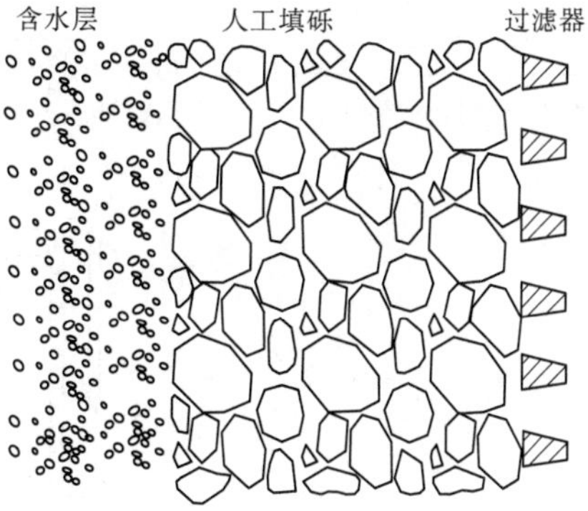

图 2-17　过滤器周围的人工反滤层(填砾)

二、大口井

大口井因其井直径较大而得名,是广泛用于开采浅层地下水的取水构筑物。一般井径大于 1.5 m 即可视为大口井,常用大口井直径为 5 ~8 m,最大不宜超过 10 m,井深一般在 20 m 以内。大口井应就地取材,用砖、石等砌筑,也可采用预制钢筋混凝土井壁沉井法施工。

大口井有完整式和非完整式之分。完整式大口井贯穿整个含水层,只有井壁进水,适用于含水层颗粒粗、厚度薄(5 ~8 m)、埋深浅的含水层,但因井壁进水孔容易堵塞,从而影响进水效果而较少采用。当浅层含水层厚度较大(大于 10 m)时,应建造非完整式大口井,其井身并未贯穿整个含水层,因而井壁和井底均可进水,进水范围大,集水效果好,调节能力强,是较为常用的井型。

大口井具有构造简单、取材容易、施工方便、使用年限长、容积大而能兼起调节水量作用等优点,在中小城镇、铁路、农村供水中应用较广。但大口井深度浅,对潜水水位变化适应性差,采用时必须注意地下水位变化。

大口井的构造如图 2-18 所示,主要由井口(井台)、井筒和进水部分组成。

(一)井口

井口为大口井地表以上部分,主要作用是防止洪水、污水以及杂物从井口或沿井壁进入井内,井口应高出地表 0.5 m 以上,并在井口周边修建宽度为 1.5 m 的散水坡。如覆盖层为透水层,散水坡下面还应填以厚度不小于 1.5 m 的夯实黏土层。在井口以上部分,有的是和泵站合建的,其工艺布置要求与一般泵站相同;如与泵站分建,只设井盖,井盖上设人孔和通风口。

(二)井筒

井筒为进水部分以上的一段,一般就地取材,用砖、石等砌筑,用以加固井壁与隔离不良水质的含水层,也可采用预制钢筋混凝土井壁沉井法施工。

大口井外形通常为圆筒形,圆筒形井筒易保证垂直下沉、受力条件较好、节省材料、对周围地层扰动很小、利于进水。但圆筒形井筒在沉井法施工时井壁紧贴土层,下沉时摩擦阻力较大。深度较大的大口井常采用阶梯圆形井筒,此种井筒为变断面结构,具有圆形井筒的优点,下沉时摩擦力相对较小。

(三)进水部分

进水部分包括井壁进水孔(或透水井壁)和井底反滤层。

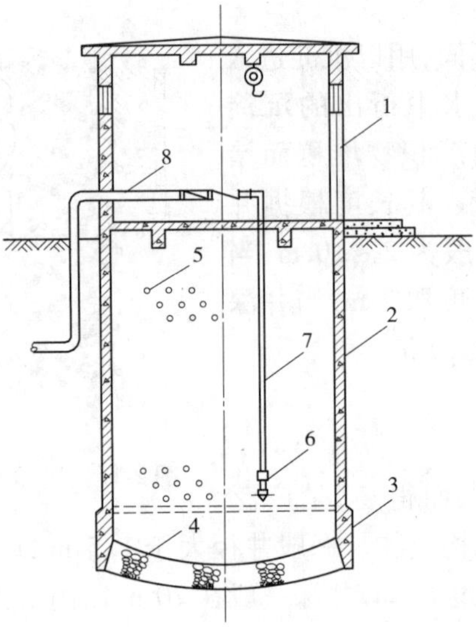

1—泵房；2—井筒；3—刃脚；4—井底反滤层；
5—井壁透水孔；6—潜水泵；7—出水管；8—出水总管

图 2-18　大口井的构造（与泵房合建）

（1）井壁进水孔。常用的井壁进水孔有水平孔、斜形孔两种。水平孔容易施工，应用较多，壁孔一般为直径 100～200 mm 的圆孔或 100 mm×150 mm～200 mm×250 mm 的矩形孔，交错排列于井壁，孔隙率一般为 15% 左右。进水孔内装填一定级配的滤料层以保持含水层的渗透性，孔的两侧设置不锈钢丝网以防止滤料漏失。斜形孔多为圆形，孔倾斜角度不超过45°，孔径一般为 100～200 mm，孔外侧设有格网。斜形进水孔滤料稳定，易于装填和更换。

（2）透水井壁。透水井壁由无砂混凝土制成，有砌块筑成或整体浇筑等形式，每隔 1～2 m设一道钢筋混凝土圈梁，以加强井壁。无砂混凝土大口井结构简单、制作方便、造价低，但在细粉砂土层和含铁地下水中易堵塞。

（3）井底反滤层。由于井壁进水孔易堵塞，多数大口井主要依靠井底进水，因此井底反滤层的质量极为重要。一般铺设滤料 3～4 层，每层厚 200～300 mm，自下而上逐渐变粗。当含水层为粉砂、细砂层时，可适当增加层数和厚度；当含水层为均匀性较好的砾石、卵石层时，则可不必铺设反滤层。井底反滤层滤料的级配与井壁进水孔相同，如铺设厚度不均匀或滤料不符合规格，都可能导致堵塞和翻砂，使出水量降低。

三、复合井

复合井是大口井与管井的组合，是非完整式大口井和井底以下设有一根或数根管井过滤器所组成的分层或分段取水系统（见图 2-19）。复合井适用于地下水位较高、厚度较大的含水层，相对大口井更能充分利用厚度较大的含水层，增加井的出水量。

新建复合井一般应先施工管井，建成的管井井口应临时封闭牢固。大口井施工时不得碰撞管井，且不得将管井作任何支撑使用。在建成的大口井中，如果水文地质条件适

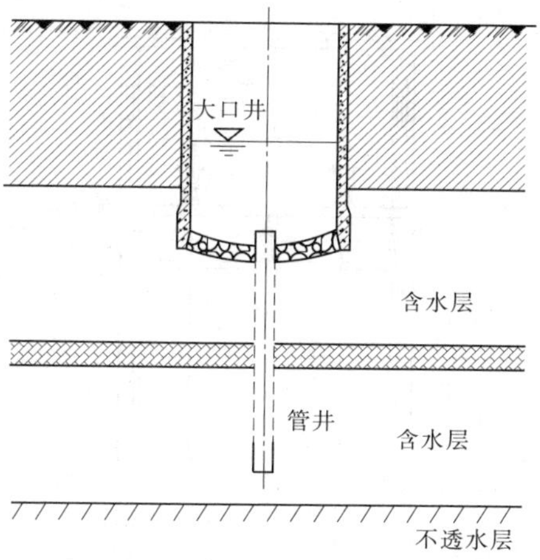

图 2-19 复合井

当,可在大口井井底打入管井过滤器将其改造为复合井,以增加井出水量、改良出水水质。模型试验资料表明,当含水层厚度为大口井半径的 3～6 倍或含水层透水性较差时,采用复合井出水量增加较为显著。

复合井大口井部分的构造与大口井相同。

加大复合井的过滤器直径,可加大管井部分的出水量,但同时也会增加对大口井井底进水的干扰,故过滤器直径不宜过大,一般为 200～300 mm。当含水层较厚时,以采用非完整过滤器为宜,一般 $L/m<0.75$(L 为过滤器长度,m 为含水层厚度)。由于过滤器与大口井互相干扰,以及在此情况下过滤器下端滤流强度较大,故过滤器的有效长度应比管井长度稍长。适当增加过滤器数目可增加复合井出水量,但从模型试验资料可知,当过滤器数目增至 3 根以上时,复合井出水量增加甚少。

四、辐射井

辐射井由大口径竖井和竖井内沿含水层水平方向布设的多根辐射管组成,由于水平管呈辐射状分布,故称辐射井。辐射井按集水井是否进水可分为两种形式:一种是集水井井底与辐射管同时进水;二是井底封闭,仅由辐射管集水,如图 2-20 所示。前者适用于厚度较大(5～10 m)的含水层,但集水井井底与辐射管的集水范围在高程上相近,互相干扰较大。后者适用于较薄(≤5 m)的含水层,但由于集水井封底,辐射管施工和维修相对较为方便。

辐射井是一种适应性较强的取水构筑物。一般不能用大口井开采的、厚度较薄的含水层以及不能用渗渠开采的厚度薄、埋深大的含水层,可用辐射井开采。此外,辐射井对开发位于咸水上部的淡水透镜体,较其他取水构筑物更为适宜。辐射井与常规管井相比,有以下优点:出水量大、大范围控制地下水位、寿命长、运行费用低、维护方便。但辐射井的施工难度较高,施工质量和施工技术水平直接影响出水量的大小。

辐射井由两个组成部分,即集水井和辐射管。

(一)集水井

集水井的作用主要有:汇集从辐射管来的水;安放抽水设备、辐射管闸阀以及作为辐

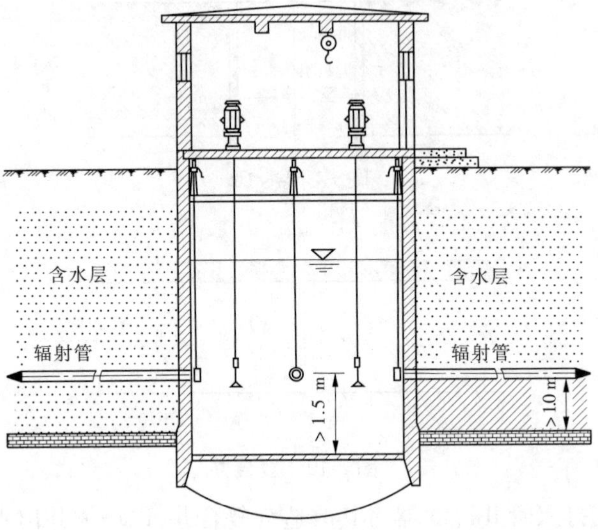

图 2-20 辐射井

射管施工的场地;对不封底的集水井还可起到取水井的作用。集水井直径不应小于 3 m,通常采用圆形钢筋混凝土井筒。不封底的集水井对辐射管施工及维护均不方便。

(二)辐射管

辐射管可多层布置,每层根据补给情况铺设 4 ~ 8 根辐射管。为保证进水效率,最下层辐射管距含水层底板的距离不应小于 1 m,但此距离不宜过大,以保证在大的水位降落条件下能获得较大的出水量。此外,最下层辐射管还应高出集水井井底 1.5 m 以上,便于顶管施工。多层布置辐射管进水量大,但相互干扰也大,为减小相互干扰,各层应有一定间距。当辐射管直径为 100 ~ 150 mm 时,层间间距可采用 1 ~ 3 m。

辐射管的直径和长度,视水文地质条件和施工条件而定。辐射管直径一般为 75 ~ 100 mm。当地层补给条件好、含水层颗粒粗、透水性强、施工条件许可时,宜采用大管径。辐射管长度一般在 30 m 以内。当设在潜水含水层中时,迎地下水水流方向的辐射管宜长一些。为利于集水和排沙,辐射管应向集水井倾斜一定坡度(1/200 ~ 1/100)。

为便于直接顶管施工,辐射管一般采用厚壁钢管(壁厚 6 ~ 9 mm)。当采用套管施工时,可采用薄壁钢管、铸铁管及其他非金属管。辐射管进水孔有条形孔和圆形孔两种,其孔径或缝宽应按含水层颗粒组成确定。圆形孔交错排列,条形孔沿管轴方向错开排列,孔隙率一般为 15% ~ 20%。为了防止地表水沿集水井外壁下渗,除在井口外围夯填黏土外,在靠近井壁 2 ~ 3 m 范围内的辐射管上不设进水孔。

对于封底的辐射井,其辐射管在出口处应设闸阀,以方便施工、维修和控制水量。

五、渗渠

(一)渗渠的形式

渗渠即水平铺设在含水层中的集水管(渠),可用于集取浅层地下水,如图 2-21、图 2-22所示。也可铺设在河流、水库等地表水体之下或旁边,集取河床地下水或地表渗透水。由于集水管是水平铺设的，也称水平式地下水取水构筑物。

渗渠通常适用于开采埋藏深度小于 6 m、厚度小于 5 m 的含水层。

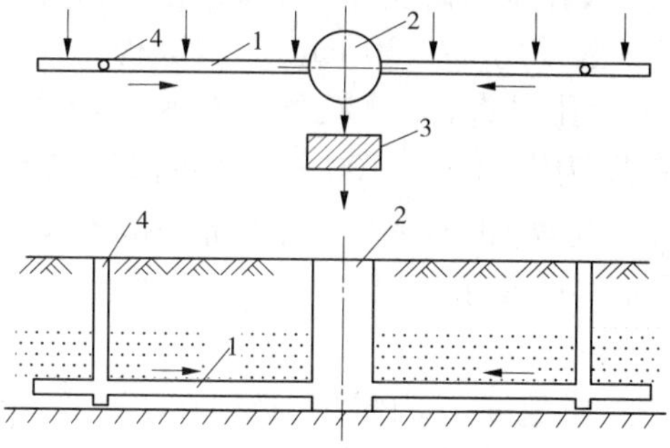

1—集水管;2—集水井;3—泵站;4—检查井

图 2-21　完整式渗渠

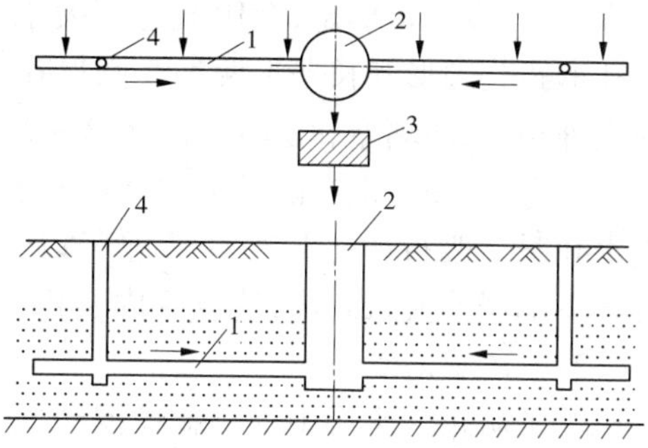

1—集水管;2—集水井;3—泵站;4—检查井

图 2-22　非完整式渗渠

渗渠按其补给水源可分为以集取地表水为主的渗渠和以集取地下水为主的渗渠两种。前者是把渗渠埋设在河床下，集取河流垂直渗透水；后者是把渗渠埋设在河岸边滩地下，以集取部分河床潜流水和来自河岸上第四纪含水层中的地下水。以集取地下水为主的渗渠，一般水质较好，水量比较稳定，补给效果较好，使用年限长，因而采用得也较多；至于以集取地表水为主的渗渠，产水量虽然很大，但受河水水质的变化影响甚为明显，当河水较浑浊时，渗渠出水水质往往很差，而且容易淤塞，检修管理麻烦，使用年限也较短，如果河水浊度常年较小，上述缺点可能减少。

渗渠按埋设位置和深度不同，又可分为完整式渗渠和非完整式渗渠两种。完整式渗渠是在薄含水层的条件下，埋设在基岩上；非完整式渗渠是在较厚的含水层条件下，埋设在含水层中。从生产实践中看，采用完整式渗渠比较普遍，产水量较大；而采用非完整式渗渠却较少，因为在较厚含水层中，采用大口井或管井取水，工程造价要比渗渠造价低得多，不仅开采量大，而且施工容易，进度快。

渗渠平面布置，应根据水文、地质、补给来源以及河水水质等条件而定，一般可分为平行于河流、垂直于河流和平行与垂直于河流组合等三种形式。一般大、中型渗渠取水工程，由于取水量较大，集水管较长，采用平行于河流或平行与垂直于河流组合的两种形式比较多；小型渗渠取水工程，由于取水量较小，集水管较短，占地不多，多采用垂直于河流的形式，可以较多地截取地下水和河床潜流水。

（二）渗渠的构造

渗渠通常由水平集水管、人工反滤层、集水井、检查井和泵站所组成。

1. 集水管

集水管一般按非满流设计，流速为 0.5 ~ 0.8 m/s，充满度为 0.5，纵坡不小于 0.2%。

集水管一般为穿孔钢筋混凝土管。当水量较小时，可用穿孔混凝土管、陶土管、铸铁管，也可用带缝隙的干砌块石或装配式钢筋混凝土暗渠。常用管径为 400 mm、500 mm、600 mm、800 mm 和 1 000 mm 五种，埋设深度为 2.0 m、3.0 m、4.0 m、5.0 m 和 6.0 m 五种，孔隙率为 8% ~ 15%。带孔眼的钢筋混凝土管一般就地浇筑制作，每节长度一般为

1 m。

集水管的进水孔应交错布置在设计过水断面以上，孔眼直径和密度应根据管的结构强度、设计取水量确定，孔眼流速不大于 0.01 m/s，孔眼净距不小于孔眼直径的 2 倍。进水孔形式分圆形和长条形两种。圆形孔的孔径一般采用 20 ~ 30 mm，布置成梅花状，孔眼内大外小，以防堵塞，孔眼净距为（2 ~ 2.5）d（d 为孔眼直径）。长条形孔眼一般宽为 20 mm，长为 60 mm，也有的长为 100 mm，条缝净间距为纵向 50 ~ 100 mm、环向 20 ~ 50 mm。进水孔眼一般布置在 1/3 ~ 1/2 管径以上（从管底起算）的管周壁上，下部一般不设孔眼，以防下部泥沙流入管内，造成管内淤积，影响集水管的集水效果。

2. 人工反滤层

为了防止含水层中细小颗粒泥沙进入集水管中，造成管内淤积，必须在集水管和含水层中间铺设人工反滤层。人工反滤层设计、铺设直接影响渗渠产水量、出水水质和使用年限。人工反滤层设计根据渗渠取水形式不同，分为以集取地下水为主和以集取地表水为主的渗渠人工反滤层两种。

集取地下水的渗渠反滤层，层数为 3 ~ 4 层，每层厚度为 200 ~ 300 mm，总厚度不小于 800 mm。

集取地表渗透水时，反滤层应根据地表水质情况适当加厚。与含水层相邻的反滤层滤料的粒径，可按式（2-1）计算；与集水管相邻的反滤层滤料的粒径应大于进水孔直径；两相邻反滤层的滤料粒径比宜为 2 ~ 4。

$$D_1 = (6 \sim 8)D_b \qquad (2\text{-}1)$$

式中　D_1——与含水层相邻的第一层反滤料的粒径，mm；

D_b——含水层颗粒的计算粒径，当含水层为粉细砂时，$D_b = d_{40}$，当为中砂时 $D_b = d_{30}$，当为粗砂时 $D_b = d_{20}$（d_{40}、d_{30}、d_{20} 分别为含水层颗粒过筛质量累计百分比为 40%、30%、20% 时的最大颗粒直径），mm。

3. 集水井

集水井主要用来汇集从集水管来的水，宜分为沉砂室与清水室两格，容积可按不小于渗渠 30 min 出水量计算。

4. 检查井

为便于检修、清通，在集水管端部、转角和断面变化处设检查井，间距为 50 m；管内径（或短边长度）不应小于 600 mm。检查井的形式分为全埋式、半埋式和地面式三种。全埋式即检查井全部埋于地下，井盖略高于集水管，且上部填以反滤层，其缺点是井埋设较深，寻找或检修均很不方便，适用于河水冲刷程度较大，渗渠不需要经常检修与清扫的给水工程中。半埋式检查井是将井口埋在地面下 0.5 ~ 1.0 m，优点是有利于人防保护，还可防止被洪水冲毁井口，缺点是由于井盖埋在地下，检修时不易找出井位，适用于以集取地表水为主的渗渠中。地面式检查井，即井口露出地面，多用于以集取地下水为主的渗渠，便于检修，但必须注意采用封闭式井盖，井盖材料可用铸铁或钢筋混凝土，井盖底部周围用胶垫圈将井盖垫好止水，然后用螺栓将井盖固定在井座上，以防泥沙从井盖缝隙进入渗渠。

集取地下潜流的渗渠应与截潜流工程相配套；截潜流防渗体应嵌入相对隔水层，并有防止侧向绕渗措施。

六、泉室

泉室主要用于含水层类型为潜水、承压水、裂隙水或岩溶水地区。当有泉水露头、流量稳定、覆盖层厚度小于 5 m 时可用泉室收集。泉水水质好，集取方便，节约了设施费用，也便于日常的运营管理，且山区水源水位有一定的高度，可实现重力供水，节省电费。在有条件的地区，选用泉水作为中、小型供水系统的水源是比较经济合理的。

泉室应根据地形、泉水类型和补给条件进行布置，应有利于出水和集水，不能破坏原地质构造，以免影响泉水通道。

（一）泉室的形式

泉按出流方向分为上升泉和下降泉，其出流方式有集中和分散两种。相应的泉室也可分为上升泉泉室、下降泉泉室或集中泉泉室、分散泉泉室等。设计时应按不同性质的泉水分别选用不同形式的泉室收集。

1. 集中上升泉泉室

泉水从地下或河床中向上集中涌出，从泉室底部进水（见图 2-23），这种形式为集中上升泉泉室，主要适用于集取集中上升泉泉水或主要水量从一两个主泉眼涌出的分散上升泉泉水。

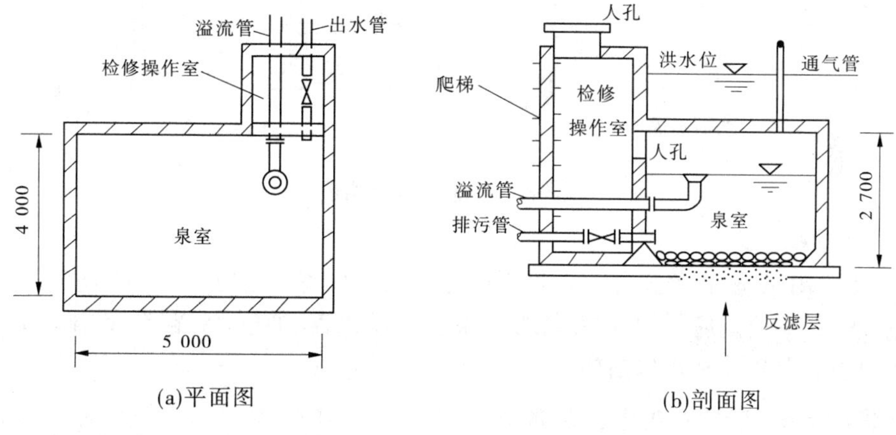

图 2-23　集中上升泉泉室构造　（单位：mm）

2. 集中下降泉泉室

泉水从山坡、岩石等的侧壁集中流出，从泉室侧壁进水（见图 2-24），这种形式为集中下降泉泉室，主要适用于集取集中下降泉泉水或主要水量从一两个主泉眼流出的分散下降泉泉水。

3. 分散泉泉室

泉眼分散，取水时用穿孔管埋入泉眼区，先将水收集于管中，再集于泉室中（见图 2-25），这种形式为分散泉泉室，主要适用于集取分散泉泉水。

当出水量不足，需扩泉时，根据地形和水文地质条件对泉水成因进行分析，确定扩泉措施。

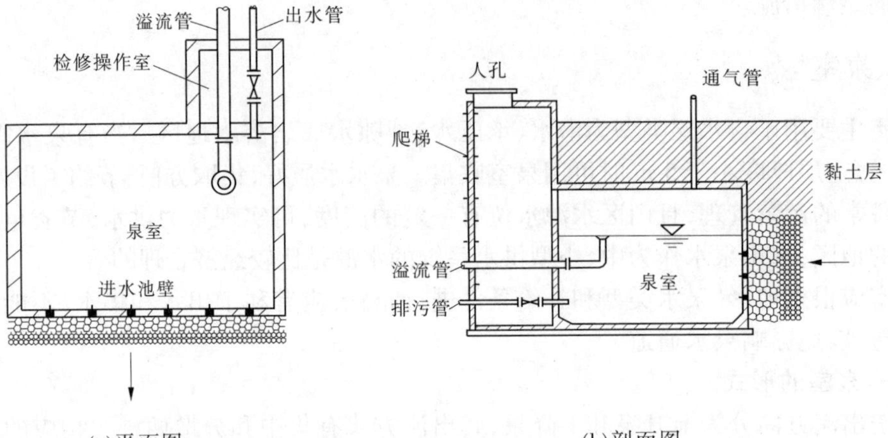

图2-24 集中下降泉泉室构造

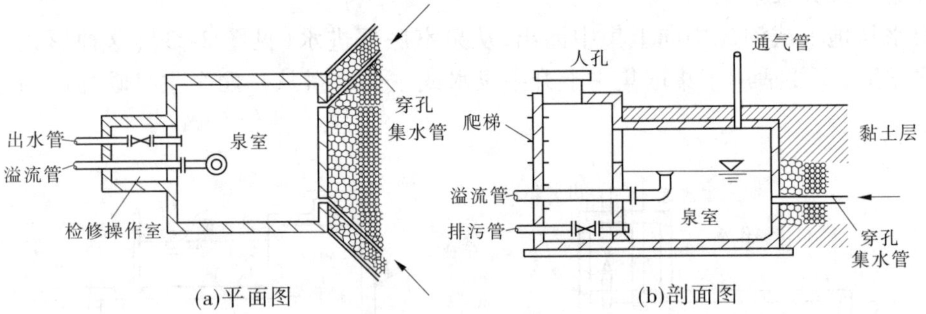

图2-25 分散泉泉室构造

(二)泉室构造设计

泉室主要由泉室、检修操作室及进水部分组成。泉室结构应有良好的防渗措施,进水侧应设反滤层,其他侧应封闭,防止绕渗。泉室应设顶盖、通气管、溢流管、排水管和检修孔,周围地面应有防冲和排水措施。

1. 泉室

泉室可以是矩形或圆形,通常用钢筋混凝土浇筑或用砖、石、预制混凝土块、预制钢筋混凝土圈砌筑而成。泉室可根据泉水水质、周围环境设为封闭式或敞开式。当泉水水质好,不需要进行水质处理时,为防止泉水被污染,要求设成封闭式泉室;当泉水水质较差,需要进行净化处理,周围无落叶或其他杂物污染泉室中泉水,或泉眼较分散,范围较大,不宜做成封闭泉室时,也可设成敞开式泉室。为避免地面污水从池口或沿池外壁侵入泉室而污染泉水,敞开式泉室池口应高出地面0.5 m以上,泉室周围要修建1.5 m以上的排水坡。当在渗透性土壤处时,排水坡下面还应填一定厚度黏土层或做一薄层混凝土层。泉室还应设置一些附属管道和配件,如出水管、溢流管、排污管、通气管及控制闸阀等。在低洼地区、河滩或河床中,泉室要有防止洪水冲刷和淹没的措施。

2. 检修操作室

检修操作室是主要对泉室进行操作、维护管理的场所，与泉室合建。其平面形状可以是矩形或圆形，一般矩形施工方便。其平面尺寸应根据出水管、溢流管及排污管的管径和控制闸阀的大小来确定。为便于操作和维修，其最小尺寸不小于 1 200 mm × 1 200 mm。室内、外壁须设有必要的钢制爬梯，室顶设人孔。但要注意人孔不能被洪水淹没且地面污水不能通过人孔灌入池内。检修操作室的构造材料一般与泉室构造材料一致。

3. 进水部分

根据泉室类型的不同，进水部分主要有池底进水的人工反滤层、池壁进水的水平进水孔和透水池壁。

1) 人工反滤层

池底进水的泉室，除大颗粒碎石、卵石及裂隙岩出水层外，在一般砂质含水层中，为防止含水层中的细小砂粒随水流进入泉池中，并保持含水层的稳定性，应在池底铺设人工反滤层。人工反滤层是防止池底涌砂，安全供水的重要措施。反滤层一般设 3 ~ 4 层，每层厚度 200 ~ 400 mm，底部进水的上升泉总厚度不小于 600 mm，侧向进水的下降泉总厚度不小于 1 000 mm。

池底人工反滤层的滤料粒径和厚度可参照表 2-1 选用。

表 2-1　池底人工反滤层的滤料粒径和厚度　（单位：mm）

泉眼处砂质	第一层		第二层		第三层		第四层	
	滤料粒径	厚度	滤料粒径	厚度	滤料粒径	厚度	滤料粒径	厚度
细砂	1 ~ 2	300	3 ~ 6	300	10 ~ 20	200	60 ~ 80	200
中砂	2 ~ 4	300	10 ~ 20	200	50 ~ 80	200		
粗砂	4 ~ 8	200	20 ~ 30	200	60 ~ 100	200		
砾砂	8 ~ 15	150	20 ~ 40	200	100 ~ 150	250		
砂砾石	15 ~ 30	200	50 ~ 150	200				
碎石、卵石及裂隙岩	不设人工反滤层							

2) 水平进水孔和透水池壁

水平进水孔和透水池壁是两种主要泉室池壁的进水形式。

水平进水孔，由于容易施工而采用较多。在孔内滤料级配合适的情况下，堵塞较轻。一般做成直径为 100 ~ 200 mm 的圆孔或 100 mm × 150 mm ~ 200 mm × 250 mm 的矩形孔。进水孔内的滤料为 2 ~ 3 层，一般为 2 层，其级配按泉眼处含水颗粒组成确定，可按式(2-1)计算，两相邻反滤层的粒径比宜为 2 ~ 4。当泉眼周围含水层为砂砾或卵石时，可采用直径为 25 ~ 50 mm 不填滤料层的圆形进水孔。进水孔应布置在动水位以下，在进水侧池壁上交错排列，其总面积可达池壁部分面积的 15% ~ 20%。

透水池壁具有进水面积大、进水均匀、施工简单和效果好等特点。透水池壁布置在动水位以下，采用砾石水泥混凝土（无砂混凝土），孔隙率一般为 15% ~ 25%，砾石水泥混凝土透水池壁每高1~2 m设一道钢筋混凝土圈梁,梁高为0.1~0.2 m,其设计数据可参照表2-2。

表2-2 砾石水泥混凝土池壁设计数据

砾石粒径(mm)	10~20	5~10	3~5
水灰比	0.38	0.42	0.46
混凝土强度等级	C9	C10	C8
适用泉眼处砂质	粗砂、砾石、卵石	粗砂、中砂	中砂、细砂

侧向进水的泉室,进水侧应设齿墙,基础不应透水。

(三)泉室容积及水位的确定

1.泉室容积的确定

泉室容积应根据泉室功能、泉水流量和最高用水量等条件确定。泉室与清水池合建时,泉室容积可按最高日用水量的25%~50%计算;泉室与清水池分建时,可按最高日用水量的10%~15%计算。

2.泉室水位的确定

在泉室设计中,池中水位设计过低,不能充分利用水头造成能量浪费,也会使泉室开挖过深,施工困难;水位设计过高,会使泉路改道,造成水量不足或取不到水,甚至造成泉室报废。泉室中的设计水位可考虑略低于测定泉眼枯流量时的水位,水深可根据泉室容积大小,在1.5~4.0 m之间选择。若泉水涌水量太大,施工不便,或泉眼处工程地质为基岩,难以开挖,泉室水深可适当减小,但也要保证出水管管顶淹没在水中不小于1 m,以避免空气进入出水管。

第三节 集雨装置设计

对于地表水、地下水缺乏或开采利用困难,且多年平均降水量大于250 mm的半干旱地区和经常发生季节性缺水的湿润、半湿润山丘地区,以及海岛和沿海地区,可利用雨水集蓄工程解决人畜饮用、补充灌溉等用水问题。

水窖是解决贫困山区人畜用水的常用雨水集蓄供水设施,是在地表以下人工构筑的蓄水设施,也叫旱井。其作用是存蓄天然降雨或通过引水管(沟)将沟溪、泉水等输送到窖中蓄存,供山区人畜饮水或抗旱灌溉。依据收集场地不同,雨水收集系统分为屋顶集水式雨水收集系统与地面集水式雨水收集系统两大类。

水窖设计按照《雨水集蓄利用工程技术规范》(SL 267—2001)和《水土保持综合治理技术规范》(GB/T 16453.1—2008)要求及已建工程经验进行。现有旱井、水窖(池)集雨工程蓄水量为30~5 000 m^3,设计洪水标准为2年一遇。

一、水窖的特点

水窖供水系统与其他大型饮水工程相比,具有如下特点:

(1)适应性强。水窖是解决缺水山区,特别是严重缺水的石灰岩深山区人畜饮水的首选形式。在此类地区，人口相对较少，居住分散，地理位置较高，经济条件差，无能力建集中供水工程。

(2)工程规模小，施工技术简便，工期短。为管理方便，一般一户建一个水窖，开挖、凿石、运料等工作均可由各户安排。水窖结构简单，不需要专业施工队伍，可节省施工费。由于水窖由各户自己完成，每家每户可同时进行，因而可使工期大大缩短。

(3)可就地取材，降低建窖费用。充分利用山区石材丰富的优势，就地取材，节约建窖费用。如果开挖、运料等工作由各户自己出工，建窖费用还可降低。

(4)供水成本低廉，节约能源。自流灌水成本低，取水可用手压泵等，节约能源。

(5)方便管理，用水卫生。由于水窖为每户建一个，一般建在自家院内或房屋附近，其周围环境易于保护，易于管理。

二、水窖的设计

(一)窖址选择

选择窖址应符合以下原则：

(1)方便集雨。窖址应选择在地势低洼、地形平坦之处，以便控制较大的集雨面积，或便于将附近季节性沟溪、泉水引入窖内。

(2)安全可靠。窖址应选择在地质稳定，无裂缝、陷坑和溶洞的位置上，尽量避开滑坡体地段，同时应注意排涝、防淤。

(3)自流供水。窖址应选择在比农户居住地稍高的位置，利用地形高差形成的自然水头将水引进到农户家中，一般不需要配置提水、加压设备，节约能源。

(二)水窖容量的确定

水窖容量的大小应根据农户用水量和降雨量的多少确定，一是要保证每窖每年集满三窖水，二是要保证满足农户一年内的人畜饮水需求。

(1)年生活用水量可根据人口数和表2-3中的平均日生活用水定额确定。

表2-3　雨水集蓄供水工程居民平均日生活用水定额　(单位：L/(人·d))

分区	半干旱地区	半湿润、湿润地区
生活用水定额	10～30	30～50

(2)年饲养牲畜用水量可根据牲畜种类、数量和表2-4中的平均日饲养牲畜用水量定额确定。

表2-4　雨水集蓄供水工程平均日饲养牲畜用水定额　(单位：L/(头·d))

牲畜种类	大牲畜	羊	猪	禽
饲养牲畜用水定额	30～50	5～10	15～20	0.5～1.0

(三)水窖结构设计

水窖按砌筑材料分为砖砌窖、石砌窖、混凝土窖和土窖，按结构形式分为自然土拱盖窖、混凝土拱窖和窑窖。对混凝土窖，按施工方法又可分为现浇式和预制装配式。

水窖的结构决定着投资的大小和施工的难易程度。一般而言,浆砌石水窖施工简便,价格低,可由各户根据统一的设计标准单独进行施工。钢筋混凝土水窖施工相对复杂,投资相对较高,必须由专业施工队进行施工。

水窖由窖体、沉淀过滤池、进出水管和排污清淤设施组成,其结构见图 2-26。

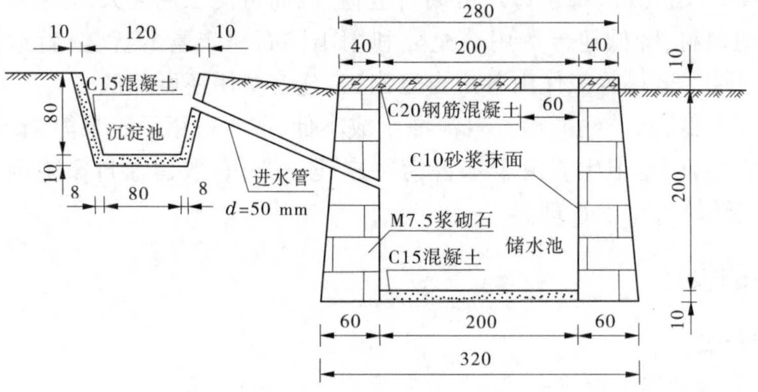

(a)砌石平顶

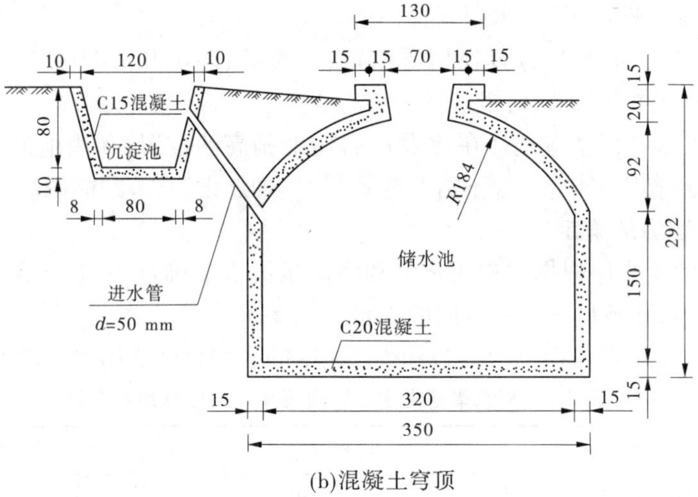

(b)混凝土穹顶

图 2-26　水窖结构剖面图(16 m^3)　(单位:cm)

(1)窖体。窖身是水窖的主体,窖身的最优形状应为球形,但施工难度较大。从受力角度及省工、省料出发,将水窖修建为圆柱形。由于土石山区地质稳定性差,故常用衬护及抹面的砖窖、石窖、混凝土窖。窖底在夯实的基础上砌石、砌砖或现浇混凝土并预留检查孔,检查孔用 C20 钢筋混凝土预制盖板封闭。

(2)沉淀过滤池。一般水窖要保证人畜饮水要求,对水质要求较高,故所有水窖均应修建一个长×宽×高=1.2 m×0.8 m×1.0 m,厚 12 cm 的砖砌过滤池,为平式过滤池。滤料分层为:粒径 5~20 mm 卵石厚 10 cm,粒径 0.5~2 mm 粗砂厚 20 cm,粒径 5~40 mm 卵石厚 20 cm。一般每隔半年应更换或清洗滤料一次。对未修建硬化(混凝土、砖铺地面、砌石)集雨场而直接引沟道或地表径流的水窖,在过滤池前应修建沉淀池。含泥雨水首先经沉淀池沉淀后再进入过滤池，经过滤后再引入水窖。沉淀池应比过滤池高0.6 m，一般建成12 cm厚的砖砌抹面的方池，其尺寸为长×宽×高=2 m×1 m×1 m。

(3)进出水管。进水管为沉淀池与过滤池、过滤池与水窖之间连接的引水管道，为较快接引大雨，集中降雨产生的汇流，一般要求管道为40 mm以上管径。出水管一般采用25 mm管道安装于窖底部，接至农户家中。

(4)排污清淤。当建窖时，应在窖底修建直径为0.6 m、深为0.3 m的集污坑并在集污坑底部设32 mm排污管，引出窖外，并用闸阀控制。若因条件限制，不能安装出水管、排污管，则需采取人工取水、水泵或虹吸管吸水，人工清淤。

(四)集雨场设计

水窖集雨场包括自然集雨场和人工集雨场。自然集雨场是将房屋屋顶、庭院、道路、河沟及人工开挖的截雨沟等能汇集雨水的场地作为集雨场收集雨水入沉淀池。应特别注意，集雨场不能设在厕所、牲畜圈等位置，以防止污水汇入造成二次污染或细菌等有害物质混入汇集水流。

屋顶收集雨水宜收集黏土瓦、石板、水泥瓦、镀锌铁皮等材质屋顶的水，不宜收集草质屋顶、石棉瓦屋顶、油漆涂料屋顶的水。因为草质屋顶中会积存微生物和有机物；石棉瓦板在水冲刷浸泡下会分解出对人体有害的石棉纤维；油漆涂料不仅会使水中有异味，还会产生有害物质。集水槽宜用镀锌铁皮制作，塑料管在日光照射下容易老化，不宜采用。

1.屋檐集水

在瓦房屋檐下安装直径为110 mm(朝上部分剖开)UPVC管和引水立管，经粗滤池过滤后进入水窖。对于平屋顶屋面，则利用檐沟汇集屋面雨水，安装引水立管即可。

屋檐集水的优点是：①屋檐集水较其他饮水工程投资小、效益大，用户自己使用，便于管理和维护；②屋檐集水以屋顶代替收水场地，节省了土地，减少了收地面水造成的人畜粪便污染，降低了肠道传染疾病的发病率，摆脱了地方性氟中毒的危害。

屋檐集水的缺点主要是收集水量有限。

2.地面集水

为解决屋檐集水量受限制的弊端，可人工增设集雨场。人工集雨场是对集雨面进行人工硬化处理或铺设防渗层，从而增加单位面积的集水流量，减少雨水冲刷而引起的集水含沙量。永久性专门集雨场宜用混凝土、浆砌石、浆砌砖抹面或者铺设塑料布而成的平整场地进行集雨。其优点是集雨时径流系数高，径流中含沙量低，能够干净、卫生地汇集雨水，渗漏低，同等面积集雨量远大于素土夯实集雨场。

思考与练习

1.常用的取水构筑物有哪几类？

2.岸边式取水构筑物、河床式取水构筑物的结构特点是什么？

3.低坝式取水构筑物、底栏栅式取水构筑物的适用范围各是什么？

4.移动式取水构筑物的形式及特点是什么？

5.管井由哪几部分组成？各部分的作用分别是什么？

6. 大口井的适用范围、组成及各部分的作用分别是什么？井底反滤层的构造是什么？
7. 复合井适用范围、组成及其各部分的作用分别是什么？
8. 泉室有哪几类？构造特点是什么？
9. 水窖的适用条件是什么？结构分为哪几部分？

第三章　水处理系统设计

【学习目标】

掌握常规水处理工艺流程及水处理构筑物的结构；熟悉乡镇水处理工艺；了解特殊水处理方法；了解水厂厂址选择的原则；熟悉水厂平面布置和竖向布置的内容；掌握水厂平面布置和竖向布置的要求。

按照《地表水环境质量标准》(GB 3838—2002)，依据地表水水域环境功能和保护目标，将地表水分为五类：Ⅰ类——主要适用于源头水、国家自然保护区；Ⅱ类——主要适用于集中式生活饮用水地表水源地一级保护区、珍稀水生生物栖息地、鱼虾类产卵场、仔稚幼鱼的索饵场等；Ⅲ类——主要适用于集中式生活饮用水地表水源地二级保护区、鱼虾类越冬场、洄游通道、水产养殖区等渔业水域及游泳区；Ⅳ类——主要适用于一般工业用水区及人体非直接接触的娱乐用水区；Ⅴ类——主要适用于农业用水区及一般景观要求水域。

对应地表水上述五类水域功能，将地表水环境质量标准基本项目标准值分为五类，不同功能类别分别执行相应类别的标准值。水域功能类别高的标准值严于水域功能类别低的标准值。同一水域兼有多类使用功能的，执行最高功能类别对应的标准值。

水处理主要涉及原水的水质情况、用户对水质的要求、水处理方法与装置三方面。作为饮用水水源要符合《生活饮用水水源水质标准》(CJ 3020—1993)，其水质必须符合《生活饮用水卫生标准》(GB 5749—2006)。原水水质不同，用户对水质的要求不同，处理工艺也不同。乡镇水处理的任务就是用不同的方法与装置改变原水的主要水质指标，提高水的质量，满足用户的用水要求。在乡镇供水工程建设中，水处理工艺的选择直接关系到其出水水质、工程建设费用和运行成本，是水厂设计最为关键的问题之一。本章主要内容包括供水处理原理、常规水处理工艺、特种水处理的方法及乡镇常用水处理工艺、水厂内部布置。

第一节　水　质

一、原水中的杂质

原水是指从水源取得而未经过处理的水。水源主要包括地下水水源和地表水水源，其中地表水主要包括江河水、湖泊水及水库水、海水。无论原水取自地下水源还是地表水源，都不同程度地含有各种各样的杂质，这些杂质按尺寸大小和存在形态可分成悬浮物、胶体和溶解物三大类。

(一)悬浮物和胶体杂质

悬浮物尺寸较大，易于在水中下沉或上浮。悬浮物在水中下沉或上浮取决于其比重，比重较大的大颗粒泥沙及矿物质废渣易于下沉，体积较大而比重小的某些有机物一般上浮。悬浮物可以通过沉淀或气浮的方法得以去除。

胶体颗粒尺寸小，在水中具有稳定性，可以长期保持其分散悬浮的特性。水中所存在的胶体通常有黏土、细菌、病毒、腐殖质、蛋白质、有机高分子物质等。

悬浮物和胶体是使水产生浑浊的根源。其中有机物，如腐殖质及藻类等，还会影响水的色、臭、味。随生活污水排入水体的病菌、病毒及致病原微生物会通过水传播疾病。

悬浮物和胶体一般是生活饮用水处理的去除对象。粒径大于4.0 mm的泥沙去除较易，通常在水中可自行下沉；粒径较小的悬浮物和胶体杂质，需投加混凝剂方可去除。

（二）溶解杂质

溶解杂质与水构成均相体系，外观透明，是真溶液，包括有机物和无机物两类。无机溶解物是指水中的低分子和离子，它们中有的溶解杂质可使水产生色、臭、味。有机溶解杂质主要来源于水源污染，也有天然存在的，如水中的腐殖质。

受污染的水中杂质多种多样，在天然水体中，溶解杂质主要有溶解气体和离子。溶解气体主要有氧气、氮气和二氧化碳，有时也含有少量硫化氢。天然水中所含阳离子主要有Ca^{2+}、Mg^{2+}、Na^{+}，阴离子主要有HCO_3^-、SO_4^{2-}、Cl^-。此外，还含有少量K^+、Fe^{2+}、Mn^{2+}、Cu^{2+}及$HSiO_3^-$、CO_3^{2-}、NO_3^-等离子。所有这些离子，主要来源于矿物质的溶解，也有部分可能来源于水中有机物的分解。

由于各种天然水源所处环境、条件及地质状况各不相同，水源所含离子种类及含量也有很大差别。当水源受到工业废水严重污染时，水中杂质将更复杂。

二、水质标准

水质是指水的使用性质，是水及其中的杂质共同表现的综合特性。水质好坏是一个相对的概念，不能全面反映水的物理学、化学和生物学特性，通常采用水质指标来衡量水质的优劣。水质指标表示水中杂质的种类和数量，又叫水质参数。绝大多数的水质指标都是指一种水的具体成分，如水中各种溶解离子；另外还有一类称为替代参数（surrogate parameter）的水质参数。替代参数也称为集体参数（collective parameter），总溶解固体TDS、浊度、色度等就是替代参数。

水质标准是用水对象（包括饮用水和工业用水等）所要求的各项水质参数应达到的指标和限值。不同的用水对象，要求的水质标准不同。随着科学技术的进步和水源污染日益严重，水质标准也在不断修改、补充。

三、生活饮用水卫生标准

生活饮用水水质与人类的健康和生活直接相关，各国对饮用水水质标准极为关注。20世纪初，饮用水水质标准主要包括水的外观和预防传染病的项目，之后开始重视重金属离子的危害，80年代则侧重于有机污染物的防治。我国自1956年颁发《生活饮用水卫生标准》（试行）至1986年实施的《生活饮用水卫生标准》（GB 5749—85）的30年间，共进行了4次修订。现行《生活饮用水卫生标准》（GB 5749—2006）是2006年对GB 5749—85的第一次修订，2007年7月1日开始实施。

生活饮用水中不应含有病原微生物、化学物质、放射性物质,不应危害人体健康。生活饮用水的感官性状应良好,应经消毒处理,水质应符合《生活饮用水卫生标准》(GB 5749—2006)的规定。

第二节 常规处理工艺

水处理方法应根据水源水质和用水对象对水质的要求确定。生活饮用水的常规处理工艺是“混凝—沉淀—过滤—消毒”。根据水源水质不同,可适当增减处理环节。

水处理工艺选择前应收集分析原水的水质化验资料及不同季节的变化情况,并及时进行实地取样化验。

一、澄清工艺

“混凝—沉淀—过滤”通常称为澄清工艺,处理对象主要是水中悬浮物和胶体杂质。原水加药后,经混凝使水中悬浮物和胶体形成絮体,而后通过沉淀池进行重力分离,然后利用粒状滤料过滤截留水中杂质,进一步降低水的浑浊度。完善而有效的澄清工艺,不仅能降低水的浊度,而且能去除水中某些有机物、细菌及病毒等。根据原水水质不同,在澄清工艺系统中还可适当增加或减少处理环节。当处理高浊度原水时,需设置预沉池或沉砂池;当原水浊度很低时,可以省去沉淀构筑物而进行原水加药后的直接过滤。但在生活饮用水处理中,过滤是必不可少的。

(一)混凝

混凝是指水中胶体粒子以及微小悬浮物的聚集过程。混凝阶段的处理对象主要是水中悬浮物和胶体物质,是水处理工艺中十分重要的一个环节。实践表明,混凝过程的完善程度对后续沉淀、过滤处理影响很大。

1. 混凝机制

1)水中胶体的稳定性和胶体脱稳

胶体稳定性是指胶体粒子在水中长期保持分散悬浮状态的特性。从水处理角度而言,凡沉降速度十分缓慢的胶体粒子以及微小悬浮物,均被认为是“稳定”的。

为使胶体颗粒能通过碰撞而聚集,就需要消除或降低胶体颗粒的稳定因素,这一过程称为脱稳。

在供水处理中,胶体颗粒的脱稳可分为两种情况:一种是通过混凝剂的作用,使胶体颗粒本身的双电层结构起了变化,ξ 电位降低或消失,胶体稳定性破坏;另一种是胶体颗粒的双电层结构未起多大变化,主要是通过凝聚剂的媒介作用,使颗粒彼此聚集。严格地说,后一种情况不能称为脱稳,但从水处理的实际效果而言,两者都达到了使颗粒彼此聚集的效果,因此习惯上都称为脱稳。供水处理中通过加入混凝剂实现水中微小颗粒的脱稳聚集,形成大而密实的絮体,在沉淀池里沉淀出来。

2)混凝机制

胶体的脱稳方式随着采用混凝剂品种和投加量等因素而变化,加入混凝剂发生混凝作用的机制一般可分为以下几种:

（1）吸附和电性中和。当向水中投加电解质盐类时，水中的离子浓度将增加，这就使胶体颗粒能较多地吸附水中反离子，其结果使扩散层的厚度减小，ξ 电位降低。如果胶体吸附的反离子在吸附层内已达到平衡，则 ξ 电位降为零。扩散层厚度减小或 ξ 电位降低将使颗粒之间作用的斥力减小，这就有可能使颗粒聚集。按照这一机制，高价电解质离子的混凝效果将优于低价电解质离子。

当采用铝盐或铁盐作为混凝剂时，随溶液 pH 的不同可以产生各种不同的水解产物。若 pH 较低，水解产物带有正电荷，供水处理中原水的胶体颗粒多为带负电荷的，因而带正电荷的铝或铁盐的水解产物可以对原水胶体颗粒的电荷起中和作用。由于水解产物形成的胶体与原水中胶体带不同的电荷，因而当它们接近时，总是互相吸引的，这就导致颗粒的相互聚集，这种凝聚机制在水处理中很重要。铝盐、铁盐及阳离子型聚合物都是通过这一机制达到凝聚的。

（2）网捕或卷扫。当金属盐或金属氧化物和氢氧化物的投加量足以达到沉淀金属氢氧化物或金属碳酸盐时，水中的胶体颗粒可被这种沉析物所网捕或卷扫。此时胶体颗粒的结构没有大的改变，这种作用基本上是一种机械作用。胶体颗粒可以成为沉淀物形成的核心。所需混凝剂的量与原水杂质含量成反比，当水中胶体物质较多时，混凝剂的投加量反而减少。

（3）吸附架桥。当向溶液投加高分子物质时，不仅带异性电荷的高分子物质与胶粒具有强烈吸附作用，不带电甚至带有与胶粒同性电荷的高分子物质与胶粒也有吸附作用。根据吸附原理，当胶体表面高分子覆盖率为 1/2 时絮凝效果最好。但在实际水处理中，胶粒表面覆盖率无法测定，故高分子混凝剂投量通常由试验确定。

2. 混凝剂和助凝剂

混凝剂和助凝剂品种的选择及其用量，应根据原水悬浮物含量及性质、pH、碱度、水温、色度等水质参数，原水凝聚沉淀试验或相似条件水厂的运行经验，结合当地药剂供应情况和水厂管理条件，通过技术经济比较确定，并应符合：

（1）混凝剂可选用聚合氯化铝、硫酸铝、三氯化铁、明矾等。

（2）高浊度水可选用聚丙烯酰胺作助凝剂。

（3）低温低浊水可选用聚丙烯酰胺或活化硅酸作助凝剂。

（4）当原水碱度较低时，可采用氢氧化钠或石灰乳液作助凝剂。

1）混凝剂

用于饮用水处理的混凝剂应符合混凝效果好、对人体健康无害、使用方便、货源充足、价格低廉的基本要求。混凝剂种类很多，按化学成分可分为无机和有机两大类。

（1）无机混凝剂。

无机混凝剂品种较少，应用最广的是铝盐和铁盐及其聚合物。铝盐混凝剂主要有硫酸铝、明矾、聚合氯化铝、聚合硫酸铝。铁盐混凝剂主要有三氯化铁、硫酸亚铁、聚合硫酸铁、聚合氯化铁。

（2）有机高分子混凝剂。

有机混凝剂品种很多，主要是高分子物质，分为天然和人工合成两类。人工合成的高分子混凝剂应用越来越多，它们均为巨大的线性分子，每一大分子由许多链节组成且常含带电基团,故又被称为聚合电解质。主要品种有聚丙烯酰胺(PAM)和聚氧化乙烯(PEO),其中PAM是广泛使用的人工合成有机高分子混凝剂(其中包括水解产品)。

2)助凝剂

当单用混凝剂不能取得良好絮凝效果时,可以投加某些辅助药剂以提高混凝效果,这类药剂称为助凝剂。

(1)改善絮凝体结构的高分子助凝剂。

当使用铝盐或铁盐混凝剂产生的絮凝体细小而松散时,可利用高分子助凝剂的强烈吸附架桥作用,使细小松散的絮凝体变得粗大而密实。常用的高分子助凝剂有聚丙烯酰胺、活化硅酸及骨胶等。

聚丙烯酰胺及其水解产物是高浊度水处理中使用最多的助凝剂,这类助凝剂可大大减少铝盐或铁盐的混凝剂用量。活化硅酸配合铝盐或铁盐效果较好,对处理低温、低浊水较为有效,但活化硅酸制造和使用较麻烦,要现场调制及时使用,否则易形成冻胶。

此外,黏土和沉淀污泥等,均可作为改善絮凝体结构的助凝剂。

(2)调节或改善混凝条件的药剂。

当原水碱度不足而使混凝剂水解困难时,可投加碱剂(通常用石灰)以提高水的pH;当原水受到严重污染,有机物过多时,可用氧化剂(通常用氯气)以破坏有机物干扰;当采用硫酸亚铁时,可用氯气将亚铁氧化成铁。这类药剂本身不起混凝作用,只能起辅助混凝的作用。生产上所指的助凝剂,主要是高分子助凝剂。

3. 混凝剂的配制和投加

混凝剂的投加量与原水水质、混凝剂品种、水温、混合方法等许多因素有关,一般是通过试验和实际观察确定的。

1)混凝剂的溶解和溶液的配制

混凝剂宜采用湿投。溶液浓度(单位体积药液中所含混凝剂的质量)可采用1% ~5%(按固体质量计算),配制药液的时间间隔应符合产品说明书要求,最长不超过1 d。

混凝剂的配制一般在溶解池与投药池中进行。当混凝剂用量较大时,溶解池宜设在地下;当混凝剂用量较小时,溶解池可兼作投药池。配制时先将混凝剂加入溶解池中,可采用机械、水力或人工等搅拌方式溶解药剂。当直接使用液态混凝剂如液态聚合氯化铝时,不需要设置溶解池。

药剂溶解完毕后,可用耐腐泵或射流泵将浓药液送入投药池。投药池宜设两个,轮换使用;投药池容积应根据药剂投加量和投配浓度确定。

投药池的容积计算如下:

$$W_1 = \frac{24 \times 100aQ}{1\,000 \times 1\,000cn} = \frac{aQ}{417cn} \tag{3-1}$$

式中 Q——处理的水量,m^3/h;

a——混凝剂最大投加量,mg/L;

c——溶液浓度(%);

n——每日调制次数,一般不超过3次。

溶解池的容积一般按(0.2 ~0.3)W_1计算。

与药剂接触的池内壁和地坪应进行防腐处理，与药剂接触的设备、管道应采用耐腐蚀产品。使用 $FeCl_3$ 混凝剂时尤需注意，$FeCl_3$ 溶解时会放出大量的热。

2）混凝剂溶液的投加

整个投药系统包括溶解池、投药池、计量设备和投加设备，其布置应根据水厂平面布置、构筑物竖向布置、药剂品种、投加方式以及混合方式等因素决定。投药点和投加方式应满足混合要求，可选择重力投加到泵前的吸水管中或喇叭口处，或重力投加到絮凝前专设的机械混合池中，也可采用计量泵压力投加到混合装置前。

加药系统应根据最不利原水水质条件的最大投加量确定，并设指示瞬时投加量的计量装置和采取稳定加注量的措施。加药间应有保障工作人员卫生安全的劳动保护措施；应设冲洗、排污、通风等设施；室内地坪应有排水坡度。药剂仓库应有计量设备和搬运工具。药剂仓库的固定储备量，应根据当地药剂供应、运输等条件确定，可按最大投药量的15～30倍用量计算。其周转储备量应根据当地具体条件确定。

（1）重力投加是依靠重力作用把混凝剂加入原水中的投加方法，通常需要设置高位投药池或直接在投加点投加。

当取水泵房距水厂较远时，如有地形可以利用或有条件建造高位投药池，可利用药液重力投入到水泵压水管上，这种投加方式叫高位溶液投加，如图3-1所示。

当投加点选择在水泵的吸水口或吸水喇叭管时，称为泵前投加，这种投加方式安全可靠，一般适用于距离取水泵房较近者。泵前重力投加是利用水泵叶轮的高速转动使混凝剂迅速地分散到原水中。这种方法能满足混合工艺要求，节省混凝剂，但对水泵叶轮有一定的腐蚀作用，尤其是采用铁盐作混凝剂时。采用泵前重力投加要求投加点到起始净水构筑物的距离较近，一般不应超过120 m。为了防止空气进入水泵吸水管内，应设一个装有浮球阀的水封箱，如图3-2所示。

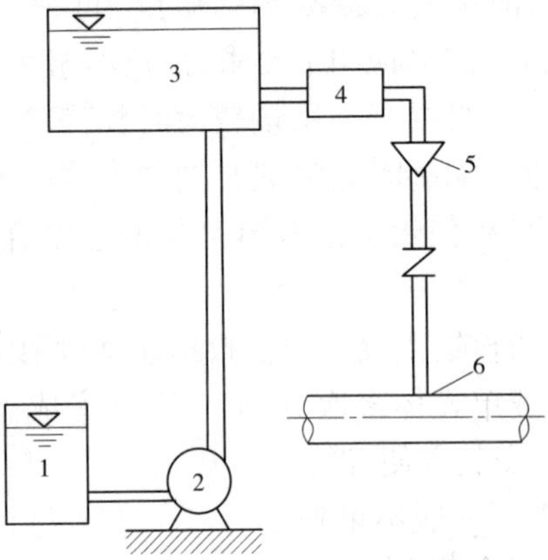

1—溶解池；2—水泵；3—投药池；4—投药箱；5—漏斗；6—压水管

图3-1　高位投药池重力投加

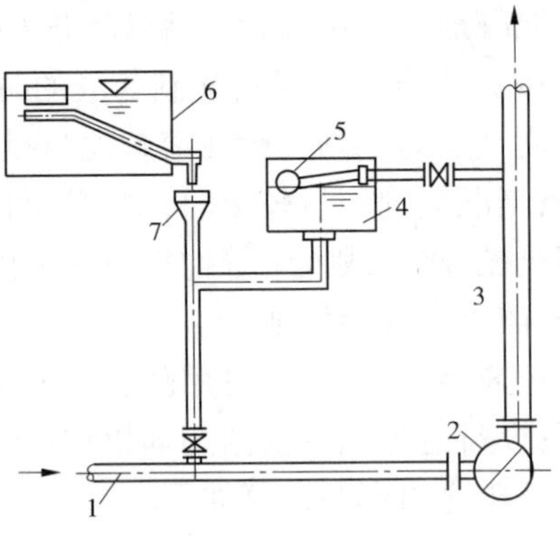

1—水泵吸水管；2—水泵；3—出水管；4—水封箱；5—浮球阀；6—投药池；7—漏斗

图3-2　泵前重力投加

当取水泵站距反应池较远时，可采用泵后直接投加，即将混凝剂直接加注在水泵的出水管上或投加在混合池入口处。

(2)压力投加是采用计量泵压力投药的方式。泵直接自投药池内抽取药液送至投药点,如图3-3所示。直接采用计量泵投加,可不必另设计量设备;可采用耐酸泵以转子流量进行投加,这种方式一般用于大型水厂。

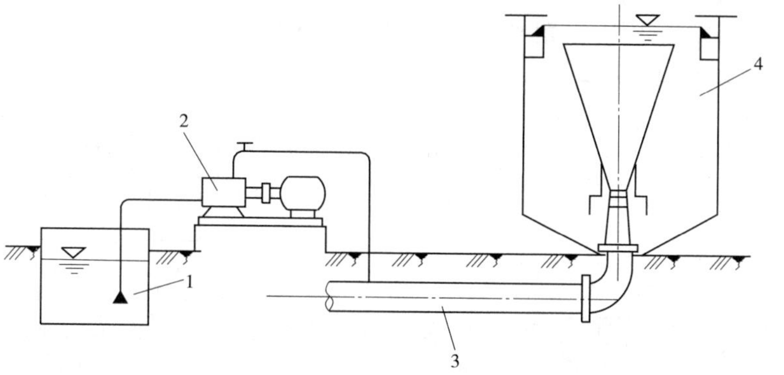

1—投药池;2—计量泵;3—原水进水管;4—澄清池

图3-3 计量泵压力投加

药剂的配制和投加,也可采用一体化的搅拌加药机。

4. 混合设备

混合的作用在于使混凝剂迅速均匀地扩散在原水中,以创造良好的水解和聚合条件。因此,混合应该快速剧烈,时间不应大于30 s。混合后的原水在管(渠)内的停留时间不应超过120 s。

混合方式可采用离心泵混合、管道混合器混合或机械混合池混合等。

最简单的混合方法是离心泵混合,将药剂投在一级泵站吸水喇叭口处或吸水管中,利用水泵叶轮的高速转动达到快速而剧烈混合的目的。水泵混合效果好,不需另建混合设施,但须注意防腐。水泵混合通常用于取水泵站靠近水厂处理构筑物的地方,两者间距不宜大于120 m。

当水泵与水厂相距较远时可采用管道混合,即将药剂投加在水厂进水管中,借助管中流速进行混合,管中流速不小于1 m/s,投药点后的管内水头损失不小于0.3~0.4 m。投药点至末端出口距离以不小于50倍管道直径为宜。目前,广泛使用的管道混合器是“管道静态混合器”,混合器内按要求安装若干固定混合单元,每一混合单元由若干固定叶片按一定角度交叉组成,水流和药剂通过混合器时被单元体多次分割、改向并形成涡漩,达到混合的目的。该混合器构造简单,无活动部件,安装方便,混合快速而均匀。

此外,还可采用机械混合池,但规模较小的水厂一般不单独修建混合池(槽),而是采用简易的投药(混凝剂)设施,如水泵混合和管道混合等方式。

5. 絮凝设备

当药剂与原水充分混合后,水中胶体和悬浮物质发生凝聚产生细小矾花(絮体)。这些细小矾花还需通过絮凝池进一步形成沉淀性能良好、粗大而密实的矾花,以便在沉淀池中去除。絮凝中必须控制流速,创造适宜的水力条件。在反应池前端,因水中的颗粒细小,大流速能使颗粒碰撞黏结;到了反应池的后部,矾花颗粒逐步黏结变大,此时流速应适当减小，以免矾花破碎。因此，絮凝池内的流速应按由大到小进行设计。

絮凝池种类较多，乡镇水厂中常用的有折板絮凝池、穿孔旋流絮凝池、网格絮凝池、隔板絮凝池、机械絮凝池等。当进水压力较高或变化较大时宜在絮凝池前设稳压井。

1）折板絮凝池

在乡镇水厂中常采用折板絮凝池，见图 3-4、图 3-5。

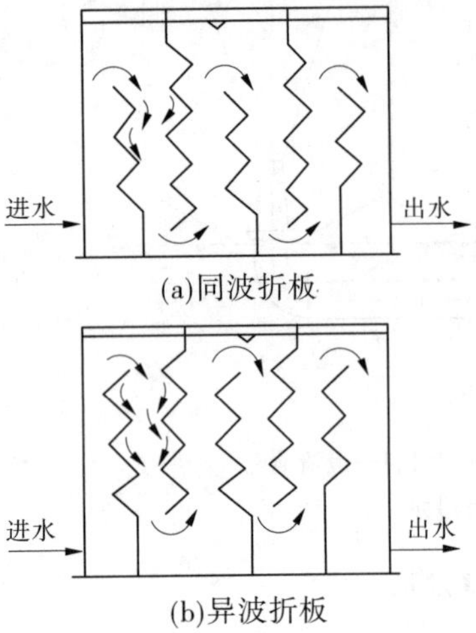

图 3-4　单通道折板絮凝池剖面示意图

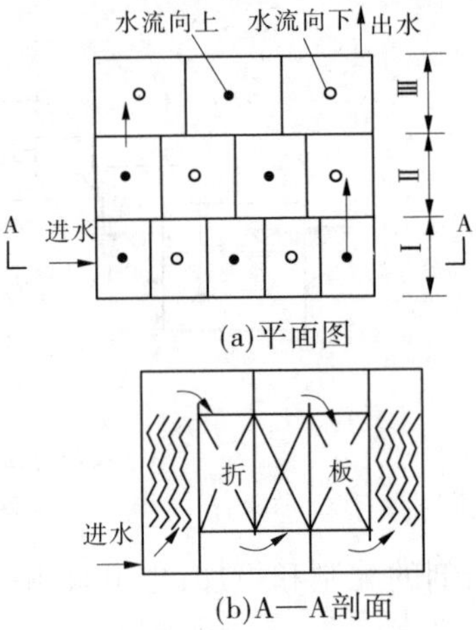

图 3-5　多通道折板絮凝池剖面示意图

折板絮凝池一般分段数不少于三段，运行时控制流速逐段降低：第一段为 0.25 ~ 0.35 m/s，第二段为 0.15 ~ 0.25 m/s，第三段为 0.10 ~ 0.15 m/s；絮凝时间以 8 ~ 15 min 为宜。折板布置可分别采用异波折板、同波折板和平行直板。折板夹角为 90° ~ 120°，折板可采用钢丝网、水泥或其他无毒材料制作，波高一般采用 0.25 ~ 0.4 m。

折板絮凝池的优点是絮凝时间短，絮凝效果好，容积小并且省能省药。缺点是构造较隔板絮凝池复杂，造价较高；要设排泥设施，安装维修较困难。它适用于流量变化较小的中小型水厂。

2）穿孔旋流絮凝池

穿孔旋流絮凝池的设计应符合下列规定：

（1）絮凝时间一般宜为 15 ~ 25 min。

（2）絮凝池孔口流速应按由大到小的渐变流速进行设计，起端流速一般宜为 0.6 ~ 1.0 m/s，末端流速一般宜为 0.2 ~ 0.3 m/s。

（3）絮凝池每格孔口应作上、下对角交叉布置。

（4）每组絮凝池分格数不宜少于 6 格。

（5）每格内壁的拐角处应做成导角。

穿孔旋流絮凝池的优点是容积小，结构简单，水头损失较小。缺点是池子较深，地下水位高处施工较困难，絮凝时间长，絮凝效果较差。它一般用于小型水厂。

3）网格（栅条）絮凝池

网格絮凝池又名栅条絮凝池，是近年发展起来的新型絮凝池，其平面布置与穿孔旋流絮凝池相似,由多格竖井串联而成。在沿流程一定距离的过水断面中设置栅条或网格,通过栅条或网格的能量消耗完成絮凝过程。絮凝池分成多格面积相等或相近的竖流方格,进水水流顺序从一格流到下一格,上下对角交错流动,直到出口。在全池约2/3的分格中,垂直水流方向设置网格。通过网格孔隙时水流收缩,过网格后水流扩大,形成良好絮凝条件,因而可达到降低絮凝池投加量并缩短絮凝时间的效果。

网格(栅条)絮凝池应注意:

(1)絮凝池宜设计成多格竖流式。

(2)网格或栅条絮凝池的絮凝时间宜为12~20 min,当用于处理低温或低浊水时,絮凝时间可适当延长。

(3)絮凝池竖井流速、过栅(网)和过孔流速应逐段递减,宜分三段,可采用下列流速:①竖井平均流速:前段和中段为0.12~0.14 m/s,末段为0.10~0.14 m/s;②过栅(过网)流速:前段为0.25~0.30 m/s,中段为0.22~0.25 m/s,末段不安放栅条(网格);③竖井之间孔洞流速:前段为0.20~0.30 m/s,中段为0.15~0.20 m/s,末段为0.10~0.14 m/s。

(4)絮凝池宜布置成两组或多组并联形式。

(5)絮凝池内应有排泥设施。

网格(栅条)絮凝池的优点是絮凝效果好,水头损失较小,絮凝时间短。缺点是池子末段底部容易积泥。它一般用于中小型水厂。

4)隔板絮凝池

隔板絮凝池是水流以一定流速在隔板之间通过而完成絮凝过程的构筑物,有往复式和回转式两种。设计应符合下列规定:

(1)絮凝时间宜为20~30 min。

(2)廊道流速应按由大到小的渐变流速进行设计,起始流速宜为0.5~0.6 m/s,末段流速宜为0.2~0.3 m/s。

(3)隔板间净距宜大于0.5 m。

(4)隔板转弯处的过水断面面积,应为廊道过水断面面积的1.2~1.5倍。

隔板絮凝池的优点是絮凝效果好,构造简单,施工及管理方便。缺点是容积较大,出水流量不易分配均匀,转折处矾花易破碎,出口处容易积泥。一般用于30 000 m^3/d以上的大型水厂。

5)机械絮凝池

机械絮凝池利用电动机经减速装置驱动搅拌器进行搅拌,水流的能量消耗来源于搅拌机的功率输入。搅拌器有桨板式和叶轮式等,前者较常用。乡镇水厂一般用垂直轴式搅拌器,搅拌强度逐格减小,可通过搅拌机转速递减,或者桨板数或桨板面积递减,通常采用前一方式。为适应水质、水量变化,搅拌速度应能调节。搅拌设备应注意防腐。

桨板式机械絮凝池主要设计参数如下:

池内一般设3~4挡搅拌机,各挡搅拌机之间用隔墙分开以防止水流短路,隔墙上、下交错开孔,开孔面积由穿孔流速决定。穿孔流速以不大于一挡桨板外缘线速度为宜。为增加水流紊动性,有时在每格池子的池壁上设置固定挡板。

每台搅拌器上桨板总面积为水流截面面积的10%～20%，不宜超过25%，以免池水随桨板共同旋转而减弱搅拌效果，桨板长度不大于叶轮直径的75%，宽度取10～30 cm。叶轮旋转线速，即叶轮半径中心点旋转线速度：第一格采用0.5 m/s，逐格减少，最末一格采用0.1～0.2 m/s，不得大于0.3 m/s。絮凝时间：通常采用15～20 min。

机械絮凝池的优点是絮凝效果好，水头损失小，对水质、水量变化的适应性强。缺点是需要机械设备和经常维修。一般用于水量变化大的水厂。

（二）沉淀

沉淀是使原水或已经过混凝作用的水中固体颗粒依靠重力的作用，从水中分离出来的过程。完成沉淀过程的构筑物称为沉淀池，沉淀池一般与絮凝池合建。沉淀池的出水浑浊度应小于5 NTU。

乡镇水厂常用的沉淀池有平流式沉淀池、斜板斜管沉淀池和自然沉淀池。

1. 平流式沉淀池

平流式沉淀池是应用较早、比较简单的一种沉淀池（见图3-6），一般用砖石或钢筋混凝土建造成矩形水池，既可用于自然沉淀，也可用于混凝沉淀。所谓自然沉淀，就是在原水中不投加混凝剂，颗粒在沉淀过程中不改变其大小、形状和密度的沉淀，一般用作预沉处理；混凝沉淀是在原水中加入混凝剂，在沉淀过程中颗粒由于碰撞吸附的作用而改变其大小、形状和密度的沉淀。

图3-6　平流式沉淀池

平流式沉淀池根据其作用分成四个部分，即进水区、沉淀区、积泥区和出水区，结构如图3-7所示。

(a)　(b)　(c)

图3-7　平流式沉淀池结构

进水区的作用是使水流均匀地分布在整个进水截面上，并尽量减少紊流扰动和偏流、股流的影响，以利于絮体沉淀和防止积泥冲起。通常将絮凝池和沉淀池间的隔墙做成穿孔花墙，穿孔墙距进水端池壁的距离不应小于1 m，洞口形状采用喇叭形，孔口流速不宜大于0.15～0.2 m/s。在沉泥面以上0.3～0.5 m处至池底的墙不设孔眼。

沉淀区的作用是使杂质与水分离,它是沉淀池的主体部分。沉淀时间应根据原水水质、水温等,参照相似条件水厂的运行经验确定,宜为2.0~3.0 h。为了提高沉淀分离效果,对其主要的设计参数作了规定:有效水深为2.5~3.5 m,沉淀池每格宽度(或导流墙间距)宜为3~8 m,长宽比不应小于4,长深比不应小于10。池内水平流速可采用10~20 mm/s,水流应避免过多转折。

积泥区的作用是存积污泥,以便采用人工或机械设备及时排除。排泥斗应设置在沉淀池起端,乡镇水厂的沉淀池一般采用多斗重力排泥或穿孔管排泥。

出水区的作用是均匀地汇集沉淀后的表层清水。一般采用溢流堰式和淹没孔口式两种方式集水。溢流堰有平顶堰和齿形堰,堰顶必须保持水平。淹没孔口式的孔口应均匀布置在整个池宽上,孔口一般位于水面下12~15 cm处,孔口中心必须在同一水平线上,孔口流速宜为0.6~0.7 m/s,孔径20~30 mm,孔口水流应自由跌落到出水渠中。

为避免出水区附近的流线过于集中,应尽量增加出水堰的长度,以降低堰口的流量负荷。堰口溢流率一般不宜大于300 $m^3/(m \cdot d)$。

平流式沉淀池是一种历史悠久的沉淀池型,具有构造简单、池深浅、造价低、操作维护方便、对原水水质水量变化适应能力强、处理效果稳定、药耗和能耗低、便于排泥、潜力较大等优点,在大、中型水厂中应用广泛。缺点是占地面积大、排泥较困难。

2. 斜板斜管式沉淀池

斜板斜管式沉淀池是在平流式沉淀池基础上发展起来的一种新型沉淀池(见图3-8)。它的特点是在沉淀池中装有许多间隔较小的平行倾斜板或倾斜管,具有沉淀效率高,在同样出水条件下比平流式沉淀池的容积小、占地面积少的优点。

图3-8　斜板斜管式沉淀池

斜板斜管式沉淀池之所以能提高生产能力,主要是增加了沉淀面积和改善了水力条件。根据浅池理论:当流量和颗粒的沉降速度一定时,沉淀效率与沉淀面积成正比,与池深和池的容积无关。即沉淀面积越大,沉淀效率越高。在沉淀池中加设了斜板,增加了沉淀面积,同时使颗粒的沉降距离大大缩短。另外,使过水断面的水力半径 R 因湿周的增大而减小,从而改善了水力条件,有利于提高沉淀效率。

斜板斜管式沉淀池按水流的方向,分为上向流、侧向流、下向流三种,目前大多数水厂主要采用上向流，即水流方向与沉泥方向相反。斜板斜管式沉淀池主要由配水整流区、斜管斜板区、集水区、积泥区等部分组成，如图 3-9 所示。

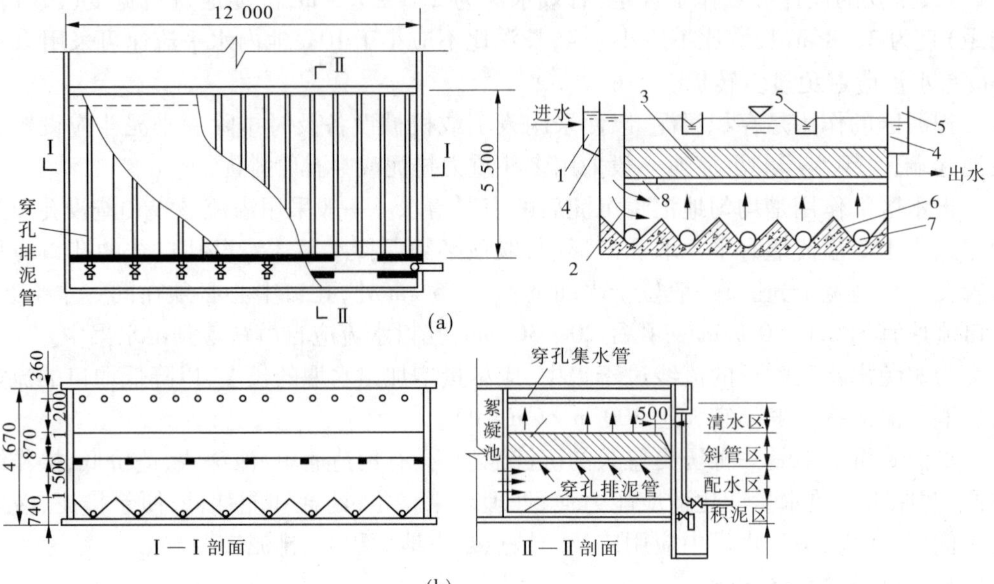

(b)

1—配水槽；2—整流墙；3—斜板、斜管体；4—淹没孔口；

5—集水槽；6—污泥斗；7—穿孔排泥管；8—阻流板

图 3-9　斜板斜管式沉淀池结构　（单位：mm）

为了均匀配水，斜管沉淀池的底部配水区高度不宜小于 1.5 m。为了使水流均匀地进入斜管下的配水区，絮凝池出口可以采用缝隙栅条配水整流，缝隙前窄后宽，也可用穿孔墙。整流配水孔的流速一般要求不大于絮凝池出口流速，通常在 0.15 m/s 以下。

斜管区由六角形截面（内切圆直径为 25 mm）的蜂窝状斜管组件组成，斜管管径为 30 ~ 40 mm，斜长为 1 m，倾角为 60°。斜管斜板的材料应无毒无味、耐水耐久、薄而轻、便于加工，使用较多的有塑料、木材、石棉水泥板、玻璃钢等。

水流自下向上流动，清水在池顶用集水槽收集，清水区保护高度不宜小于 1 m。

污泥在池底用穿孔排污管收集，穿孔管设在三角槽内，管径一般不小于 150 mm，孔径为 20 ~ 30 mm，孔距为 0.3 ~ 0.6 m，孔眼向下与垂线成 45° ~ 60°交叉排列。穿孔管可采用钢管、钢筋混凝土管和铸铁管。

斜管沉淀池的表面负荷为 5.0 ~ 9.0 $m^3/(m^2 \cdot h)$，生产上多采用较小的表面负荷以提高沉淀池出水水质。

斜管沉淀池具有适用范围广、处理效果好、占地面积小等优点，广泛应用于乡镇水厂。该池一般用于原水浊度长期低于 1 000 NTU 的水厂。

3. 自然沉淀池

当原水含沙量变化较大或浊度经常超过 500 NTU 时，宜采用天然池塘或人工水池进行自然沉淀；当自然沉淀不能满足要求时，可投加混凝剂加速沉淀。

自然沉淀池应根据沙峰期原水悬浮物含量及其组成、沙峰持续时间、水源保证率、排泥条件、设计规模、预沉后的浊度要求、地形条件、原水沉淀试验和参照相似条件下的运行经验进行设计，并符合以下要求：

(1)预沉时间可为8～12 h，有效水深宜为1.5～3.0 m，池顶超高不宜小于0.3 m，池底设计存泥高度不宜小于0.3 m。

(2)出水浊度应小于500 NTU。

(3)应有清淤措施，自然沉淀池宜分成两格并设跨越管。

(4)当水源保证率较低时，自然沉淀池可兼作调蓄池，有效容积应根据水源枯水期可供水量和需水量等确定。

(三)澄清池

澄清池是利用池中积聚的活性泥渣与原水中的杂质颗粒相互接触、吸附，使杂质从水中分离出来，从而达到使水变清的构筑物。澄清池的特点是在一个构筑物中完成混合、絮凝、沉淀三个过程，利用活性泥渣加强了混凝过程，加速了固、液分离，提高了澄清效率。但澄清池对水量、水质、水温的变化适应性差，管理技术要求较高。澄清池要能保证连续运行，应设取样装置，出水浑浊度应小于5 NTU。

泥渣层的形成方法，通常是在澄清池开始运转时，在原水中加入较多的凝聚剂，并适当降低负荷，经过一定时间运转后逐步形成。当原水浊度低时，为加速泥渣层的形成，也可投加黏土。澄清池可分为泥渣循环型和泥渣过滤型两类。

泥渣循环型澄清池是利用机械或水力的作用，使部分活性泥渣循环回流，在回流的过程中，活性泥渣不断地接触、吸附原水中的杂质，使杂质从水中分离出来。

泥渣过滤型澄清池又称泥渣悬浮型澄清池，加药后的原水由下而上通过悬浮状态的泥渣层时，使水中脱稳杂质与高浓度的泥渣颗粒碰撞凝聚并被泥渣层拦截下来。这种作用类似过滤作用，浑水通过悬浮层即获得澄清。

由于泥渣过滤型澄清池在管理上要求高，因此一般乡镇的中、小水厂较多地采用泥渣循环型澄清池。其主要池型有水力循环澄清池和机械搅拌澄清池。

1. 水力循环澄清池

水力循环澄清池的构造见图3-10。

水力循环澄清池主要由四个部分组成：①进出水系统，包括进水管、出水槽、出水管；②混凝系统，包括喷嘴、喉管、喇叭口、第一絮凝室和第二絮凝室；③分离系统，包括分离室；④排泥系统，包括浓缩室、排泥管、放空管。

原水从池底进入，先经喷嘴2高速喷入喉管3，在喉管下部喇叭管4附近造成真空而吸入回流泥渣。原水与回流泥渣在喉管3中剧烈混合后，被送入第一絮凝室5和第二絮凝室6。从第二絮凝室流出的泥水混合液，在分离室7中进行泥水分离。清水向上，泥渣则一部分进入泥渣浓缩室8，一部分被吸入喉管重新循环，如此周而复始。

水力循环澄清池中：①泥渣回流量可为进水量的2～4倍，原水浊度高时取下限。②清水区的上升流速宜采用0.7～0.9 mm/s，当原水为低温低浊时，上升流速应适当降低；清水区的高度宜为2～3 m，超高宜为0.3 m。③第二絮凝室有效高度宜为3～4 m。④喷嘴直径与喉管直径之比宜为1∶3～1∶4，喷嘴流速可为6～9 m/s，喷嘴水头损失可为2～5 m，喉管流速可为2.0～3.0 m/s。⑤第一絮凝室出口流速宜为50～80 mm/s；第二絮

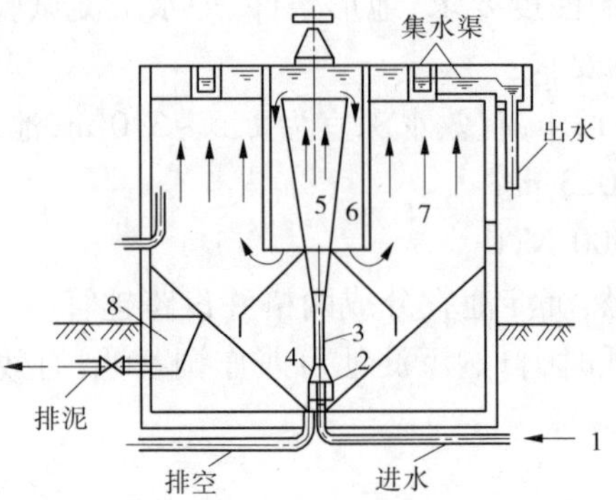

1—进水管;2—喷嘴;3—喉管;4—喇叭管;5—第一絮凝室;
6—第二絮凝室;7—分离室;8—泥渣浓缩室

图 3-10　水力循环澄清池

凝室出口流速宜为 40 ~ 50 mm/s。⑥水在池中的总停留时间可采用 1.0 ~ 1.5 h,第一絮凝室为 15 ~ 30 s,第二絮凝室为 80 ~ 100 s。⑦斜壁与水平面的夹角不应小于 45°。⑧为适应原水水质变化,应在池顶设置专用的升降阀来调节喷嘴与喉管进口的间距。

水力循环澄清池处理效果稳定,适用于原水浊度不超过 2 000 NTU 的中、小水厂,国家有标准图集。

2. 机械搅拌澄清池

机械搅拌澄清池,主要由进水管、配水槽、絮凝室、分离区、集水区、污泥浓缩室、搅拌设备等组成,见图 3-11。

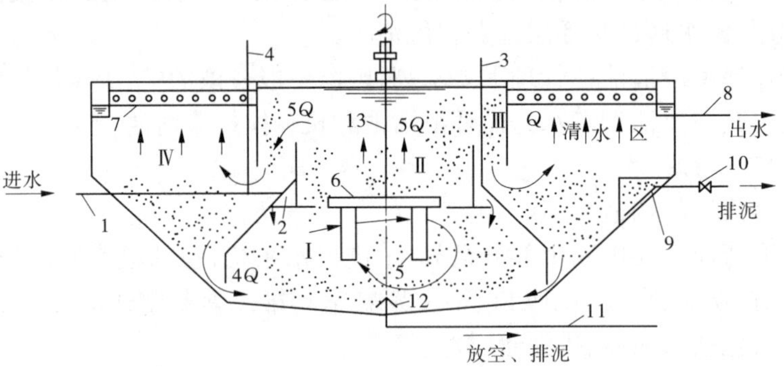

1—进水管;2—三角配水槽;3—透气管;4—投药管;5—搅拌桨;
6—提升叶轮;7—集水槽;8—出水管;9—泥渣浓缩室;
10—排泥阀;11—放空管;12—排泥罩;13—搅拌轴
Ⅰ—第一絮凝室;Ⅱ—第二絮凝室;Ⅲ—导流室;Ⅳ—分离室

图 3-11　机械搅拌澄清池剖面示意图

原水由进水管 1 通过环形三角配水槽 2 的缝隙均匀流入第一絮凝室。因原水中可能含有气体,会积在三角槽顶部,故应安装透气管 3。混凝剂投加点按实际情况和运转经验确定,可在水泵吸水管内,亦可由投药管 4 加入澄清池进水管、三角配水槽等处。

搅拌设备由提升叶轮6和搅拌桨5组成。提升叶轮装在第一、第二絮凝室的分隔处。搅拌设备的作用是:①提升叶轮将回流水从第一絮凝室提升至第二絮凝室,使回流水中的泥渣不断在池内循环;②搅拌桨使第一絮凝室内的水体和进水迅速混合,泥渣随水流处于悬浮和环流状态。因此,搅拌设备使接触絮凝过程在第一、第二絮凝室内得到充分发挥。回流流量为进水流量的3~5倍,图中所示回流量为进水流量的4倍。搅拌设备宜采用无线变速电动机驱动,以便随进水水质、水量变化而调整回流量或搅拌强度。但是生产实践证明,一般转速为5~7 r/min,平时运转中很少调整搅拌设备的转速,因而也可采用普通电动机通过蜗轮蜗杆变速装置带动搅拌设备。

第二絮凝室设有导流板,用以消除上升水的旋转,使水流平稳地经导流室Ⅲ流入分离室Ⅳ。分离室中下部为泥渣层,上部为清水层。清水向上经集水槽7流至出水管8。清水层须有1.5~2.0 m的深度,以便在排泥不当、泥渣层变厚时,仍可保证出水水质。

主要设计参数和设计内容如下:

(1)清水区上升流速应按相似条件下的运行经验确定,一般采用0.7~1.0 mm/s,处理低温低浊原水时可采用0.5~0.8 mm/s。

(2)水在池中的总停留时间可采用1.2~1.5 h,第一絮凝室与第二絮凝室停留时间宜控制在20~30 min。

(3)搅拌叶轮提升流量可为进水流量的3~5倍,叶轮直径可为第二絮凝室内径的70%~80%,并应设定调整叶轮转速和开启度。

(4)原水进水管的流速一般在1 m/s左右,进水管进入环形配水槽后向两侧环流配水,故三角配水槽的断面应按设计流量的一半确定。配水槽和缝隙的流速均采用0.4 m/s左右。

(5)第一絮凝室、第二絮凝室(包括导流室)和分离室的容积比一般控制在2∶1∶7左右。第三絮凝室和导流室的流速一般为40~60 mm/s。

(6)集水槽用于汇集清水。集水槽布置应力求避免产生局部地区上升流速过高或过低现象。在直径较小的澄清池中,可以沿池壁建造环形槽;当直径较大时,可在分离室内加设辐射形集水槽。辐射槽数大体如下:当澄清池直径在3~6 m时,可用4~6条;当直径大于6 m时,可用6~8条。环形槽和辐射槽的槽壁开孔,孔径可为20~30 mm。孔口流速一般为0.5~0.6 m/s。穿孔集水槽的设计流量应考虑流量增加的余地,超载系数一般取1.2~1.5。

机械搅拌澄清池对水量、水质和水温变化的适应性较强,处理效果稳定,投药量少,适用于进水悬浮物在5 000 NTU以下,短时间内允许达到5 000~10 000 NTU。但需要机械搅拌设备,维修麻烦,管理较复杂。当进水压力较高或变化较大时,宜在机械搅拌澄清池前设稳压井。

(四)气浮池

气浮法是以微细气泡作为载体,黏附于水中的悬浮颗粒上,使其视密度小于水,然后颗粒被气泡挟带浮升至水面与水分离去除的方法。气浮法目前在给水、工业废水和城市污水处理方面都有应用。

气浮法按照产气方式分为溶气气浮、散气气浮、电解气浮。溶气气浮是使空气在一定压力的作用下溶解于水中，并达到饱和状态，然后突然使水降至常压，这时溶解于水中的空气便以微小气泡的形式从水中逸出。溶气气浮形成的气泡粒度很小，气泡与水的接触时间还可以加以控制，因此溶气气浮的净化效果较高；散气气浮是采用扩散板或缩孔管直接向气浮池中通入空气，或借水泵吸水管吸入空气，也可以采用水力喷射器、高速叶轮等向水中充气；电解气浮是用不溶性阳极和阴极直接电解水，靠电解产生的氢和氧的微小气泡将已絮凝的悬浮物载浮至水面，达到固－液分离的目的。电解法产生的气泡尺寸远小于溶气气浮和散气气浮产生的气泡，而且不产生紊流。

气浮池又称气浮机，如图3-12所示。气浮池从外形上分为两类：圆形气浮池和长方形气浮池。圆形气浮池称为超效浅层气浮池，是目前市场上最先进的气浮池，主要是运用了浅池理论和零速度原理，及国际先进的微氧化技术和高密度的离子气泡技术，改变了水的表面张力，大规模地提升了水中的溶解氧，吸附了水中的短链有机物分子和有色基团，取得了生化和物化都难以降解的COD的技术突破。而长方形气浮池是传统的气浮工艺，是在水中注入大量气泡，使水中颗粒状悬浮物上浮，在运行过程中达不到静态上浮效果，一般出水稳定性较差。

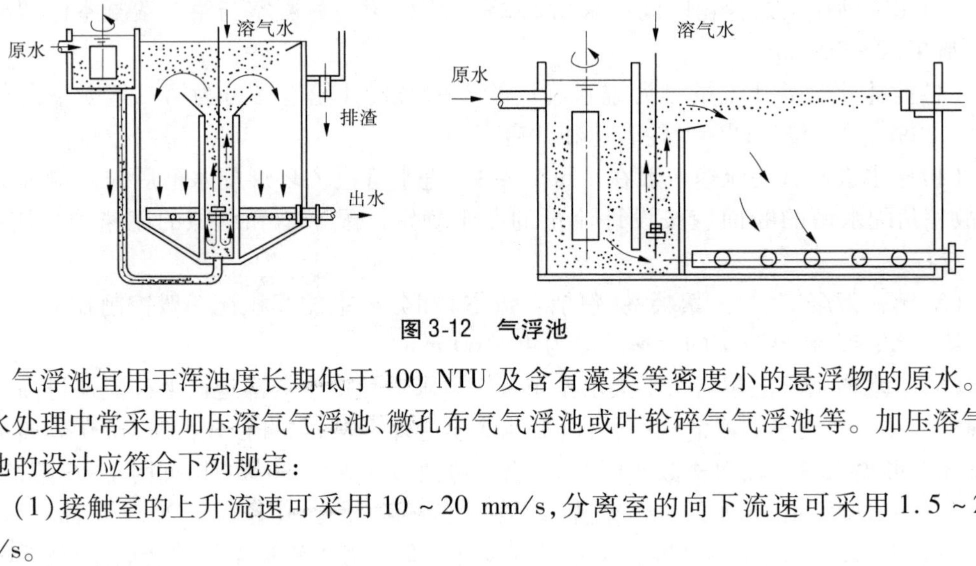

图3-12 气浮池

气浮池宜用于浑浊度长期低于100 NTU及含有藻类等密度小的悬浮物的原水。乡镇水处理中常采用加压溶气气浮池、微孔布气气浮池或叶轮碎气气浮池等。加压溶气气浮池的设计应符合下列规定：

（1）接触室的上升流速可采用10～20 mm/s，分离室的向下流速可采用1.5～2.5 mm/s。

（2）单格宽度不宜超过10 m，池长不宜超过15 m，有效水深2.0～3.0 m。

（3）溶气罐的压力及回流比，应根据原水气浮试验情况或参照相似条件下的运行经验确定，溶气压力可为0.2～0.4 MPa；回流比可为5%～10%。溶气释放器的型号及个数应根据单个释放器在选定压力下的出流量及作用范围确定。

（4）压力溶气罐的总高度可为3.0 m，罐内的填料高度宜为1.0～1.5 m，罐的截面水力负荷可为100～150 $m^3/(m^2 \cdot h)$。

（5）气浮池应有刮渣、排渣设施，刮渣机的行车速度不宜大于5 m/min。

气浮池具有净水效率高、占地少、造价低、泥渣含水率低、自动化程度高、操作管理方便等优点，对处理低浊、含藻的原水尤为适用。对于浊度超过100 NTU的含藻水，气浮池可建在沉淀池后，也可与沉淀池或普通快滤池合建。

（五）过滤

1. 过滤的作用与机制

过滤是让水通过具有孔隙的粒状滤料层，利用滤料与杂质间吸附、筛滤、沉淀、拦截等作用，截留水中的细微杂质，使水得到澄清的工艺过程。滤池通常置于沉淀池或澄清池之后。进水浊度一般在 10 NTU 以下，滤后水浊度必须达到饮用水标准。当原水浊度较低且水质较好时，也可采用原水直接过滤。

过滤不仅可以进一步降低水的浊度，而且水中有机物、细菌乃至病毒等将随水的浊度降低而被部分去除，为滤后消毒创造了良好条件。在饮用水的净化工艺中，过滤是不可缺少的，它是保证饮用水卫生安全的重要措施。

滤料层能截留杂质使水变清的主要原因是：

（1）机械筛滤作用。滤料层一般由砂粒组成，砂粒之间的空隙能截留比孔隙尺寸大的杂质，当孔隙因截留杂质变小后，较小的杂质也随之被截留下来。

（2）接触凝聚作用。经沉淀或澄清处理后的水，在通过滤层与砂粒接触时，由于分子引力的作用，水中细微杂质被表面面积较大的砂粒所吸附，使水澄清。

（3）另外，在慢滤池中还具有筛滤作用。慢滤池在经过一段时间使用后，滤料表面形成滤膜，滤膜中微生物分泌一种起凝聚作用的酶，它能使细小杂质吸附在砂粒上。滤膜中的微生物还起着直接吞噬细菌、净化水质的作用。

2. 滤池构造

滤池如图 3-13 所示，主要由滤料、承托层、配水系统三部分组成。

图 3-13　滤池

1）滤料

滤料质量对滤池正常工作影响很大，滤料要有足够的机械强度，能抵抗在过滤、冲洗过程中造成的磨损与破碎；有较高的化学稳定性，滤料溶于水后不能产生有害有毒成分；要有适当的颗粒级配。石英砂是使用最广泛的滤料，常用的还有无烟煤、石榴石、磁铁矿、金钢砂等。在轻质滤料中，有聚苯乙烯及陶粒等。

滤料颗粒粒径、级配要恰当。滤料级配的控制参数是最小粒径、最大粒径和不均匀系数 K_{80}。K_{80} 越大，表示粗、细颗粒的尺寸相差越大，滤料越不均匀；K_{80} 越小，则滤料越均匀。对各种滤料的颗粒粒径、级配、滤层厚度、滤速的要求，见表 3-1。

2）承托层

设置在滤料层和配水系统之间的砾石层称为承托层。它的作用一方面是能均匀集水，并防止滤料进入配水系统；另一方面是在反冲洗时能均匀布水。承托层的材料一般采用天然卵石或碎石，颗粒最小粒径为 2 mm，最大粒径为 32 mm，自上而下分层敷设。其粒径和厚度见表 3-2。

表 3-1　滤池的滤料及组成

<table>
<tr><th rowspan="2">类别</th><th colspan="4">滤料组成</th><th rowspan="2">正常滤速
(m/h)</th><th rowspan="2">强制滤速
(m/h)</th></tr>
<tr><th colspan="2">粒径(mm)</th><th>不均匀系数 K_{80}</th><th>厚度(mm)</th></tr>
<tr><td>石英砂
滤料过滤</td><td colspan="2">$d_{min}=0.5$
$d_{max}=1.2$</td><td><2.0</td><td>700</td><td>6 ~ 7</td><td>7 ~ 10</td></tr>
<tr><td rowspan="2">双层滤料</td><td>无烟煤</td><td>$d_{min}=0.8$
$d_{max}=1.8$</td><td><2.0</td><td>300 ~ 400</td><td rowspan="2">7 ~ 10</td><td rowspan="2">10 ~ 14</td></tr>
<tr><td>石英砂</td><td>$d_{min}=0.5$
$d_{max}=1.2$</td><td><2.0</td><td>400</td></tr>
</table>

表 3-2　普通快滤池大阻力配水系统承托层的粒径和厚度

层次(自上而下)	粒径(mm)	厚度(mm)
1	2 ~ 4	100
2	4 ~ 8	100
3	8 ~ 16	100
4	16 ~ 32	本层顶面高度应高出配水系统孔眼 100

3)配水系统

配水系统的作用在于使冲洗水均匀分布在整个滤池平面上。通常采用大阻力配水系统、中阻力配水系统和小阻力配水系统等形式。带有干管(渠)和穿孔支管的"丰"字形配水系统,称为大阻力配水系统;小阻力配水系统不采用穿孔管,而是底部有较大的配水空间,其上铺设阻力较小的格栅、滤板、滤头等。

大阻力配水系统配水均匀,结构复杂,需要较大的冲洗水头,一般适用于单池面积较大的滤池。小阻力配水系统构造简单,所需的冲洗水头较低,但配水均匀性较差。

普通快滤池宜采用大阻力或中阻力配水系统,大阻力配水系统孔眼总面积与滤池面积之比为 0.20% ~ 0.28%,中阻力配水系统孔眼总面积与滤池面积之比为 0.6% ~ 0.8%。虹吸滤池、无阀滤池宜用小阻力配水系统,其孔眼总面积与滤池面积比为 1.0% ~ 1.5%。

3. 滤池反冲洗

为清除滤层中所截留的污物,恢复滤池的过滤能力,当水头损失增至一定程度以致滤池产水量减少或由于过滤水质不符合要求时,滤池应停止过滤进行反冲洗。每个滤池都要设置取样装置,滤池的工作周期一般为 12 ~ 24 h。快滤池冲洗方法主要有高速水流反冲洗,气、水反冲洗,表面助冲加高速水流反冲洗。

(1)高速水流反冲洗是利用流速较大的反向水流冲洗滤料层,使整个滤层达到流态化状态,且具有一定的膨胀度。截留于滤层中的污物,在水流剪力和滤料颗粒碰撞摩擦的双重作用下,从滤料表面脱落下来,然后被冲洗水带出滤池。冲洗效果取决于冲洗流速、滤层膨胀度和冲洗时间。

冲洗强度是以 cm/s 计的反冲洗流速，换算成单位面积滤层所通过的冲洗流量，称"冲洗强度"，以 L/(s · m^2)计，1 cm/s = 10 L/(s · m^2)。

反冲洗时，滤层膨胀后所增加的厚度与膨胀前厚度之比，称为滤层膨胀度，它会直接影响滤层的孔隙率。

当冲洗强度或滤层膨胀度符合要求但冲洗时间不足时，也不能充分地清洗掉包裹在滤料表面上的污泥，冲洗废水也排除不尽而导致污泥重返滤层，长期下去滤层表面将形成泥膜。因此，应当保证充足的冲洗时间。冲洗时间可按表 3-3 确定，在实际操作中也可根据冲洗废水的允许浊度确定。

表 3-3 冲洗强度、膨胀度和冲洗时间(水温 20 ℃时)

滤层	冲洗强度(L/(s · m^2))	膨胀度	冲洗时间(min)
石英砂滤料过滤	15	45%	7 ~ 5
双层滤料过滤	16	50%	8 ~ 6

高速水流反冲洗方法操作方便，池子结构和设备简单，是广泛采用的一种冲洗方式。但其冲洗耗水量大，冲洗结束后滤料上细下粗分层明显。

(2)气、水反冲洗是利用上升空气气泡的振动有效地将附着于滤料表面的污物擦洗下来，使之悬浮于水中，然后用水反冲把污物排出池外。因为气泡能有效地使滤料表面污物破碎、脱落，故水冲强度可降低，即可采用"低速反冲"。气、水反冲洗操作方式有：①先用空气反冲，然后用水反冲。②先用气、水同时反冲，然后用水反冲。③先用空气反冲，然后用气、水同时反冲，最后用水反冲(或漂洗)。

气、水反冲洗既提高冲洗效果又节省冲洗水量，同时冲洗时滤层仅有轻微膨胀，冲洗结束后滤层不产生明显上细下粗分层现象，可以保持原来滤层结构，提高滤层含污能力。但气、水反冲洗需增加气冲设备(鼓风机或空气压缩机和储气罐)，池子结构及冲洗操作也较复杂。近年来，新建滤池气、水反冲洗也日益增多。

冲洗程序、冲洗强度及冲洗时间的选用需根据滤料种类、密度、粒径级配及水质水温等因素确定，也与滤池构造形式有关。

4. 滤池

滤池出水经消毒后应符合国家生活饮用水卫生标准。滤池形式的选择，应根据设计生产能力、进水水质和工艺流程中的高程要求等因素，结合当地条件，通过技术经济比较确定。滤池格数或个数及其面积应根据生产规模、运行维护等条件通过技术经济比较确定，但格数或个数不应少于两个。

滤池可分为普通快滤池、无阀滤池、虹吸滤池、接触滤池、彗星式纤维滤池等。乡镇水厂最常用的是普通快滤池、无阀滤池。普通快滤池一般有四个阀门，为减少阀门，可以用虹吸管代替进水阀门和排水阀门，习惯上称"双阀滤池"。无阀滤池不设闸阀，而是利用虹吸原理进行自动过滤和冲洗的，管理较为方便。无阀滤池按其工作条件可分为重力式无阀滤池和压力式无阀滤池。

1)普通快滤池

普通快滤池的构造如图 3-14 所示。

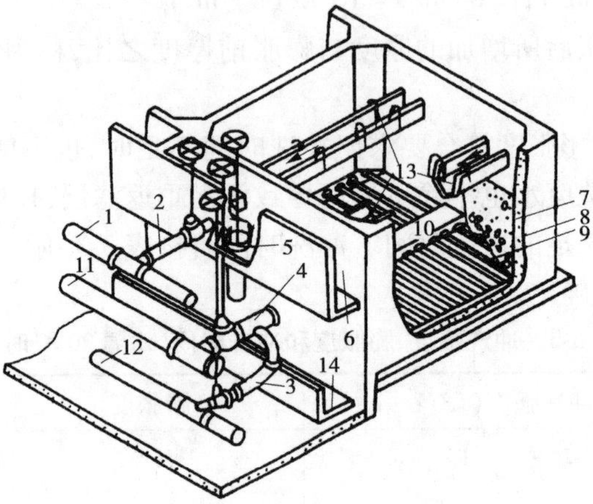

1—进水总管;2—进水支管;3—清水支管;4—冲洗水支管;
5—排水阀;6—浑水渠;7—滤料层;8—承托层;9—配水支管;
10—配水干管;11—冲洗水总管;12—清水总管;13—冲洗排水槽;14—废水渠道

图 3-14 普通快滤池构造剖面图(箭头表示冲洗水流方向)

过滤过程:经沉淀或澄清后的水由进水总管 1、进水支管 2、浑水渠 6 进入池内。经冲洗排水槽 13 由上而下通过滤料层 7、承托层 8,由配水支管 9 收集,再经配水干管 10、清水支管 3、清水总管 12 流出池外。在过滤过程中,冲洗水支管 4 的阀门和排水阀 5 是关闭的。

冲洗过程:关闭进水支管 2 和清水支管 3 上的阀门;开启冲洗水支管 4 的阀门和排水阀 5,冲洗水便从冲洗水总管 11、冲洗水支管 4 进入滤池底部,通过配水干管 10、配水支管 9 和配水支管上均匀分布的孔眼在整个滤池平面上流出,自下而上穿过承托层 8 和滤料层 7,对滤料进行冲洗。冲洗后废水进入排水槽通过排水阀 5、废水渠道 14 排走。冲洗一直进行到滤料基本洗净。

普通快滤池的配水系统采用的是大阻力配水系统,应按冲洗流量设计,干管始端流速宜为 1.0 ~ 1.5 m/s,支管始端流速宜为 1.5 ~ 2.0 m/s,孔眼流速宜为 5 ~ 6 m/s;干管上应设通气管。冲洗前的水头损失可采用 2.0 ~ 2.5 m,每个滤池应设水头损失量测计;滤层表面以上的水深宜为 1.5 ~ 2.0 m,池顶超高宜为 0.3 m。普通快滤池的进水管流速宜为 0.8 ~ 1.2 m/s,出水管流速宜为 1.0 ~ 1.5 m/s,冲洗水管流速宜为 2.0 ~ 2.5 m/s,排水管流速宜为 1.0 ~ 1.5 m/s,设计普通快滤池可采用国家标准图集 S725—S729,其产水能力为 40 ~ 240 m^3/h。普通快滤池各部分设计参见标准图集。

2)重力式无阀滤池

重力式无阀滤池的构造见图 3-15。

过滤过程:浑水经进水分配槽 1,由进水管 2 进入虹吸上升管 3,再经伞形顶盖 4 下面的挡板 5 后,均匀地分布在滤料层 6 上,通过承托层 7、小阻力配水系统 8 进入底部配水区 9。滤后水从底部配水区经连通渠(管)10 上升到冲洗水箱 11。当水箱水位达到出水渠

12 的溢流堰顶时，溢入渠内流入清水池。水流方向如图中箭头所示。

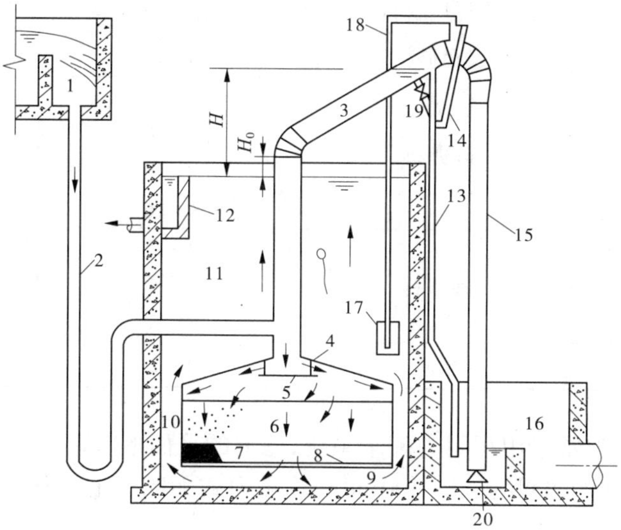

1—进水分配槽；2—进水管；3—虹吸上升管；4—伞形顶盖；5—挡板；6—滤料层；7—承托层；8—小阻力配水系统；9—底部配水区；10—连通渠；11—冲洗水箱；12—出水渠；13—虹吸辅助管；14—抽气管；15—虹吸下降管；16—排水水封井；17—虹吸破坏斗；18—虹吸破坏管；19—强制冲洗管；20—冲洗强度调节器

图 3-15 重力式无阀滤池的构造

开始过滤时，虹吸上升管 3 与冲洗水箱 11 中的水位差 H_0 为过滤起始水头损失。随着过滤时间的延续，滤料层水头损失逐渐增加，虹吸上升管 3 中水位相应升高，管内原存空气受到压缩，一部分空气将从虹吸下降管 15 出口端穿过水封井进入大气。当水位上升到虹吸辅助管 13 的管口时，水从辅助管流下。依靠下降水流在管中形成的真空和水流的挟气作用，抽气管 14 不断将虹吸管中空气抽出，使虹吸管中的真空度逐渐增大。其结果，一方面虹吸上升管 3 中水位升高；另一方面虹吸下降管 15 将排水水封井 16 中的水吸上至一定高度。

自动冲洗过程：随着过滤的进行，滤层不断截留水中杂质，使滤层的阻力逐渐增加，因而虹吸上升管 3 中的水位逐渐升高。当虹吸上升管 3 中水位上升到虹吸辅助管 13 顶端而下落时，管中真空度急剧增加，达到一定程度时，下落水流与虹吸下降管 15 中上升水柱汇成一股水冲出管口，把管中残留空气全部带走，形成连续虹吸水流。这时，由于滤层上部压力骤降，促使冲洗水箱 11 内的水沿着过滤时的相反方向进入虹吸管，滤料层因而受到反冲洗，冲洗废水由排水水封井 16 排出。在冲洗过程中水箱内水位逐渐下降，当水位下降到虹吸破坏斗 17 以下时，虹吸破坏管 18 把小斗中的水吸完。管口与大气相通，虹吸破坏，冲洗结束，过滤重新开始。冲洗时水流方向与图中所示箭头相反。

虹吸辅助管口至冲洗水箱最高水位差即为期终允许水头损失值 H，一般采用 $H = 1.5$ m。当滤层水头损失还未达到最大允许值而因某种原因（如出水水质不符合要求）需要冲洗时，可打开强制冲洗管 19 上的阀门进行人工强制冲洗。

重力式无阀滤池承托层的材料及组成，见表 3-4。

表 3-4　重力式无阀滤池承托层的材料及组成

配水方式	承托层材料	粒径(mm)	厚度(mm)
滤板	粗砂	1 ~ 2	100
格栅	砂卵石	1 ~ 2	80
		2 ~ 4	70
		4 ~ 8	70
		8 ~ 16	80
尼龙网	砂卵石	1 ~ 2 2 ~ 4 4 ~ 8	每层 50 ~ 100
滤头	粗砂	1 ~ 2	100

重力式无阀滤池常采用小阻力配水系统，滤池的平面形状常为方形，大多以双格作为一个组合单元，单池产水量为 40 ~ 400 m^3/h。重力式无阀滤池操作简单，工作稳定可靠，适用于中小型水厂。

3）压力式无阀滤池

压力式无阀滤池是在压力作用下进行工作的一种无阀滤池，通常和水塔建在一起。过滤水储存于水塔中，靠水塔的压力供给用户，冲洗水也储存于水塔中。它特别适用于小型、分散、天然水质较好的乡镇供水工程。

压力式无阀滤池的工作过程见图 3-16。原水采用泵前加药 2 后，直接由水泵 1 自上而下进入压力滤池 10，过滤后的清水借助水泵压力经集水系统压入水塔内冲洗水箱 4，冲洗水箱储满后，溢流入调节水塔 3 从出水管 11 流出配送给用户。

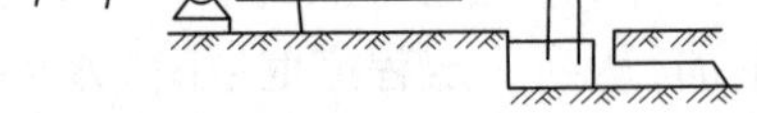

1—水泵；2—加药；3—调节水塔；4—冲洗水箱；5—虹吸上升管；6—虹吸下降管；7—虹吸辅助管；8—抽气管；9—虹吸破坏管；10—滤池；11—出水管

图 3-16　压力式无阀滤池示意图

在过滤过程中，因不断截留杂质，滤层的过滤阻力增加，此时虹吸上升管 5 中的水位随之增高，当水位上升到虹吸辅助管 7 的管口时，就和重力式无阀滤池原理一样，使滤池开始冲洗。冲洗时水泵利用自动装置自行关闭，停止进水。当冲洗水箱中水位下降到虹吸破坏管 9 的管口时，空气进入虹吸管，虹吸作用破坏，反冲洗自动结束。随后水泵自动开启，过滤重新开始。

压力式无阀滤池冲洗前的水头损失可采用 1.5 m；进水虹吸管流速宜为 0.6 ~ 1.0 m/s，排水虹吸管流速宜为 1.4 ~ 1.6 m/s；常采用小阻力配水系统。压力式无阀滤池可采用国家标准图集 S755，其产水能力为 10 ~ 45 m^3/h。

4）接触滤池

接触滤池是原水投加凝聚剂后，不经沉淀而直接进行微絮凝过滤的滤池。国内接触滤池以双层滤料居多。由于双层滤料层截污能力高，滤层中水流阻力及水头损失的增加缓慢，工作周期可延长。接触滤池适用于原水浑浊度长年低于 20 NTU 的情况，处理效果较稳定。滤池滤速宜采用 6 ~ 8 m/h，因原水投加凝聚剂后，微絮凝主要在上层无烟煤孔隙中完成，故滤速不宜过高。接触滤池的设计应符合下列规定：

（1）适用于浑浊度长期低于 20 NTU、短期不超过 60 NTU 的原水，滤速宜采用 6 ~ 7 m/h。

（2）接触滤池宜采用双层滤料，并应符合下列要求：①石英砂滤料粒径 d_{min} = 0.5 mm，d_{max} = 1.0 mm，K_{80} ≤ 1.8；滤料厚度为 400 ~ 600 mm。②无烟煤滤料粒径 d_{min} = 1.2 mm，d_{max} = 1.8 mm，K_{80} ≤ 1.5；滤料厚度为 400 ~ 600 mm。

（3）滤池冲洗前的水头损失，宜采用 2.0 ~ 2.5 m，滤层表面以上的水深可为 2 m。

（4）滤池冲洗强度宜为 15 ~ 18 L/(s · m^2)，冲洗时间宜为 6 ~ 9 min，滤池膨胀率宜为 40% ~ 50%。

5）彗星式纤维滤池

彗星式纤维滤池是一种比常规快滤池水头损失小、滤速高、占地面积小的新型滤池，彗星式纤维滤料的密度约为 1.1 g/cm^3、纳污量为 15 ~ 35 kg/cm^3、设计滤速为 15 ~ 18 m/h，彗星式纤维滤池的设计应符合《彗星式纤维滤池工程技术规程》(CECS 276—2010)的要求。

6）慢滤池和粗滤池

慢滤池是最早的滤池形式，以滤速比较慢而得名。慢滤池的设计应符合下列规定：

（1）进水浊度宜小于 20 NTU，布水应均匀。

（2）应按 24 h 连续工作设计。

（3）滤速宜按 0.1 ~ 0.3 m/h 设计，进水浊度高时取低值。

（4）出口应有控制滤速的措施，可设可调堰或在出水管上设控制阀和转子流量计。

（5）滤料宜采用石英砂，粒径为 0.3 ~ 1.0 mm，K_{80} ≤ 2.0，滤层厚度为 800 ~ 1 200 mm。

（6）滤料表面以上水深宜为 1.0 ~ 1.2 m；池顶应高出水面 0.3 m、高出地面 0.5 m。

（7）承托层宜为卵石或砾石，自上而下分五层铺设，并符合表 3-5 的规定。

表 3-5　慢滤池承托层组成　（单位：mm）

粒径	1 ~ 2	2 ~ 4	4 ~ 8	8 ~ 16	16 ~ 32
厚度	50	100	100	100	100

（8）当滤池面积小于 15 m^2 时，可采用底沟集水，集水坡度为 1%；当滤池面积较大时，可设置穿孔集水管，管内流速宜采用 0.3 ~ 0.5 m/s。

（9）有效水深以上应设溢流管，池底应设排空管。

(10)滤池应分格,格数不少于2个。

(11)北方地区应采取防冻和防风沙措施,南方地区应采取防晒措施。

当原水浊度超过慢滤池进水浊度要求时,可采用粗滤池进行预处理。粗滤池的设计应符合以下规定:

(1)当原水含沙量常年较低时,粗滤池宜设在取水口;当原水含沙量常年较高或变化较大时,粗滤池宜设在预沉池后。

(2)进水浊度应小于500 NTU,出水浊度应小于20 NTU。

(3)设计滤速宜为0.3~1.0 m/h,当原水浊度高时取低值。

(4)竖流粗滤池设计应符合以下要求:①宜采用二级串联,滤料表面以上水深为0.2~0.3 m,保护层高0.2 m。②向上流粗滤池底部应设配水室、排水管和集水槽。③滤料宜选用卵石或砾石,顺水流方向由大到小按三层铺设,并符合表3-6的规定。

表3-6　竖流粗滤池滤料组成　(单位:mm)

粒径	4~8	8~16	16~32
厚度	200~300	300~400	450~500

(5)平流粗滤池宜由三个相连的卵石或砾石室组成,并符合表3-7的规定。

表3-7　平流粗滤池滤料组成与池长　(单位:mm)

卵石或砾石室	粒径	池长
室1	16~32	2 000
室2	8~16	1 000
室3	4~8	1 000

(六)超过滤

近年来由于污染严重、有毒有害有机物增多,水源水质变差,膜技术开始应用于自来水处理中,但其投资成本及运行成本均很高,因此在农村饮用水处理中应用受到限制。一般在水源水质条件极差,如Ⅳ类河道水等,用膜处理作为深度处理以保证最终出水满足饮用水水质要求。

超滤又称超过滤(见图3-17),采用中空纤维过滤新技术,配合三级预处理过滤清除水中杂质,超滤微孔小于0.01 μm,能有效滤除原水中的沉淀物、悬浮物和微生物,出水浊度能控制在0.2 NTU以下,比传统的混凝沉淀过滤净水工艺出水品质高,是未来常规水处理的方向。

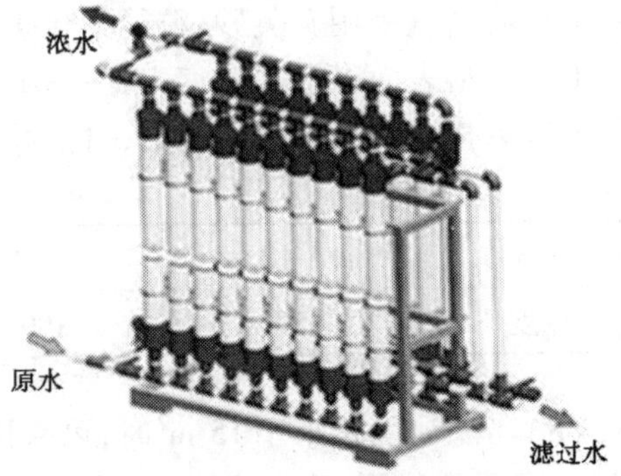

图3-17　超滤示意图

超滤膜筛分过程,以膜两侧的压力差为驱动力,以超滤膜为过滤介质,在一定的压力下,当原液流过膜表面时,超滤膜表面密布的许多细小的微孔只允许水及小分子物质通过而成为透过液,而原液中体积大于膜表面微孔径的物质则被截留在膜的进液侧,成为浓缩液,因而实现对原液的净化、分离和浓缩。水温对膜通量影响很大,一般可根据居民用水高峰与水温成正相关的特点进行设计,对低温时的用水量进行复核。

按照膜能有效去除污染物的大小,可将其分为微滤(MF)膜、超滤(UF)膜、纳滤(NF)膜和反渗滤(RO)膜等,针对不同水源水质可选择不同类型的膜技术。

超滤膜应亲水性好、通量大、抗污染能力强、过滤压差低,膜通量应根据原水水质、水温等确定。常用的超滤膜有醋酸纤维素膜、聚矾膜、聚酰胺膜。

有机物、铁、锰超标的原水应进行氧化处理后方可进入超滤膜过滤。

超滤膜过滤,小型集中供水工程宜分成 1 ~2 个单元,规模化供水工程宜分成 2 ~4 个单元。超滤净水工艺应设反洗系统、化学清洗系统,反洗系统和化学清洗系统的规模可按 1 个过滤单元进行设计,各单元可轮流进行反洗和化学清洗。超滤膜的化学清洗周期宜为 4 ~6 个月;化学清洗应包括碱洗(0.5% ~1% NaOH)、酸洗(0.2% ~0.5% HCl 或 2% 柠檬酸)和消毒($200 \times 10^{-6} \sim 1\ 000 \times 10^{-6}$NaClO),其中,碱洗和酸洗宜为 4 ~6 h,碱洗与消毒可同步进行。

超滤装置主要有管式、浸没式、卷式和中空纤维式等。饮用水净化多采用“内压 - 管式”和“外压 - 浸没式”超滤膜装置。

1. 内压 - 管式超滤装置

内压 - 管式超滤膜装置由超滤膜和管式外壳组成,运输、安装、更换简单,原水由超滤膜内壁加压、外壁出水,纳污能力相对较低、冲洗相对频繁、回收率相对较低,进水浊度一般控制不超过 20 NTU。当原水水质较差时,预处理要求相对严格。设计应符合下列规定:

(1)当原水浊度长期不超过 20 NTU、短期不超过 60 NTU 时,可只在膜前设“加药—混合—微絮凝”预处理措施;当原水浊度长期超过 20 NTU 时,宜在膜前设“加药—混合—絮凝—沉淀”预处理措施。

(2)运行跨膜压差宜为 2 ~8 m,最大反冲洗跨膜压差宜为 20 m。

(3)过滤周期宜为 30 ~60 min,过滤膜通量宜为 40 ~80 L/($m^2 \cdot h$)。

(4)反洗流量宜为过滤流量的 2 ~3 倍,反洗时间宜为 20 ~120 s;当进水浊度较高时,宜在反洗前进行 10 ~30 s 的顺冲,顺冲流量宜为 1.5 ~2 倍的过滤流量。

(5)系统的原水回收率设计不宜低于 90%。

此装置的优点是:原液流道截留面面积较大,不易堵塞;膜面的清洗比较容易,可化学清洗或擦洗。其缺点是:单位体积内膜的充填密度较低,占地面积大;膜管的弯头及连接件多,设备安装费时。

2. 外压 - 浸没式超滤装置

外压 - 浸没式超滤膜装置由超滤膜和支撑框架组成,运输、安装、更换相对笨重且复杂,超滤膜无外壳约束、直接浸没于被过滤的水中,通过负压泵抽吸、原水从超滤膜外壁进内壁出,纳污能力、抗污染能力、抗原水浊度的冲击负荷能力相对较强,对预处理要求相对较低。

设计应符合下列规定：

(1)原水浊度长期不超过50 NTU、短期不超过200 NTU，可采用“加药—混合—絮凝”预处理措施；原水浊度长期超过50 NTU，宜采用“加药—混合—絮凝—沉淀”预处理措施。

(2)过滤周期宜为1～3 h，过滤膜通量宜为20～40 L/(m^2·h)。

(3)超滤膜的抽吸工作压力宜为－60～0 kPa。

(4)超滤膜组件应安装在膜滤池内。

(5)反洗流量宜为过滤流量的2～3倍，反洗时膜底部宜辅以曝气，反洗时间宜为30～120 s，反洗后应排空膜池内的废水。

此装置的优点是：装置牢固，适合在广泛的压力范围内工作；流道间隙大小可调，原水流道不易被杂物堵塞；可拆性，清洗方便；通过增减膜及支撑板的数量可处理不同水量。其缺点是：装置较笨重；单位体积内的有效膜面积较小；膜的强度要求较高，一般做在无纺布上，以增强膜的机械性能。

3. 卷式超滤装置

卷式超滤装置单位体积内的有效膜面积较大，水在膜表面流动状态比较好，结构紧凑，占地面积较小。但进水预处理要求严格，对所用的膜强度要求较高，在使用过程中，一旦发现膜破损须更换新的膜元件。

4. 中空纤维式超滤装置

中空纤维式超滤装置如图3-18所示。中空纤维式超滤装置单位体积内有效膜面积最大，工作效率最高，占地面积小，中空纤维无须支撑物。但膜的清洗较困难，只能用水力冲洗或化学清洗，不能用机械清洗，中空纤维膜损坏后要更换整个组件。

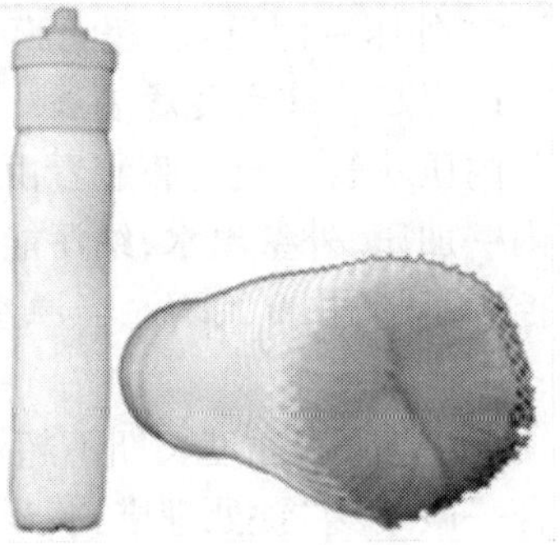

图3-18 中空纤维式超滤装置示意图

膜处理工艺的特点：①可截留各种有毒有害有机物、高价无机物，减少DBP、HASS的含量，出水水质稳定可靠。②膜分离工艺操作容易，易实现自动化。③它在常温下操作，适用范围广。④投资高，运行费用较高。⑤需用药剂清洗，配套设施较多，维护麻烦。

(七)一体化净水器

一体化净水器就是把絮凝、沉淀(澄清)、过滤三个净化过程组合在一起，完成常规净水工艺或能完成接触过滤的装置，是一种综合的水处理方法，具有净化效率高、扩容便捷、占地面积小、操作管理简便、造型美观等优点。再配以混凝剂、消毒设备和进、出水泵，即可成为一座小型净水厂(见图3-19)。小型集中供水工程，当原水(或经预沉后)浊度较低且变化较小时，可选择一体化净水器。

一体化净水器应符合相关规范的要求。净水器按照操作运行的自动化程度分为全自动式、半自动式、手动式等，根据在运行中的受压状态分为重力式和压力式。

1. 重力式净水器

国内生产的重力式净水器，外形多为矩形，机身采用8～10 mm的Q235钢板焊接制作，采用无毒涂料防腐。净化工艺全部在箱体内进行，由反应澄清区、过滤区、搅拌加药装置等组成。

2. 压力式净水器

图 3-19　一体化净水器

压力式净水器外形为罐装，其内部净化处理功能和工作原理与重力式净水器基本相同，但由于压力较高，罐体的制造过程应严格按照钢制压力容器国家有关标准进行，并进行耐压、气密试验等项目检验，保证设备安全运行。

一体化净水器较多采用波形板或折板絮凝，无喉管水力循环澄清，异向流斜管或斜板沉淀，聚苯乙烯轻质滤料或无烟煤石英砂双层滤料过滤等水处理方式，并设置表面冲洗的水力旋转冲洗装置，有效地缩短了净化时间。其工作原理是：带压原水（要求预留一定进口水压）通过管道混合器与混凝药剂充分混合后，从设备底部进入反应区，在絮凝药剂的作用下，水中细小颗粒开始絮凝形成矾花，随后进入斜管沉淀区，水流经斜管时矾花被吸附于斜管表面，随着吸附量增多，矾花脱落形成污泥从导流沟中排掉，清水上升由集水装置汇流后至过滤区，在过滤区中经过滤料过滤，除去残余矾花及其他微细粒并去除臭味和部分铁、锰，经处理后的水清澈、透明、无色、无味。

净水器的耐腐性能是影响净水器使用寿命的关键，其应具有良好的防腐性能；净水器设计使用年限一般不低于工程设计年限，不宜少于 15 年。

净水器的选择应根据原水水质、预沉条件、设计规模，通过产品性能调研比较后确定，应选用有卫生许可证的合格产品：

（1）当原水浊度长期不超过 500 NTU、瞬时不超过 1 000 NTU 时，可选择将絮凝、沉淀、过滤等工艺组合在一起的一体化净水器。

（2）当原水浊度长期不超过 20 NTU、瞬时不超过 60 NTU 时，可选择接触过滤工艺的净水器。

（3）压力式净水器应设排气阀、排水阀和压力表，并有更换或补充滤料的条件；应按工作压力的 1.5 倍选择压力式净水器。

一体化净水器具有体积小、占地少、一次性投资少、见效快、水头损失小、药耗低、处理效果好等特点。但由于其体积小，容纳污泥能力低，对原水浊度变化的适应能力差，当原水浊度较高、变化较大时，要对原水进行预沉或粗滤等预处理。

国内生产的净水器的净水能力一般为 10 ~ 100 m^3/h，适用于小型集中供水工程。

二、消毒

消毒是杀灭水中的病原微生物，常在过滤后进行。生活饮用水必须经过消毒处理。

消毒并非要把水中的微生物全部消灭，只是针对病菌及有害微生物而言。主要的消毒方法有氯消毒、二氧化氯消毒、紫外线消毒、臭氧消毒等。氯的灭菌能力随着 pH 的增加而减弱，二氧化氯的灭菌能力不受 pH 影响。当水质较差、需要氧化处理时，可采用复合型二氧化氯（主要为氯和二氧化氯的复合）消毒，降低消毒副产物超标风险。紫外线和臭氧消毒,由于无出厂余氯,仅适用于小规模水厂。

除紫外线消毒无副产物风险外,其他消毒剂均会产生有害健康的副产物,消毒剂设计投加量不仅要满足灭菌要求,还要控制消毒副产物不超标。乡镇集中供水厂的消毒方法,应根据原水水质、出水水质要求、消毒剂来源、消毒副产物形成的可能性、水处理工艺、供水规模、管理条件和消毒成本等,参照相似条件下的运行经验或通过试验,经过技术经济比较确定,宜优先选择氯或二氧化氯消毒。当水质较好、pH≤8.0时,可选择氯消毒;当原水pH>8.0时,可采用二氧化氯消毒;当水质较差、需要氧化处理时,可采用复合型二氧化氯消毒。对于Ⅴ型以下规模较小的单村供水厂,也可选择臭氧或紫外线消毒。当水质略差时,可选择臭氧消毒;当水质良好、供水规模较小时,可选择紫外线消毒。消毒剂与水应充分混合,并能满足接触时间要求。

(一)氯消毒

氯消毒剂包括液氯、商品次氯酸钠溶液、电解食盐现场制备次氯酸钠溶液、漂白粉、漂粉精或次氯酸钙片剂、三氯异氰尿酸钠和二氯异氰尿酸钠等。国家已规定三氯异氰尿酸钠和二氯异氰尿酸钠不能用于水厂的日常消毒,只能用于应急供水消毒。液氯的购置、运输和储存安全风险较大,国家对其管理严格,不适用于小规模水厂。电解食盐现场制备次氯酸钠设备,电耗和盐耗已明显降低,运行成本低、原料购置简单,很适合乡镇供水工程。选择消毒剂时,要注意:

(1)当液氯购置容易时,Ⅰ型、Ⅱ型供水工程的水厂可选择液氯消毒。

(2)当商品次氯酸钠溶液易购置时,可采用消毒商品次氯酸钠溶液。

(3)当商品次氯酸钠溶液购置较难时,可采用电解食盐现场制备次氯酸钠溶液消毒。

(4)对于规模较小的水厂,可采用漂白粉、漂粉精或次氯酸钙片剂,配制成次氯酸钙溶液消毒。

1.液氯消毒

1)氯消毒原理

在常温常压下,氯是一种有强烈刺激性的黄绿色气体。当温度低于-33.80 ℃,或在常温下将氯加压到6~8个大气压时,就成为深黄色的液体,俗称液氯。

氯消毒的原理是当氯气(Cl_2)加入水中后,与水作用生成盐酸(HCl)和次氯酸(HClO)。由于次氯酸是很小的中性分子,能扩散到细菌表面,并穿过细菌的细胞壁进入细菌内部,通过氧化作用破坏细菌的酶系统,从而达到杀菌消毒的目的。氯消毒剂与水接触时间应不少于30 min出厂。

2)加氯量

加氯量分为需氯量和余氯两部分。需氯量用于杀灭微生物,氧化有机物和还原性物质等所消耗的部分;余氯是为抑制水中残存病原微生物的再度繁殖、防止输水管网中水再污染、在管网内维持的少量余氯。加氯量是根据这两部分的需要,按各水厂的水源、水质、净化条件、管网长度和相似条件下运行经验或通过试验按最大用量来确定的,并控制消毒副产物不超标。出厂水的游离余氯应不低于0.3 mg/L且不超过4.0 m/L,管网末梢水的游离余氯应不低于0.05 mg/L,消毒副产物三氯甲烷应不超过0.06 mg/L。

加氯量一般按折点加氯法确定。当缺乏试验资料时,一般的地表水经混凝、沉淀和过滤后或清洁的地下水，加氯量可采用 1.0 ~ 1.5 mg/L；一般的地表水经混凝、沉淀而未经过滤时可采用 1.5 ~ 2.5 mg/L。

3）加氯点

加氯点是根据原水水质、净水设备进行选择的，一般分为滤前加氯、滤后加氯、二次加氯等方式。

滤前加氯是将加氯点选在沉淀池前或水泵吸水井内，与混凝剂同时投加。滤前加氯可氧化的有机物较多，防止青苔和藻类滋生，同时可以延长氯的接触时间，增加混凝的效果。这种氧化法称为滤前氯化或预氯化。对于受污染水源，为避免氯消毒副产物产生，滤前加氯或预氯化应尽量取消。

滤后加氯是指将加氯点选在过滤之后、清水池的进水管道上，适宜一般水质的水源。由于水中大量杂质已被去除，加氯的作用只是杀灭残存细菌和微生物，因而加氯量较少。

二次加氯是指加氯点在输水管网上或管网末梢，为了防止水被二次污染而加氯。

4）加氯设备

加氯设备主要是氯瓶和加氯机。氯瓶一般是卧式钢瓶，不应少于 2 个；加氯机是将氯瓶流出的氯气先配制成氯溶液，然后用水射器加入水中。加氯设备安置在加氯间，氯瓶储备在氯库。

储藏在钢瓶内的液氯气化时，每公斤需要吸收 280 kJ 的热量，加热量不足就会阻碍液氯的气化。生产上常用自来水浇洒在氯瓶的外壳上以供给热量。一个氯瓶的液氯量不宜小于 30 d 的用量、不宜超过 180 d 的用量。

氯气是有毒气体，故加氯间和氯库位置除靠近加氯点，还应位于主导风向下方，且需与经常有人值班的工作间隔开。加氯间和氯库在建筑上的通风、照明、防火、保温等应特别注意，还应设置一系列安全报警、事故处理设施等。

近年来，自来水厂的加氯自动化发展很快，采用加氯机配以相应的自动检测和自动控制装置的自动加氯技术。乡镇水厂可根据实际需要、操作条件、经济状况等进行选用。

2. 商品次氯酸钠溶液消毒

当采用商品次氯酸钠溶液消毒时，应符合下列要求：

（1）商品次氯酸钠溶液，应符合《次氯酸钠》（GB 19106—2013）的要求，其固定储备量和周转储备量均可按 7 ~ 10 d 用量计算。

（2）投加系统宜设两个药液罐（一用一备），放置在高出消毒间室内地坪 200 mm 的平台上。药液罐应密封，并有液位管、补气阀和排气阀、加药口、出药口和排空口等，宜采用耐腐蚀的 PVC 塑料桶，每个罐的有效容积可按 2 ~ 7 d 的用量确定。

3. 电解食盐现场制备次氯酸钠溶液消毒

采用电解食盐现场制备次氯酸钠溶液消毒时应符合下列要求：

（1）原料应采用无碘食用盐。

（2）应有安全的尾气（氢气）排放措施。

（3）应有去除进入电解槽食盐水硬度的措施，有条件时宜采用纯净水配置食盐水。

（4）Ⅰ ~ Ⅲ型供水工程的水厂可采用离子膜电解法次氯酸钠发生器：①应采用饱和浓度的食盐水电解；②每生产 1 kg 有效氯，交流电耗应不超过 6 kW · h，盐耗应不超过2 kg。

(5)Ⅰ～Ⅱ型供水工程的水厂也可采用连续式无隔膜电解法次氯酸钠发生器:①应采用浓度为3%～4%的食盐水电解;②每生产1 kg有效氯,交流电耗应不超过7 kW·h,盐耗应不超过4 kg。

(6)Ⅳ型、Ⅴ型供水工程的水厂可采用间歇式无隔膜电解法次氯酸钠发生器:①应采用浓度为3%～4%的食盐水电解;②每生产1 kg有效氯,交流电耗应不超过8 kW·h,盐耗应不超过5 kg。

4.漂白粉消毒

漂白粉是用氯气和石灰制成的,主要成分是$Ca(ClO)_2$。漂白粉是一种白色粉末状物质,有氯的气味,易受光、热和潮气作用而分解,使有效氯降低,故必须放在阴凉、干燥且通风良好的地方。漂白粉消毒和氯气消毒的原理是相同的,主要是加入水后产生次氯酸杀灭细菌。

漂白粉需配成溶液加注,溶解时先调成糊状物,然后加水配成浓度为1%～2%(以有效氯计)的溶液。溶液配制的方法和配制混凝剂的方法相似。当投加在滤后水中时,溶液必须经过4～24 h澄清,以免杂质带进清水中;若加入浑水中,则配制后可立即使用。溶液池宜设2个,有效容积宜按1～2 d所需投加的澄清液体积计算。溶液池应设直径不小于50 mm的排渣管,池底向排渣管的坡度应不小于2%。由于氯气容易逸出和腐蚀性较强,内壁应做防腐处理,顶部超高应大于150 mm,并加盖保护,设备和管材都应采用耐腐蚀的材料。

对乡镇分散供水井,可向水中投加漂白粉溶液,每天1～2次,半小时后测定余氯含量,当余氯含量为0.05～0.1 mg/L时即可使用。也可以将漂白粉装入带有小孔的毛竹筒或带有小孔的无毒塑料袋中,用绳子吊沉入水中0.5 m左右,使漂白粉慢慢溶于水中,产生的次氯酸可以通过小孔不断向水中扩散。消毒效果可维持半个月左右。

5.次氯酸钙片剂消毒

当采用次氯酸钙片剂消毒时,宜用具有即用即配、用多少配多少功能的专用设备溶解。

(二)二氧化氯消毒

二氧化氯对微生物细胞壁有较强的吸附穿透能力,可有效地氧化细胞内含硫基的酶,可以快速地抑制微生物蛋白质的合成来破坏微生物。二氧化氯(ClO_2)在常温常压下是一种黄绿色气体,具有与氯相似的刺激性气味,极不稳定,必须以水溶液形式现场制取。二氧化氯发生器分复合型(氯酸钠系统)和高纯型(亚氯酸钠系统)两类。复合型的优点是消毒副产物易控制,缺点是需要加热、检测不标准;高纯型的优点是设备简单、检测简便,缺点是原料亚氯酸盐成本较高,大量投加二氧化氯易造成亚氯酸盐超标。

复合型二氧化氯发生器是指采用盐酸和氯酸钠($NaClO_3$)进行化学反应($2NaClO_3 + 4HCl = 2ClO_2 + Cl_2 + 2NaCl + 2H_2O$)制取二氧化氯的发生器。该工艺最大的缺点是在二氧化氯产生的同时还有氯气产生。氯酸钠是制造炸药和火柴的原料,它的管理储存不仅要满足化学危险品的要求,还要满足炸药原料的管理要求。以氯酸钠为主要原料的复合型二氧化氯发生器,应具有加热反应和残液分离等功能;出口溶液中二氧化氯与氯气的质量比值应不低于0.9,二氧化氯吸收率应不低于55%。

高纯型二氧化氯发生器是以亚氯酸钠($NaClO_2$)为原料的二氧化氯发生器,制取方法有三种:第一种是与盐酸反应,第二种是与氯气反应,第三种是与次氯酸钠($NaClO$)和盐酸反应。高纯型二氧化氯发生器,出口溶液中二氧化氯纯度应不小于95%,二氧化氯吸收率应不小于70%。

发生器应根据供水规模及管网长度、水质、管理条件和运行成本等确定。化学法制备二氧化氯的原料,严禁相互接触,须分别储存在分类的库房内:①盐酸、硫酸或柠檬酸库房,应设置泄漏的收集槽;②氯酸钠或亚氯酸钠库房,应备有快速冲洗设施。

当采用二氧化氯消毒时,二氧化氯与水接触时间不宜少于30 min出厂,出厂水的二氧化氯余量不应低于0.1 mg/L且不超过0.8 mg/L,管网末梢水的二氧化氯余氯量不应低于0.02 mg/L,消毒副产物氯酸盐和亚氯酸盐均不应超过0.7 mg/L。

二氧化氯既是消毒剂,又是氧化能力很强的氧化剂,在当前水处理中应用较广泛。

(三)紫外线消毒

V型以下的单村集中供水可选择紫外线消毒并符合下列要求:

(1)配水管网应较短且卫生防护条件较好。

(2)进水水质,除微生物外的其他指标均应符合《生活饮用水卫生标准》(GB 5749—2006)的要求。

紫外线消毒设计时应符合下列要求:

(1)紫外线消毒设备选型,应根据水泵(或管道)的设计流量确定,紫外线灯可选择低压灯,紫外线有效剂量不应低于40 mJ/cm^2,宜优先选择具有对石英套管清洗功能、累计开机时间功能的设备。

(2)紫外线消毒设备应安装在水厂的供水总管上。

(3)紫外线消毒设备的控制应与水泵机组联动。

紫外线消毒设备简单、管理简便、无副产物,适合水质较好、规模较小的村级水厂。

(四)臭氧消毒

当V型以下的单村集中供水厂选择臭氧消毒时,应符合以下规定:

(1)配水管网应较短且卫生防护条件较好。

(2)应对原水中的溴化物进行检测,原水中溴化物含量应较低。当原水中溴化物含量超过0.02 mg/L时,应进行臭氧投加量与溴酸盐生成量的相关性试验。

(3)臭氧与水接触时间不宜少于12 min出厂,出厂水的臭氧余量不应超过0.3 mg/L,消毒副产物溴酸盐含量不应超过0.01 mg/L,甲醛含量不应超过0.9 mg/L。

(4)臭氧发生器可选用电晕法或电解法的发生器;设备型号、规格及投加量,应根据供水水质对臭氧的消耗试验或参照类似水厂的经验确定,也可按0.3~0.6 mg/L的投加量确定。当选择电晕法的臭氧发生器时,应有制氧装置。

(5)当采用臭氧消毒时,水厂内宜设清水池,有效容积可按最高日用水量的15%~30%确定,不宜过大,满足接触时间要求即可。当水厂无清水池时,宜设臭氧接触罐及二次加压供水水泵机组,接触时间可采用12~15 min,并据此确定臭氧接触罐的有效容积。清水池和臭氧接触罐内应设导流隔墙,水流宜采用竖向流。当清水池和臭氧接触罐设在室内时,应全密闭;当池(罐)顶应设自动排气阀及臭氧尾气管时,臭氧尾气管应通向室外偏僻无人的安全部位或通向专设的臭氧尾气吸收装置。

(6)臭氧投加点应设在清水池或臭氧接触罐的进水管道上,可采用水射器、气水混合泵等投加。

(7)所有与臭氧气体或溶解有臭氧的水体接触的材料必须耐臭氧腐蚀。

(8)清水池和臭氧接触罐内应设自记水位计,臭氧发生器及臭氧投加系统应与来水水泵机组根据池(罐)水位联动。

当采用臭氧对水中超标物质进行氧化处理时,应符合:①当氧化去除水中的铁、锰、藻类、色度、臭味时,接触池(罐)应设在滤池前或混凝沉淀池前。②当氧化分解水中的有机物时,接触池(罐)应设在颗粒活性炭滤池前。③接触时间可为2~5 min,并据此确定臭氧接触池(罐)的有效容积。

水质越好的地下水,如果水中存在溴化物(超过0.02 mg/L,不是《生活饮用水卫生标准》(GB 5749—2006)的指标),采用臭氧消毒时很容易造成溴酸盐超标,因此当采用臭氧消毒时,要特别进行溴化物检测,并进行副产物试验。

臭氧消毒成本较高,投加困难,如果不设清水池或接触罐,不仅不能满足接触时间要求,而且消毒成本会成倍增加。

第三节 特种水处理

随着自然环境的不断改变,水质越来越复杂,有些水体有色、有味,有些水体铁、锰、氟、盐等含量超标。当由于水源限制不得不选用劣质地下水或微污染地表水为饮用水源时,应采用特殊水处理工艺净化。特殊水处理工艺应根据原水水质、净化后的水质要求、相似水厂的运行经验,通过技术经济比较后确定。必要时应对拟选工艺进行原水试验,以确定其合理性及设计参数。特殊水处理过程产生的废水和废渣,应按国家有关规定和标准进行处理,不得随意排放污染环境。

一、地下水除铁、除锰

微量的铁和锰是人体必需的元素,但水中的铁和锰超标时,水的色、味会变差,锰的氧化物易在管道内壁上沉积并引起"黑水"现象。《生活饮用水卫生标准》(GB 5749—2006)规定,饮用水中铁含量不应超过0.3 mg/L、锰含量不应超过0.1 mg/L。

含铁和含锰的地下水分布很广。地下水或湖泊和蓄水库的深层水中,由于缺少溶解氧,为Fe^{2+}和Mn^{2+}。地下水中的铁和锰超标主要存在铁超标或铁、锰同时超标两种形态。

地下水除铁、除锰是氧化还原反应过程,将溶解状态的铁、锰氧化成为不溶解的Fe^{3+}或Mn^{4+}化合物,再经过滤即达到去除目的。除铁一般采用接触氧化法或曝气氧化法,当水中的Fe^{2+}易被空气氧化时,宜采用曝气氧化法;当受硅酸盐影响或水中的Fe^{2+}被空气氧化时,宜采用接触氧化法。除锰一般采用接触氧化法。

曝气氧化法除铁是指原水经曝气后充分溶氧和散除二氧化碳,提高pH,水中的Fe^{2+}

全部或大部分氧化为 Fe^{3+}，可直接进入滤池过滤去除；接触氧化法除铁(除锰)是指原水经曝气溶氧后未经完全氧化很快进入滤池，滤料经过一定的成熟期后在其表面形成铁质(或锰质)活性滤膜，利用活性滤膜的催化作用进行除铁(除锰)。

当水中硅酸盐含量较高时，曝气很难氧化水中的 Fe^{2+}，可采用氯、二氧化氯、臭氧等氧化处理，但要控制副产物风险。

(一)地下水除铁、除锰工艺

当铁、锰含量均超标时，应根据以下条件确定除铁、除锰工艺：

(1)当原水含铁量低于2.0~5.0 mg/L(北方采用2.0 mg/L，南方采用5.0 mg/L)、含锰量低于1.5 mg/L时，可采用原水曝气→单级过滤除铁、除锰。

(2)当原水含铁量或含锰量超过(1)中数值且 Fe^{2+} 易被空气氧化时，可采用原水曝气→一级过滤除铁→二级过滤除锰。

(3)当除铁受硅酸盐影响或 Fe^{2+} 被空气氧化较慢时，可采用原水氧化→一级过滤除铁→曝气→二级过滤除锰。

(二)曝气装置

曝气装置应根据原水水质、曝气程度要求，通过技术经济比较选定，可采用跌水、淋水、射流曝气、压缩空气、叶轮式表面曝气、板条式曝气塔或接触式曝气塔等装置，并符合以下要求：

(1)当采用跌水装置时，可采用1~3级跌水，每级跌水高度为0.5~1.0 m，单宽流量为20~50 m^3/(h·m)。跌水曝气适用于水中铁、锰含量较低，对曝气要求不高的工程；设计时，不应作最不利的数据组合，以免影响曝气效果，若跌水级数或跌水高度选用较小值，单宽流量也应较小。

(2)当采用淋水装置时，淋水曝气分穿孔管和莲蓬头两种淋水装置。孔眼直径可为4~8 mm，孔眼流速为1.5~2.5 m/s，距水面安装高度为1.5~2.5 m。当采用莲蓬头时，每个莲蓬头的服务面积为1.0~1.5 m^2。它适用于水中含铁量小于10 mg/L的小型重力式除铁滤池，穿孔管也可设于曝气塔上或跌水曝气池上，与其他曝气装置组合设置。

(3)当采用射流曝气装置时，其构造应根据工作水的压力、需气量和出口压力等通过计算确定，工作水可采用全部、部分原水或其他压力水。射流曝气适用于水中铁锰含量较低，对散除二氧化碳和提高pH要求不高的小型工程。

(4)当采用压缩空气曝气时，每立方米水的需气量(以L计)宜为原水中 Fe^{2+} 含量(以mg/L计)的2~5倍。压缩空气曝气一般由空气压缩机供气、气水混合器混合，适用于铁、锰含量较高的大型工程。

(5)当采用板条式曝气塔时，板条层数可为4~6层，层间净距为400~600 mm。板条式曝气塔适用于水中含铁量较高的大型工程。

(6)当采用接触式曝气塔时，填料可采用粒径为30~50 mm的焦炭块或矿渣，填料层层数可为1~3层，每层填料厚度为300~400 mm，层间净距不小于600 mm。接触式曝气塔适用于水中含铁量小于10 mg/L的大型工程，以免铁质沉淀物很快堵塞填料；一般每1~2年就应对填料层进行清理，为便于清理，层间净距一般不小于600 mm。

(7)淋水装置、板条式曝气塔和接触式曝气塔的淋水密度，可采用5~10 m^3/

(h·m^2)。淋水装置接触水池容积,可按30~40 min处理水量计算;接触式曝气塔底部集水池容积,可按15~20 min处理水量计算。

(8)当采用叶轮式表面曝气装置时,曝气池容积可按20~40 min处理水量计算;叶轮直径与池长边或直径之比可为1:6~1:8,叶轮外缘线速度可为4~6 m/s。叶轮式表面曝气装置溶氧效率高、能充分散除二氧化碳和大幅度提高pH,适用性强。

(9)当曝气装置设在室内时,应考虑通风设施。

(三)除铁、除锰滤池

当地下水中铁、锰含量不高时,可上层除铁、下层除锰,铁、锰在同一滤池中去除;如果原水含铁、锰量大,可在流程中建造两个滤池,前面是除铁滤池,后面是除锰滤池;在压力滤池中也有将滤层做成两层,上层用以除铁,下层用以除锰。

除铁、除锰滤池设计应符合以下要求:

(1)滤料宜采用天然锰砂或石英砂等;锰砂粒径宜为d_{min}=0.6 mm、d_{max}=1.2~2.0 mm,石英砂粒径宜为d_{min}=0.5 mm、d_{max}=1.2 mm;滤层厚度宜为800~1 200 mm,滤速宜为5~7 m/h。

(2)滤池宜采用大阻力配水系统。当采用锰砂滤料时,承托层的顶面两层需改为锰矿石。

(3)滤池的冲洗强度、膨胀率和冲洗时间可按表3-8确定。

表3-8　除铁、除锰滤池的冲洗强度、膨胀率和冲洗时间

滤料种类	滤料粒径(mm)	冲洗方式	冲洗强度(L/(s·m^2))	膨胀率(%)	冲洗时间(min)
石英砂	0.5~1.2	无辅助冲洗	13~15	30~40	>7
锰砂	0.6~1.2		18	30	10~15
锰砂	0.6~1.5		20	25	10~15
锰砂	0.6~2.0		22	22	10~15
锰砂	0.6~2.0	有辅助冲洗	19~20	15~20	10~15

二、淡化和除盐

淡化和除盐的处理对象是水中各种溶解盐类,包括阴、阳离子。将高含盐量的苦咸水处理到符合生活饮用水要求的处理过程,一般称为咸水淡化;制取纯水及高纯水的处理过程称为水的除盐。

淡化和除盐的主要方法有蒸馏法、离子交换法、电渗析法及反渗透法等。离子交换法是通过阴、阳离子交换剂分别与水中的阴、阳离子相交换;电渗析法是利用阴、阳离子交换膜能够分别透过阴、阳离子的特性,在外加直流电场作用下使水中阴、阳离子被分离出去;反渗透法是利用高于渗透作用的压力施于含盐水,以便水通过半渗透膜而盐类离子被阻留下来。电渗析法和反渗透法属于膜分离法,通常用于高含盐量水的淡化或离子交换法除盐的前处理工艺。膜处理方法处理成本较高,且膜容易堵塞,不宜用于农村饮用水的处理。

(一)电渗析法

含盐量小于 5 000 mg/L 的苦咸水淡化以及含氟量小于 12 mg/L 的地下水除氟可采用电渗析法。电渗析淡化“苦咸水”、除氟的主要工艺流程为:原水→预处理→电渗析器→消毒→清水池。

进入电渗析器的原水应进行预处理,进入电渗析器的水质应符合表 3-9 的规定;铁、锰不超标的地下水可采用砂滤器和精密过滤器进行预处理。当地下水有异味时宜在电渗析器后设活性炭吸附装置。

表 3-9 电渗析器的进水水质要求

项目	指标	说明
水温	5~40 ℃	
耗氧量(COD_{Mn})	<3 mg/L	
游离余氯	<0.2 mg/L	
铁	<0.3 mg/L	
锰	<0.1 mg/L	
细菌总群	<1 000 个/L	
浊度	<3 NTU	隔板厚度为 1.5~2.0 mm
	<0.3 NTU	隔板厚度为 0.5~0.9 mm
污染指数(SDI)	<7	频繁倒极

电渗析设计要求:

(1)进入电渗析器的水压不应大于 0.3 MPa。

(2)电渗析器的出水含盐量宜为 200~500 mg/L,含氟量宜为 0.5 mg/L。

(3)电渗析器的型号、流量、级、段和膜对数,应根据原水水质、出水水质要求和设计规模选择。

(4)当选择电渗析器主机时,离子交换膜、隔板、隔网及电极的材质应无毒;离子交换膜的选择透过率应大于 90%,单张膜厚度公差应小于 0.04 mm,爆破强度应大于 0.3 MPa;隔板应耐酸碱,不受温度变化影响,厚度可采用 0.5~2.0 mm;隔网厚度和孔眼分布应均匀;电极应具有良好的导电性能、机械强度、化学及电化学稳定性。

(5)电渗析器应有频繁倒极装置。倒极装置应能在切换电极极性的同时改变浓淡水水流方向,可采用自动或手动倒极;倒极周期应根据原水水质及工作电流密度确定,频繁倒极周期宜为 10~30 min。

(6)电渗析器的淡水流量应按处理水量确定;浓水流量可略低于淡水流量,但不应低于 2/3 的淡水流量;极水流量可为淡水流量的 1/3~1/4。

(7)电渗析器应采用可调的直流电源;变压器电流容量应为正常工作电流的 2 倍;控制台应满足整流、调压、倒极及电极指示等要求。

(8)电渗析器的工作电压和电流应根据原水含盐量、含氟量及相应的去除率,或通过极限电流试验确定。具体如下:

①当隔板厚度为0.5～1.0 mm时,膜对电压可采用0.3～1.0 V/对;当隔板厚度为1～2 mm时,膜对电压可采用0.6～2.0 V/对。

②当原水含盐量在500～2 000 mg/L时,电流密度可采用1～5 mA/cm^2;当原水含盐量在2 000～10 000 mg/L时,电流密度可采用5～20 mA/cm^2。

(9)当除盐率下降5%时,应停机进行酸洗;当采用频繁倒极装置时,酸洗周期应根据原水硬度和含盐量确定,可为3～4周;酸洗液宜采用工业盐酸,浓度宜为1.0%～1.5%。

(10)水厂应配备氟离子测定仪或电导仪、浊度仪等检验仪器。

(二)反渗透法

苦咸水脱盐可采用反渗透工艺,该工艺技术成熟可靠,也可用于高氟水处理。

进入反渗透膜的原水浊度应小于0.5 NTU。为提高膜的使用寿命,该工艺应配备预处理设施,应根据原水水质配备砂滤罐、保安过滤器和阻垢设施等对原水进行预处理。

反渗透脱盐系统,宜采用低压反渗透膜。由于在运行过程中需要定期清洗,应配备膜清洗系统。为了检测系统的工作状况,膜前和膜后应配备压力、流量、浊度、电导率等在线检测仪表。

三、除氟

氟是有机体生命活动所必需的微量元素之一,饮用水中最佳的含氟量一般为0.5～0.8 mg/L。当饮用水中含氟量为1.0～1.2 mg/L时,长期饮用对人体有轻微的不良影响;长期饮用含氟量超过1.2 mg/L的水易患氟斑牙,长期饮用含氟量超过2.0 mg/L的水有可能导致氟骨症。当水中含氟量超过1.0 mg/L时,需采取除氟措施。

高氟地下水可采用混凝沉淀法、吸附法、反渗透法等工艺处理。

(一)混凝沉淀法除氟

混凝沉淀法除氟,混凝剂多采用铝盐,投加量随原水含氟量、温度和pH而变化,不同的铝盐对同一种水投加量也不同,应通过试验确定高效的混凝剂。由于铝盐投加量较高,很容易造成处理后水中铝超标,因此混凝沉淀法不适用于含氟量很高的原水,需通过试验确定投加量。

(1)应进行原水试验,根据试验选择对氟化物高效的混凝剂,确定混凝剂的投加量和需要沉淀的时间等工艺参数。

(2)凝聚剂可采用氯化铝、硫酸铝或聚合氯化铝,混凝剂及其投加量的选择,应不造成处理后水中铝超标。原水温度宜为7～32 ℃;投加量一般(以Al^{3+}计)可为原水含氟量的10～15倍,投加凝聚剂后水的pH宜为6.5～7.5。

(3)间歇运行的小水厂可采用静止沉淀澄清的方式,静止沉淀时间应大于8 h。其他可采用沉淀、过滤的方式。

混凝沉淀法除氟可用于原水氟化物含量不超过4 mg/L、处理水量小于30 m^3/d的水厂。

(二)吸附法除氟

吸附法是目前采用最多的除氟工艺,采用较多的吸附滤料是活性氧化铝、活化沸石和羟基磷灰石。滤料的吸附能力与水质和再生方法密切相关,因此当采用吸附法除氟时,必须进行原水试验,根据试验结果确定设计方案。

1. 吸附法除氟设计要求

(1)吸附滤料应耐磨损并有卫生检验合格证明,不应选择可能对原水造成其他指标超标的吸附滤料。

(2)应进行原水试验,根据试验选择可高效吸附氟化物、对氟化物具有较好选择性的吸附滤料,根据试验确定吸附滤料的吸附性能及原水水质对吸附能力的影响因子。吸附性能试验宜连续进行不少于3个"吸附—饱和—再生"周期,根据性能稳定后的试验结果确定吸附滤料的有效吸附能力、空床接触时间和再生周期。

(3)应配套吸附滤料再生设施。再生剂及再生工艺应根据吸附滤料特性确定,再生周期应根据吸附性能试验结果和管理要求确定。

(4)吸附滤池的滤速和吸附滤料的填充高度应根据供水规模、滤料的有效吸附能力、需要的空床接触时间和再生周期要求等确定。

(5)当原水中某些指标对吸附能力影响较大且去除成本较低时,应增加预处理措施。当原水 $pH>8.0$ 时,可在原水进入吸附滤池前加酸、提高吸附滤料的吸附能力,加酸量应控制吸附滤池出水的 $pH>6.5$。

(6)吸附滤池的进、出水浊度应小于1 NTU,必要时应在吸附滤池的前后增加过滤池。

(7)吸附滤池应有防止吸附滤料板结的松动措施。

2. 活性氧化铝除氟

活性氧化铝是白色颗粒状多孔吸附剂,有较大的比表面积。活性氧化铝是两性物质,在酸性溶液中活性氧化铝为阴离子交换剂,对氟有极大的选择性。

活性氧化铝使用前可用硫酸铝溶液活化,转化成为硫酸盐型,反应如下:

$$(Al_2O_3)_n \cdot 2H_2O + SO_4^{2-} = (Al_2O_3)_n \cdot H_2SO_4 + 2OH^-$$

除氟时的反应为:

$$(Al_2O_3)_n \cdot H_2SO_4 + 2F^- = (Al_2O_3)_n \cdot 2HF + SO_4^{2-}$$

活性氧化铝失去除氟能力后,可用1%~2%浓度的硫酸铝溶液再生:

$$(Al_2O_3)_n \cdot 2HF + SO_4^{2-} = (Al_2O_3)_n \cdot H_2SO_4 + 2F^-$$

活性氧化铝吸附法除氟设计应符合以下要求:

(1)原水浊度应低于5 NTU,含氟量应小于10 mg/L。

(2)活性氧化铝应有足够的机械强度,粒径宜采用0.4~1.5 mm。

(3)当原水pH小于7.0时,宜按连续运行设计,滤速可为6~10 m/h。当原水pH大于7.0时,宜采用硫酸或二氧化碳将原水的pH调低到6.5~7.0,按连续运行设计;若不调原水的pH,应按间歇运行设计,滤速可为2~3 m/h,连续运行时间可为4~6 h,间断时间可为4~6 h。

(4)滤层厚度应根据进水含氟量和pH、滤速、处理后的水质要求确定,当原水含氟量小于4 mg/L时,滤层厚度宜大于1.5 m;当原水含氟量在4~10 mg/L时,滤层厚度宜大于1.8 m;当采用硫酸调pH,规模较小、滤速较低时,滤层厚度可为0.8~1.2 m。

(5)滤层表面到池顶的高度宜为1.5~2.0 m。

(6)当采用滤头布水时,应在滤层下铺设粒径为2~4 mm、厚度为50~150 mm的石英砂承托层。

(7)滤池应设进水流量指示仪表,进、出水取样管和观察滤层的视镜。

(8)当滤池出水含氟量超过1.1 mg/L时,滤料应进行再生处理,再生液可采用氢氧化钠或硫酸铝溶液。

①当采用氢氧化钠溶液再生时,再生过程应包括首次反冲洗、再生、二次反冲洗(或淋洗)、中和四个阶段;当采用硫酸铝溶液再生时,上述中和阶段可以省去。

②首次反冲洗,冲洗强度应根据粒径大小确定,可为12~16 L/(s·m^2),冲洗时间可为10~15 min,滤层膨胀率可为30%~50%。

③再生液宜自上而下通过滤层,当采用氢氧化钠溶液再生时,再生液浓度可为0.75%~1.00%,消耗量可按每去除1 g氟化物需要8~10 g固体氢氧化钠计算,再生时间可为1~2 h,再生液流速可为3~10 m/h;当采用硫酸铝溶液再生时,再生液浓度可为2%~3%,消耗量可按每去除1 g氟化物需要60~80 g固体硫酸铝计算,再生时间可为2~3 h,再生液流速可为1.0~2.5 m/h。再生后滤池内的再生溶液应排空。

④二次反冲洗冲洗强度可为3~5 L/(s·m^2),冲洗时间可为1~3 h;采用原水淋洗,流量可为1/2正常过滤流量,淋洗时间可为0.5 h。当采用硫酸铝再生时,二次反冲洗(或淋洗)终点出水pH应大于6.5;当采用氢氧化钠再生时,二次反冲洗(或淋洗)终点出水pH应接近进水pH。

⑤当采用氢氧化钠再生时,二次反冲洗(或淋洗)后应进行中和,中和可采用浓度为1%的硫酸溶液调节进水pH至3左右,进水流速与正常除氟过程相同,中和时间可为1~2 h,直至pH升至8~9。

⑥首次反冲洗、二次反冲洗(或淋洗)、中和的出水应妥善排放,不得进入清水池或饮用。

四、地下水除砷

高砷地下水采用吸附法处理是目前最经济的处理工艺,可采用负载有铁锰复合氧化物或铁氧化物的吸附滤料,不应选择再生困难、可能对原水造成其他指标超标影响的吸附滤料,选择的吸附滤料应符合卫生要求。吸附法除砷设计应符合下列要求:

(1)宜进行原水试验,根据试验选择高效的吸附滤料,确定吸附滤料的有效吸附能力、需要的接触时间和再生周期等工艺参数。

(2)应配套吸附滤料再生设施。再生剂及再生工艺应根据吸附滤料特性确定;再生周期应根据吸附性能试验结果和管理要求确定。

(3)吸附滤池的滤速和吸附滤料的填充高度,应根据供水规模、滤料的有效吸附能力和需要的接触时间,以及再生时间要求等确定。

(4)吸附滤池的进、出水浊度应低于1 NTU,必要时可在吸附滤池的前后增加过滤池。

(5)吸附滤池应有防止吸附滤料板结的松动措施。

除砷时,当基料为石英砂时,多采用现场负载,其再生工艺一般为包覆再生,不会产生高砷废液;当基料为高分子材料时,一般为工厂化负载,其再生工艺多采用酸、碱溶液浸泡脱附再生,会产生高砷废液。基料为石英砂的吸附滤料比基料为高分子材料的吸附滤料吸附容量小，但成本低，需通过技术经济比较确定。

五、微污染水处理

地表水源多数存在不同程度的污染或污染风险，可采用预氧化、生物预处理、颗粒活性炭或臭氧－颗粒活性炭深度处理；可采用粉末活性炭应急预处理。已受到污染的水源应根据污染物及其严重程度选择适宜的处理工艺。尚未受到污染但存在污染风险时，可采用粉末活性炭应急预处理，或在常规过滤后设颗粒活性炭滤池进行深度处理。

（一）粉末活性炭吸附工艺设计

当原水在短时间内含较高浓度溶解性有机物、有异臭异味或存在污染风险时，可增加粉末活性炭吸附工艺作为应急预处理措施。粉末活性炭吸附工艺设计应符合：

（1）粉末活性炭投加位置宜根据水处理工艺流程综合考虑确定，并宜加于原水中，经过与水充分混合、接触后，再投加混凝剂。

（2）粉末活性炭的用量根据试验确定，宜为 5～30 mg/L。

（3）湿投的粉末活性炭炭浆浓度可采用 1%～5%（按质量计）。

（4）粉末活性炭的储藏、输送和投加车间，应有防尘、集尘和防火设施。

（二）滤前化学预氧化

当水源污染较轻时，可采用滤前化学预氧化：

（1）当采用滤前投加消毒剂预氧化时，宜减少消毒副产物的产生。

（2）当采用高锰酸钾预氧化时应符合规定：①高锰酸钾的投加点应在混凝剂投加点前，且间隔时间不少于 3 min。②高锰酸钾用量应通过试验确定并应精确控制，用于去除有机微污染物、藻和控制嗅味的高锰酸钾投加量可为 0.5～2.5 mg/L。③乡镇供水厂高锰酸钾可采用湿投，溶液浓度可为 1%～4%。

（三）水源污染较严重时的处理

当水源污染较严重，有适宜地形条件时，可采用人工湿地处理，工艺简单、运行管理简便；规模较大的工程可采用生物预处理池处理。

（四）已污染的地表水处理

已污染的地表水源以及存在污染威胁的地表水源，有条件时宜在常规过滤后，设颗粒活性炭吸附池进行深度处理。颗粒活性炭吸附池设计应符合下列规定：

（1）颗粒活性炭应符合国家现行的净水用颗粒活性炭标准。

（2）进出水浊度应小于 1 NTU。

（3）过流方式应根据进水水质、构筑物的衔接方式、工程地质和地形条件、重力排水要求等，通过技术经济比较后确定，可采用降流式或升流式。

（4）水与颗粒活性炭层的接触时间应根据现场试验或水质相似水厂的运行经验确定，并小于 7.5 min。

（5）滤速可为 6～8 m/h，炭层厚度可为 1.0～1.2 m；当有条件加大炭层厚度时，滤速和炭层厚度可根据接触时间要求作适当的提高。

（6）冲洗周期应根据进、出水水质和水头损失确定，炭层最终水头损失可为 0.4～0.6 m；冲洗强度可为 13～15 L/(s·m^2)，冲洗时间可为 8～12 min，膨胀率可为 20%～25%；

冲洗水可采用炭吸附池出水或滤池出水。

(7)宜采用小阻力配水系统,配水孔眼面积与活性炭吸附池面积之比可采用1.0%～1.5%;承托层可采用大—小—大的分层级配形式,粒径级配排列依次为8～16 mm、4～8 mm、2～4 mm、4～8 mm、8～16 mm,每层厚度均为50 mm。

(8)与活性炭接触的池壁和管道,应采取防电化学腐蚀的措施。

颗粒活性炭吸附工艺较简单,但对水中的污染物是有选择性的,如水中的氨氮就不能单独用活性炭吸附去除。氨氮超标的地表水源,可采用生物预处理工艺。

六、水的软化

硬度是水质的一个重要指标。生活用水与生产用水均对硬度指标有一定的要求,硬度超过标准的水需进行软化。硬度盐类包括Ca^{2+}、Mg^{2+}、Fe^{2+}、Mn^{2+}、Fe^{3+}、Al^{3+}等易形成难溶盐类的金属阳离子。在一般天然水中,主要是Ca^{2+}和Mg^{2+},所以通常把水中Ca^{2+}、Mg^{2+}的总含量称为水的总硬度H_t。硬度又可区分为碳酸盐硬度H_c(也叫暂时硬度)和非碳酸盐硬度H_n(也叫永久硬度)。

软化处理的对象主要是水中钙、镁离子。软化方法主要有离子交换法、药剂软化法。加入某些药剂,把水中钙、镁离子转变成难溶化合物使之沉淀析出,这一方法称为水的药剂软化法或沉淀软化法。利用某些离子交换剂所具有的阳离子(Na^+或H^+)与水中钙、镁离子进行交换反应,达到软化的目的,称为水的离子交换软化法。此外,还有基于电渗析原理,利用离子交换膜的选择透过性,在外加直流电场作用下,通过离子的迁移,在进行水的局部除盐的同时,达到软化的目的。乡镇水处理中常用药剂软化法。

水的药剂软化工艺过程,就是根据溶度积原理,按一定量投加某些药剂(如石灰、苏打等)在原水中,使之与水中钙、镁离子反应生成沉淀物$CaCO_3$和$Mg(OH)_2$。工艺所需设备与净化过程基本相同,也要经过混合、絮凝、沉淀、过滤等工序。

(一)石灰软化

在水的药剂软化中,石灰是最常用的投加剂,由于价格低、来源广,很适用于原水的碳酸盐硬度较高、非碳酸盐硬度较低且不要求深度软化的场合。石灰用量不恰当,会使出水水质不稳定,给运行管理带来困难。石灰实际投加量应在生产中加以调试。

石灰CaO是由石灰石经过燃烧制取的,亦称生石灰。石灰加水反应称为消化过程,其生成物$Ca(OH)_2$叫作熟石灰或消石灰。投加熟石灰时可配制成一定浓度的石灰乳液。

熟石灰虽然也能与水中非碳酸盐的镁硬度起反应生成氢氧化镁,但同时又产生了等物质量的非碳酸盐的钙硬度。所以,单纯的石灰软化是不能降低水的非碳酸盐硬度的。不过,通过石灰处理,还可去除水中部分铁和硅的化合物。

为除去水中钙、镁离子,反而加入$Ca(OH)_2$,似乎存在着矛盾。其实,投加石灰的实质是为了产生过剩的CO_3^{2-},使之与原水中的Ca^{2+}生成$CaCO_3$沉淀析出。这样,每加入1 mol的$Ca(OH)_2$,可去除水中1 mol的Ca^{2+}。

石灰软化主要是去除水中的碳酸盐硬度以及降低水的碱度。但过量投加石灰反而会增加水的硬度。石灰软化往往与混凝同时进行,有利于混凝沉淀。

（二）石灰－苏打软化

这一方法是在水中同时投加石灰和苏打（Na_2CO_3）。此时，石灰用以降低水的碳酸盐硬度，苏打用于降低水的非碳酸盐硬度。软化水的剩余硬度可降低到0.15～0.2 mmol/L。该法适用于硬度大于碱度的水。

第四节　乡镇水处理工艺选择

在乡镇饮用水工程建设中，水处理工艺的选择直接关系到其出水水质、工程建设造价和运行成本。选择水处理工艺前应收集分析原水的水质化验资料及不同季节的变化情况，并及时进行实地取样化验。根据原水水质、设计规模，参照相似条件下水厂的运行经验，结合乡镇居民居住状况与当地水源条件和水质要求，通过技术经济比较确定。水处理工艺应力求简便、实用可靠、价廉。

一、原水化学成分不超标时的处理

当原水化学成分不超标时，可选择下列净水工艺：

（1）对水质良好的地下水，可只进行消毒处理。

（2）南方山丘区的小型集中供水工程，当以山溪水或高位水库为水源时，可根据原水浊度及变化情况选择预沉—粗滤—慢滤加消毒等组合净水工艺。

（3）当地表水浊度长期不超过20 NTU、瞬间不超过60 NTU时，可采用微絮凝接触过滤或微絮凝超滤膜加消毒的净水工艺。原水采用双层滤料或多层滤料滤池直接过滤，习惯上称“一次净化”。

（4）当地表水浊度长期不超过500 NTU、瞬间不超过1 000 NTU时，可采用混凝沉淀（或澄清）过滤或混凝沉淀（或澄清）超滤膜加消毒的净水工艺。混凝沉淀（或澄清）及过滤构筑物为水厂中主体构筑物，这一流程习惯称二次净化。

（5）当地表水含沙量变化较大或浊度经常超过500 NTU时，宜在常规净水工艺前增设预沉池。

（6）当地表水季节性浊度变化较大时宜设沉淀池超越管，水质较好时可超越沉淀池进行微絮凝过滤。

二、原水化学成分超标时的处理

当选用水质超标的水源时，可采用以下净水工艺：

（1）微污染地表水可采用化学预氧化、生物预处理、颗粒活性炭或臭氧－颗粒活性炭深度处理，可采用粉末活性炭应急处理。

（2）铁、锰超标的地下水应采用曝气氧化法、接触氧化法等工艺。

（3）高氟地下水可采用混凝沉淀法、吸附法、反渗透法等工艺处理。

（4）苦咸水淡化和除盐主要有电渗析法、反渗透法、离子交换法等处理工艺。

（5）高砷地下水采用吸附法处理工艺。

第五节　水厂总体布置

水厂总体布置应结合工程目标和建设条件，在确定工艺组成和处理构筑物形式的基础上进行。平面和竖向布置应满足各构（建）筑物的功能和流程要求，力求简捷流畅。水厂附属建筑和附属设施应根据水厂规模、生产和管理体制，结合当地实际情况确定。

水厂总体设计应符合下列要求：

(1)应按照工艺流程将生产构（建）筑物、附属建筑物等进行合理的分区、组合和布置，满足系统配水生产工艺过程、运行操作、生产管理和维修检修等要求。

(2)应符合流程合理、运行可靠、操作方便、充分利用地形、节约用地、美化环境、兼顾远期、适当留有发展余地等原则。

(3)应包括占地面积、厂址选择、水厂平面布置、竖向布置、厂区管道、道路、绿地、围墙、照明等。

乡镇集中水厂占地参考指标见表3-10。

表3-10　乡镇集中水厂占地参考指标

工程类型		Ⅰ型	Ⅱ型	Ⅲ型	Ⅳ型	Ⅴ型
供水规模 W (m^3/d)		$W \geq 10\ 000$	$10\ 000 > W \geq 5\ 000$	$5\ 000 > W \geq 1\ 000$	$1\ 000 > W \geq 200$	$W < 200$
用地控制指标 ($m^2/(m^3/d)$)	地表水	0.7～1.0	0.9～1.1	1.0～1.3	1.1～1.4	1.2～1.5
	地下水	0.4～0.7	0.6～0.8	0.7～1.0	0.9～1.3	1.0～1.5

注：水厂占地是指水厂围墙内的用地，包括构（建）筑物、道路及绿化用地，未包括水厂外的取水泵站、高位水池（水塔）、加压泵站等用地。取值时，根据供水规模、净化工艺类型及复杂程度、卫生防护等确定。Ⅴ型工程不小于100 m^2。

一、乡镇水厂厂址的选择

水厂厂址的选择关系到整个供水系统布局和水厂本身布置的合理性，对工程投资、水厂安全、建设周期和运行管理等方面都会产生直接的影响。水厂厂址的选择，与水源类型、取水点位置、洪涝、供水范围、供水规模、净水工艺、输配水管线布置、周边环境、地形、工程地质和水文地质、交通、电源、乡镇建设规划等条件有关。

在进行水厂选址时应充分利用地形高程，靠近用水区和可靠电源，整个供水系统布置合理；符合乡镇建设总体规划；满足水厂近、远期布置需要；不受洪水与内涝威胁；有良好的工程地质条件；有良好的卫生环境，便于设立防护地带；有较好的废水排放条件；少拆迁，不占或少占耕地；施工、运行管理方便。

二、平面布置

水厂平面布置包括生产构筑物、生产建筑物、生产附属建筑物、生活附属建筑物、管道、堆料场、道路、绿化及供电线路等的布置，布置要便于生产和管理，并符合卫生和安全的要求。

(一)生产构(建)筑物和附属建筑物的布置

水厂基本可分为两部分:

(1)生产构(建)筑物和建筑物,包括处理构筑物、清水池、二级泵站、药剂间等。

(2)附属建筑物,包括化验室、修理部门、仓库、车库、值班室及宿舍等。另外,水厂还应配备与其供水规模和水质化验要求相应的检验设备和检验室。

生产构(建)筑物和附属建筑物的布置应根据地形、构(建)筑物和净水器的类型、净水工艺和管理要求进行。生产构(建)筑物平面尺寸由设计计算确定。生活附属建筑物面积应按水厂管理体制、人员编制和当地建筑标准确定;生产附属建筑物面积应根据水厂规模、工艺流程和当地具体情况确定。处理构筑物一般均分散露天布置,寒冷地区可采用室内集中布置,集中布置比较紧凑,占地少,便于管理和实现自动化操作,但结构复杂,管道立体交叉多,造价较高。

生产构(建)筑物和附属建筑物的布置应符合以下要求:

(1)应按净水工艺流程顺流布置。

(2)多组净水构(建)筑物宜平行布置且配水均匀。

(3)构(建)筑物间距宜紧凑,但应满足构(建)筑物和管道的施工与维修要求。

(4)构(建)筑物间应有方便、安全的通道,规模较小时可采用组合式布置。

(5)净水装置的布置,应留足操作及检修空间,并有遮阳避雨措施。

(二)水厂内管道布置

水厂内管道布置包括进厂水管道、出厂水管道、构(建)筑物间的连接管道、构(建)筑物间的排水排泥管道、生活污水管道、自用水管道等。布置时应符合以下要求:

(1)构(建)筑物间的连接管道应短且顺直,防止迂回;并联构(建)筑物间的管线应能互换使用;分期建设的工程应便于管道衔接;应根据工艺要求设置必要的阀门井和跨越管;应采用金属管材和柔性接口。

(2)构(建)筑物的排水、排泥可合为一个系统,生活污水管道应另成体系;排水系统宜按重力流设计,必要时可设排水泵站;废污水排放口应设在水厂取水口下游,并符合卫生防护的要求。

(3)输送药剂(混凝剂、消毒剂等)的管道应耐腐蚀,其布置应便于检修和更换。

(4)自用水管线应自成体系。

(5)应尽量避免或减少管道交叉。

(6)出厂水总管应设计量装置,必要时进厂水总管亦应设计量装置。

(三)水厂的平面布置

各构(建)筑物的个数和面积确定之后,根据工艺流程和构(建)筑物的功能要求,结合地形和地质条件,进行平面布置。布置应符合以下要求:

(1)生产构(建)筑物和生产附属建筑物宜分别集中布置。

(2)生活区宜与生产区分开布置。

(3)分期建设时,近、远期应协调。

(4)加药间、消毒间应分别靠近投加点,并与其药剂仓库毗邻;消毒间及其仓库宜设在水厂的下风处，并与值班室、居住区保持一定的安全距离。

(5)滤料、管配件等堆料场地应根据需要分别设置，并有遮阳避雨措施。

(6)厕所和化粪池的位置与生产构(建)筑物的距离应大于10 m，不应采用旱厕和渗水厕所。

(7)新建水厂的绿化占地面积不宜小于水厂总面积的20%。

(8)应根据需要设置通向各构(建)筑物的道路，单车道宽度宜为3.5 m，并应有回车道，转弯半径不宜小于6 m，在山丘区纵坡不宜大于8%，人行道宽度宜为1.0～1.5 m。

(9)应有雨水排除措施，厂区地坪宜高于厂外地坪和内涝水位。

(10)水厂周围应设围墙及安全防护措施。

三、高程布置

水厂的高程布置直接影响水厂的建设和运行费用，在设计中应合理进行各构筑物的高程布置。构筑物的竖向布置，应充分利用原有地形坡度，优先采用重力流布置，并满足净水流程中的水头损失要求。应合理确定各净水构筑物池底、池顶高程，防止埋深过大或池体架空，力求挖填平衡。

两构筑物之间水面高差即为流程中的水头损失，包括构筑物本身、连接管道、计量设备等水头损失在内。水头损失应通过计算确定，并留有余地。

水处理构筑物中的水头损失与构筑物形式和构造有关，需通过计算确定，估算时可采用表3-11中的数据。该水头损失应包括构筑物内集水槽(渠)等水头跌落损失在内。

表3-11 水处理构筑物中的水头损失

构筑物名称	水头损失(m)	构筑物名称	水头损失(m)
进水井格网	0.2～0.3	普通快滤池	2.0～2.5
絮凝池	0.4～0.5	无阀滤池、虹吸滤池	1.5～2.0
沉淀池	0.2～0.3	移动罩滤池	1.2～1.8
澄清池	0.6～0.8	直接过滤滤池	2.0～2.5

各构筑物之间的连接管(渠)断面尺寸由流速决定，估算时可按表3-12考虑。当地形有适当坡度可以利用时，可选用较大流速以减小管道直径及相应配件和阀门尺寸；当地形平坦时，为避免增加填、挖土方量和构筑物造价，宜采用较小流速。当选定管(渠)道流速时，应适当留有余地。

当各项水头损失确定之后，各水处理构筑物之间的相对高程就确定了，可在此基础上进行构筑物高程布置。高程布置通常以清水池最高水位标高为起点，逆水处理流程向上推算各处理构筑物的标高。构筑物高程布置与厂区地形、地质条件及所采用的构筑物形式有关。当地形有自然坡度时，有利于高程布置；当地形平坦时，高程布置中既要避免清水池埋入地下过深，又应避免絮凝沉淀池或澄清池在地面上抬高而增加造价，尤其当地质条件差、地下水位高时更应注意这些。通常，当采用普通快滤池时，应考虑清水池地下埋深；当采用无阀滤池时，应考虑絮凝池、沉淀池或澄清池是否会被抬高。

表 3-12　连接管中的允许流速和水头损失

连接管段	允许流速(m/s)	水头损失(m)	说明
一级泵站至絮凝池	1.0~1.2	视管道长度而定	
絮凝池至沉淀池	0.15~0.2	0.1	应防止絮凝体破碎
沉淀池或澄清池至滤池	0.8~1.2	0.3~0.5	
滤池至清水池	1.0~1.5	0.3~0.5	流速宜取下限,留有余地
快滤池冲洗水管	2.0~2.5	视管道长度而定	
快滤池冲洗水排水管	1.0~1.5	视管道长度而定	

思考与练习

1. 生活饮用水要符合什么标准?
2. 常规的水处理工艺是什么?
3. 混凝剂和助凝剂的作用是什么? 常用的反应池有哪几类?
4. 沉淀的作用是什么? 沉淀池有哪几类? 各自的特点是什么?
5. 常用的澄清池有哪几类? 各自有什么特点?
6. 试述水力循环澄清池和机械搅拌澄清池的工艺流程。
7. 过滤的作用是什么? 滤池的结构有什么特点? 常用的滤池有哪几类?
8. 试述重力式无阀滤池和压力式无阀滤池的工艺流程。
9. 消毒的作用是什么? 常用的消毒方法有哪些?
10. 选择水厂厂址时要注意什么?
11. 水厂的平面布置有哪些内容?
12. 水厂高程布置要注意哪些因素?

第四章　输配水系统设计

【学习目标】

了解输配水管线布置的要求，掌握常用管材、管件及附属设施的设计要求，掌握管网水力计算的方法和步骤，掌握确定调节构筑物和泵站设计参数的方法，了解绘制管道工程图的要求。

从水源地抽取原水并输送到水厂以及水厂经过处理以后的成品水输送到用户，需要经过水泵、输配水管、水塔或水池等调节构筑物。输配水工程的投资往往在整个给水工程中占有较大的比重，直接影响工程的总造价。

第一节　管线的布置

给水管网是给水系统的主要组成部分，由输水管(渠)和配水管网组成。输水管(渠)是指从水源到水厂或者从水厂到相距较远管网的管道或渠道。配水管网是指将水从水源或水厂输送到用户的管网。

给水管网的布置应满足：按照乡镇规划布置管网，布置时应考虑给水系统的分期建设，并留有充分的发展余地；管线遍布整个给水区内，保证用户有足够的水量和水压；管网布置必须保证供水安全可靠，当局部管网发生事故时，断水范围应最小。

生活饮用水管网要与非生活饮用水管网以及单位的自备供水系统相互独立。

一、输水管(渠)的布置

输水管(渠)是指从水源到水厂或水厂到配水区域的主管道，一般沿线不接用户，主要起输送水作用。一般按单管布置，有条件的Ⅰ型、Ⅱ型供水工程宜按双管布置。

输水管线应根据下列要求确定：

(1)选择较短的线路，满足管道地埋要求，沿现有道路或规划道路一侧布置。

(2)避开不良地质、污染和腐蚀性地段，无法避开时应采取防护措施。

(3)减少穿越铁路、高等级公路、河流等障碍物。

(4)少拆迁房屋，少占农田，少损毁植被，保护环境。

(5)施工、维护方便，降低造价，运行安全可靠。

规模较大(Ⅰ型、Ⅱ型)的工程，长距离输水宜按双管布置。双管布置时，应设连通管和检修阀，干管任何一段发生事故时仍能通过75%的设计流量，如图4-1所示。

二、配水管网的布置

配水管网是指把水从水厂输送、分配到各用水区域及各用水点的管线。其中，担负沿

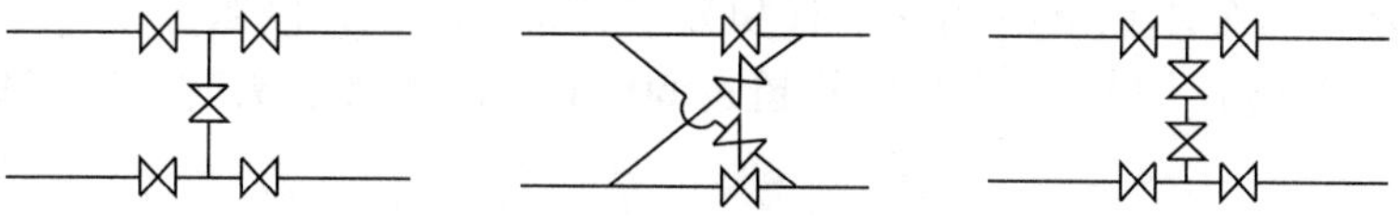

图 4-1 阀门及连通管布置

线供水区域输水任务且直径较大的配水管称为干管,配水给各用户的小口径管道称为支管。配水管网布置有两种基本形式:树状网和环状网。

当树状网中某一管段损坏需停水检修时,该管段以后的所有管段就会断水,供水的可靠性较差,水质容易变差,有出现浑水和红水的可能。但树状网管线较短,管径随水流方向逐渐减小,结构简单,投资较省,是乡镇广泛采用的管网形式。

在环状网中,管线连接成环状。当某一段管段损坏需停水检修时,可以关闭附近的阀门使之与其余管段隔开,而水可流经其他管段供应用户,从而增加供水的可靠性。环状网还可以大大减轻因水锤作用产生的危害,但是环状网的造价比树状网高。

从水厂到各用水乡镇的配水干管布置应符合:

(1)总体上应以树枝状为主,有条件时可环状、树枝状结合;应使供水系统布局合理、充分考虑节能。

(2)在平原区,主管道应以较短的长度控制各个用水乡镇;在山丘区,主管道的布置应与高位水池的布置相协调,充分利用地形重力流配水。

乡镇内的配水管网布置应符合:

(1)可按树枝状布置;规模较大的乡镇,有条件时可按环状布置或环状与树枝状结合布置。

(2)应分区布置干管,干管应以较短的距离沿街道引向各分区,并符合有关建设规划。

(3)应分区、分段设检修阀。

(4)大于 500 人的乡镇应按《建筑设计防火规范》(GB 50016—2014)和《农村防火规范》(GB 50039—2010)的有关要求在醒目处设置消火栓。

(5)集中供水点应设在取水方便处,寒冷地区尚应有防冻措施。

(6)入户管接口位置应考虑庭院结构和用水户意愿等。

在实际工程中,常将树状管网和环状管网结合起来进行布置。根据具体情况,在集镇主要供水区采用环状管网或双管供水,边远地区采用树状管网供水,或者近期采用树状管网供水,将来再逐步发展成为环状管网供水。

三、输配水管的附属设施布置

输水管道和配水干管上的附属设施主要有防止水锤破坏的空气阀、减压设施,以及运行维护需要的控制阀、泄水阀、检修阀、消火栓和水量、水压监测设施等。布置应符合:

(1)在管道凸起点应设空气阀;长距离无凸起点的管段,每隔 1.0 km 左右也应设空气阀。空气阀直径可为管道直径的 1/8 ~ 1/12。

(2)在管道低凹处应设泄水阀,泄水阀直径可为管道直径的 1/3 ~ 1/5。

(3)水源到水厂的输水管道始端和末端均应设控制阀。

(4)在配水干管分水点下游侧的干管和分水支管上应设检修阀。

(5)重力流的配水干管,当地形高差超过 60 m 并有富裕水头时,宜在适当位置设减压设施。

(6)地埋管道在水平转弯、穿越铁路(或公路、河流)等障碍物处应设标志。

室外管道上的空气阀、减压阀、消火栓、闸阀、泄水阀、水表、测压表等应设置在井内,并有防冻、防淹措施。

水源取水管上、出厂水总管上应设能够计量瞬时流量和累计水量的流量计;向多个乡镇供水时,每个入村的干管上应设总表;需要在线检测时,可采用超声波流量计、电磁波流量计或智能水表等;用水单位的供水总管上、住宅的分户供水管上应设水表。

水泵出水管上应设压力表;出厂水总管上、入村(镇)的干管上应设压力表;各乡镇和行政村应在最不利用户接管点处设压力表。当需在线检测时,可采用电接点压力表。

第二节　管材及附属设施

一、管材的选用要求

给水管道系统包括输水管、配水管及渠道,不同功能的管道,其材质要求不同。管材选择应根据设计内径、设计内水压力、敷设方式、外部荷载、地形、地质、施工和材料供应等条件,通过结构计算和技术经济比较确定,并应符合下列要求:

(1)应取得涉水产品卫生许可批件。

(2)应符合国家现行产品标准要求。

(3)管道的设计内水压力可按表 4-1 确定,公称压力不应小于设计内水压力。

表 4-1　不同管材的设计内水压力　(单位:MPa)

管材种类	最大工作压力	设计内水压力
钢管	P	$P+0.5\geqslant0.9$
塑料管	P	$1.5P$
球墨铸铁管	$P\leqslant0.5$	$2P$
	$P>0.5$	$P+0.5$
混凝土管	P	$1.5P$

注:最大工作压力根据工作时的最大动水压力和不输水时的最大静水压力确定。

(4)管道结构设计应符合《给水排水工程管道结构设计规范》(GB 50332—2002)的规定。

(5)地埋管材可采用 PE 管或球墨铸铁管、UPVC 管或 PP 管等。PE 管应符合《给水用聚乙烯(PE)管材》(GB/T 13663—2000)和《给水用聚乙烯(PE)管道系统第 2 部分:管件》(GB/T 13663. 2—2005)的要求,球墨铸铁管应符合《水及燃气用球墨铸铁管、管件和附件》(GB/T 13295—2013)的要求,UPVC 管应符合《给水用硬聚氯乙烯(PVC－U)管材》(GB/T 10002. 1—2006)和《给水用硬聚氯乙烯(PVC－U)管件》(GB/T 1002. 2—2003)的要求,PP 管应符合《冷热水用聚丙烯管道系统》(GB/T 18742.1～3—2002)的要求。

(6)露天明设管道应选用金属管,采用钢管时应进行内外防腐处理,内防腐不应采用有毒材料,并严禁采用冷镀锌钢管。

(7)与管材连接的管件和密封圈等配件,应由管材生产企业配套供应。

二、常用管材

常用的给水管材有金属、非金属两大类。其中,金属管有球墨铸铁管、钢管;非金属管有自应力混凝土管、预应力混凝土管、预应力钢筒混凝土管、聚乙烯管、聚丙烯管、ABS 工程塑料管、玻璃纤维增强热固性树脂夹砂管。

(一)金属管材

1. 球墨铸铁管(DIP)

该管材选用优质生铁,采用水冷金属型模离心浇注技术,并经退火处理,获得稳匀的金相组织,能保持较高的延伸率,故亦称为可延性铸铁管。球墨铸铁管具有高强度、高延伸度、抗腐蚀的卓越性能。

球墨铸铁管外壁采用喷涂沥青或喷锌防腐,内壁衬水泥砂浆防腐,最大口径达 *DN* 2 200。

球墨铸铁管均采用柔性接口。由于球墨铸铁管性能好且施工方便,不需在现场进行焊接及防腐操作,加上产量及口径的增加、管配件的配套供应等,应用广泛。

2. 钢管(SP)

钢管钢材一般采用 Q235A · B 碳素镇静钢,有焊接钢管和无缝钢管之分。以防腐蚀性能来说,可分为保护层型、无保护层型与质地型钢管;按壁厚又有普通钢管和加厚钢管之分。国内最大钢管直径可达 *DN*4 000,每节钢管的长度一般在 10 m 左右。

保护层型(主要指的是管道内壁)有金属保护层型与非金属保护层型,金属保护层型常用的有表面镀层保护层型、表面压合保护层型。表面镀层保护层型中常见的是热镀锌管,热镀锌管保护层致密均匀、附着力强、稳定性比较好。

目前,国外普遍使用承插式焊接接口的钢管,是传统钢管的第二代产品。2000 年获得我国专利的"扩胀成型的承插式柔性接口钢管"是继"承插式刚性接口钢管"后发展的第三代新型高级钢管,具有安装方便、施工时间短、安全的优点。

(二)非金属管材

1. 自应力混凝土(SPCP)管

自应力混凝土管采用离心工艺制造,依靠膨胀作用张拉环向和纵向钢丝,使管体混凝土在环向和纵向处于受压状态。

该管材管长通常为 3～4 m,主要用于覆土不大于 2.0 m、设计内压不大于 0.8 MPa、口径不大于 *DN*300 的给水管道工程。

2. 预应力混凝土(PCP)管

《预应力混凝土管》(GB 5696—2006)中规定管径的规格为 *DN*400～*DN*3 000。预应力混凝土管的静水压力为 0.4 MPa、0.6 MPa、0.8 MPa、1.0 MPa、1.2 MPa 五个等级,管长为 5 m。

预应力混凝土管为承插式胶圈柔性接头，其转弯或变径处采用特制的铸铁或钢板配件进行处理。可敷设在未经扰动的土基上，施工方便、价格低廉，城镇给水应用多。

预应力混凝土管若在软土地基上敷设，需做好管道基础，否则易引起管道不均匀沉降，造成管道承插口处胶圈的滑脱而严重漏水或出现停水事故。

3. 预应力钢筒混凝土(PCCP)管

该管属于管芯缠丝预应力管，其管芯为钢筒与混凝土复合结构。该管有两种结构形式：一种为内衬式(PCCP－L)，即钢筒在管芯外壁，用离心法工艺浇筑管芯混凝土，其规格为*DN*600～*DN*1 200；另一种为埋置式(PCCP－E)，即钢筒埋在管芯混凝土中部，用立式振捣法工艺浇筑混凝土，其规格为*DN*1 400～*DN*3 000。该管内压等级为0.4～2.0 MPa逢双数排列的九个等级。

预应力钢筒混凝土管现场敷设方便，接口的抗渗漏性能好，管材价格比金属管便宜，因此得到较多应用。但由于管体自重较大，选用时应结合运费、现场地质情况及施工措施等进行技术经济比较分析确定。

4. 聚乙烯(PE)管

PE管常用的规格为*DN*32～*DN*500，工作压力为0.4 MPa、0.6 MPa、0.8 MPa、1.0 MPa、1.25 MPa、1.6 MPa。PE管有PE63、PE80和PE100三种强度等级，PE63不宜用于埋地给水管道。PE管的优点是：化学稳定性好，不受环境因素和管道内输送介质成分的影响，耐腐蚀性好；水力性能好，管道内壁光滑，阻力系数小，不易积垢；相对于金属管材密度小、材质轻；施工安装方便，维修容易。

由于该管属柔性管，对小口径管可用盘管供应，连接时采用热熔对接，连接方式可采用电热熔、热熔对接焊和热熔承插连接。管道敷设既可采用直埋方式施工，也可采用插入管敷设(主要用于旧管道改造中的插入新管，省去开挖工作量)。

5. 改性聚丙烯(PP－R、PP－C)管

PP－R管具有无毒、卫生、耐热(最高耐热温度可达100 ℃以上、正常情况下可在20 ℃长期使用)、保温性能好、安装方便、连接永久性、原料可回收的特点。它多用于工业、民用生活热水和空调供回水系统。PP－R管道的连接方式主要有热熔连接、电熔连接两种，也有专用丝扣连接或法兰连接。

PP－C管是一种共聚聚丙烯管材。其主要特点有耐温性能好、长期高温和低温反复交替管材不变形、质量不降低、不含有害成分、化学性能稳定、无毒无味、输送饮用水安全性评价合乎卫生要求、抗拉强度和屈服应力大、延伸性能好、承受压力大、防渗漏性好。工作压力完全可以满足多层建筑供水的需要。PP－C管管材的型号规格可达到*DN*100，连接方式为热熔连接。

6. ABS工程塑料管

ABS工程塑料管是丙烯腈、丁二烯、苯乙烯三种化学材料的聚合物。其主要优点是耐腐蚀性极强、抗撞击性极好、韧性强，而且使用温度范围广(20～80 ℃)。该产品除常温型塑料管外，还有耐热型、耐寒型树脂塑料管。

ABS 工程塑料管主要规格有公称通径 $DN15 \sim DN400$ 十多种。管材最高许可压力为 0.6 MPa、0.9 MPa 和 1.6 MPa 三种规格。其连接方式有承插式和冷胶溶接法,冷胶溶接法具有施工方便、固化速度快、黏接强度高等特点。ABS 工程塑料管应用于高标准水质的管道输送,使其质量和经济效果达到最佳。

7. 玻璃纤维增强热固性树脂夹砂管(RPMP)

该管材连接方式有承插式和外套式。该管材的特点是质量轻、施工运输方便、耐腐蚀性好,且不需做外防腐和内衬;使用寿命长、维护费用低;内壁光滑且不结垢、可降低能耗;管材和接口不渗漏、不破裂,增加了供水安全可靠性,管径相同时综合造价介于钢管和球墨铸铁管之间。

三、常用管道配件

给水管道在遇到转弯、变径、分流、管间连接、管道设备连接及维修等问题时,需要有相应的配件来解决。常用的管件有弯头、三通、四通、渐变管、短管、管堵、伸缩节、活接头等。

钢管配件一般由钢板卷焊而成,也可直接采用标准铸铁配件连接。预应力混凝土管在阀门、弯管、排气、放水等装置处必须采用钢制配件,自应力混凝土管可用铸铁配件连接。塑料管及玻璃钢夹砂管等一般采用同材质的成品配件。

四、管网附属设施

在给水管网系统中,除用于管道连接的管配件外,还应设置各种必要的附属设施,以保证管网的正常运行。主要有防止水锤破坏的空气阀、减压设施,以及运行维护需要的控制阀、泄水阀、检修阀、消火栓、水量和水压监测设施、伸缩节等。

(一)阀门

阀门是控制水流方向、调节管道内的水量和水压的重要设备,安装位置通常在管线分支处、较长的管线上、穿越障碍物及有特殊要求的部位。因阀门的阻力大,价格昂贵,所以阀门的数量在保持调节灵活的前提下尽可能少。

配水干管上装设阀门的距离一般为 400 ~ 1 000 m,且不应超过 3 条配水支管,主要管线和次要管线交接处的阀门常设在次要管线上,配水支管上的阀门间距不应隔断 5 个以上消火栓,承接消火栓的水管上要接阀门。阀门的口径一般和水管的直径相同,但当管径较大、阀门价格较高时,可安装 0.8 倍水管直径的阀门以降低造价。

在城镇给水系统中常用的阀门按用途和作用分类,主要有截断阀类(用于截断或接通介质,如闸阀、蝶阀、球阀等)、调节阀类(用于调节介质的流量和压力等,如调节阀、节流阀和减压阀等)、止回阀类(用于阻止介质倒流,如拍门等)和排气阀类(用于自动排出管道内空气,如单口排气阀和双口排气阀等);按驱动动力分有手动阀、电动阀、液压阀、气动阀等;按公称压力分有高压阀、中压阀及低压阀。

(1)闸阀。它是给水管上最常见的阀门,如图 4-2 所示。闸阀由闸壳内的闸板上下移动来控制或截断水流。根据阀内的闸板形式分楔式和平行式两种。根据闸阀使用时阀杆是否上下移动，分为明杆和暗杆。明杆式闸阀的阀杆随闸板的启闭而升降，因此易于从阀杆位置的高低掌握阀门启闭程度，适用于明装的管道；暗杆式闸阀的闸板在阀杆前进方向留一个圆形的螺孔，当闸阀开启时，阀杆螺丝进入闸板内而提起闸板，阀杆不外露，有利于保护阀杆，通常适用于安装和操作的位置受到限制的地方，否则当阀门开启时因阀杆上升而妨碍工作。

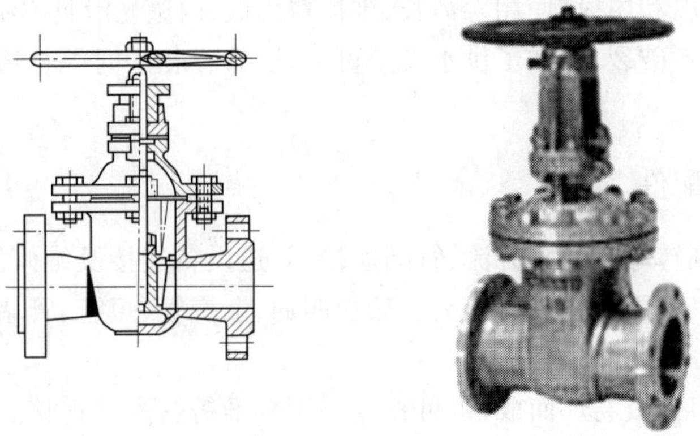

图 4-2　闸阀

(2) 蝶阀。蝶阀(见图 4-3)是由阀体内的阀板在阀杆作用下通过旋转来控制或截断水流的。蝶阀结构简单，尺寸小，质量轻，开启方便，旋转 90°即可全开或全关。蝶阀宽度较一般阀门小，但闸板全开时将占据上、下游管道的位置，因此不能紧贴楔式和平行式阀门旁安装。由于密封结构和材料的限制，蝶阀只用在中、低压管线上，例如水处理构筑物和泵站内。

(3) 球阀。球阀(见图 4-4)是启闭件(球体)由阀杆带动并绕阀杆的轴线作旋转运动的阀门。主要用于截断或接通管路中的介质，亦可用于流体的调节与控制。

图 4-3　蝶阀

图 4-4　球阀

(4) 止回阀。它也称为单向阀或逆止阀(见图 4-5)，主要用来限制水流朝一个方向流动。闸门的闸板可绕轴旋转，若水从反方向流来，闸板会因自重和水压作用而自动关闭。止回阀一般安装在水压大于 196 kPa 的水泵压水管上，防止因突然停电或其他事故时水流倒流而损坏水泵设备。

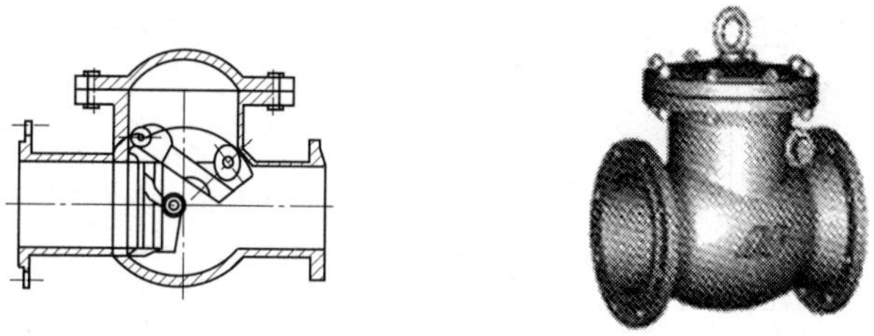

图 4-5 止回阀

(5)排气阀。排气阀安装在管线的隆起部分,使管线投产或检修后通水时,管内空气经此阀排出。平时用来排出从水中释放出的气体,以免空气积存管内减小过水断面,增加管道的水头损失。当管道损坏需放空检修时,可自动进入空气保持排水通畅。产生水锤时可使空气自动进入,避免产生负压。如图 4-6 所示为常用的单口排气阀。阀壳内设有铜网,铜网里装一空心玻璃球。当水管内无气体时,浮球上浮封住排气口。随着气量的增加,空气升入排气阀上部聚积,使阀内水位下降,浮球靠自重随之下降而离开排气口,空气则由排气口排出。排气阀分单口和双口两种。单口排气阀用在直径小于 400 mm 的管道上,排气阀直径为 16 ~ 25 mm;双口排气阀直径为 50 ~ 200 mm,装在直径不小于 400 mm 的管道上,排气阀与管道直径之比一般采用 1∶8 ~ 1∶12。排气阀须垂直安装在水平管线上,可单独放在阀门井内,也可与其他管道配件合用一个阀门井。

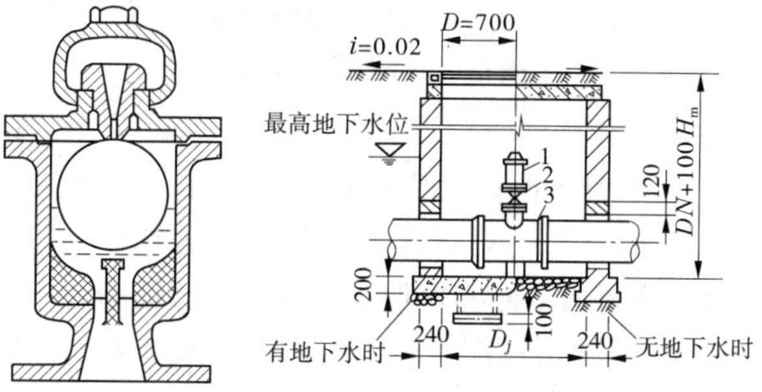

(a) (b)

1—排气阀;2—阀门;3—排气丁字管

图 4-6 排气阀 (单位:mm)

(6)泄水阀。在管线低处和两阀门之间的低处,应安装泄水阀。它与排水管相连接,在检修时用来放空管内存水或平时用来排除管内的沉淀物。泄水阀和排水管的直径由放空时间决定。为加速排水,可根据需要同时安装进气管或进气阀。

(二)消火栓

消火栓主要是在火灾发生时,供消防车取水的设施。有地上式和地下式两种,均设置在给水管网的管线上,可直接从分配管接出,也可从配水干管上接出支管后再接消火栓,并在支管上安装阀门,以便检修。消火栓的流量为 10 ~ 15 L/s。

地上式消火栓一般设在街道的交叉口便于消防车驶近的地方,并涂以红色标志。适用于不冰冻地区,或不影响交通和市容的地区(见图 4-7)。地下式消火栓用于气温较低的地区,需安装在阀门井内,使用不如地上式方便。

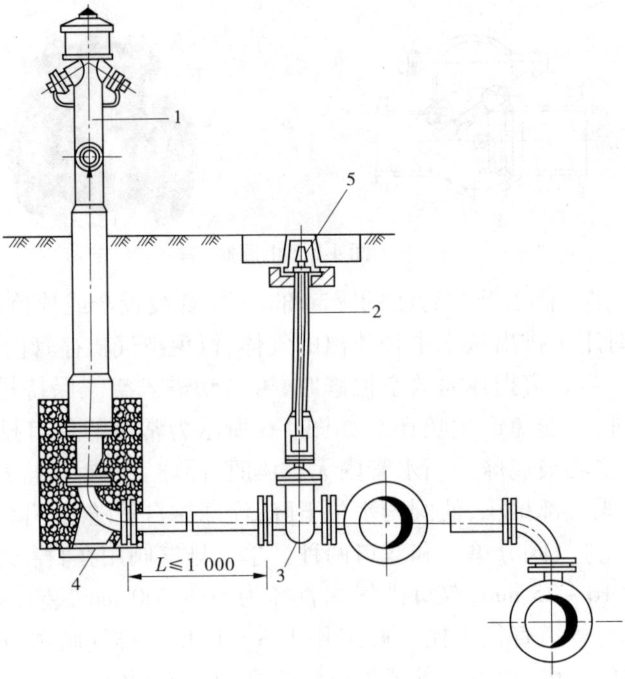

1—消火栓;2—阀杆;3—阀门;4—弯头支座;5—阀门套筒

图4-7 地上式消火栓

(三)水锤消除设备

水锤又称为水击,当压力管上阀门关闭过快或水泵压水管上的单向阀突然关闭时,管中水压可能提高到正常时的数倍,会对管道或阀件产生破坏作用。为防止水锤对管网产生破坏,通常采取如下措施:延长阀门启闭时间,延缓水流的瞬间冲击;在管线上安装安全阀或水锤消除器;有条件时取消泵站的单向阀和底阀。

(1)安全阀。安全阀一般安装在压力管道上,或水泵压水管上的单向阀后面,可减小发生水锤时管道中的压力,有效防止管中水压过高而发生事故。按其构造分弹簧式和杠杆式两种。弹簧式安全阀(见图4-8)是利用阀上的调节螺栓来调节弹簧的松紧,使阀中下盘受到的弹簧压力与管道中正常工作压力平衡而压紧下盘,不让管道中的水从侧管流出。当管道中的压力由于水锤作用而增加并大于弹簧的压力时,阀中下盘被顶起,水经侧管流出,管道中的压力被释放,从而达到减弱或消除水锤的目的。

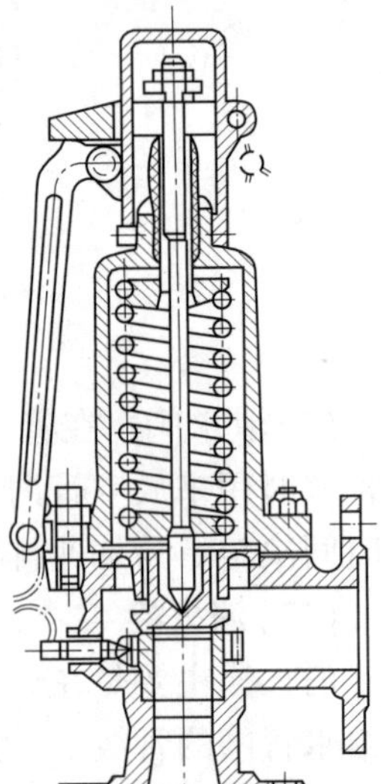

图4-8 弹簧式安全阀

杠杆式安全阀以平衡重锤左右移动来调节阀中下盘受到的压力,使之与管道中正常工作压力相平衡而封闭排水口。当发生水锤而使管道中压力增大时,阀中下盘被顶起失去平衡,水则从侧管方向流出而释放水锤压力。

(2)水锤消除器。水锤消除器适用于消除因突然停泵产生的水锤,安装在止回阀的下游,距单向阀越近越好。

图4-9为自动复位下开式水锤消除器。当水泵突然停止后,管内起端的压力下降,水锤消除器缸体2外部的水经常开阀9流到压力水管8,缸体2中的水经止回阀3也流到压力水管8,此时在重锤5作用下,活塞1下落到虚线所示位置,排水口打开。当最大水锤压力到来时,高压水经常开阀9经排水管4排出。一部分水经止回阀3阀瓣上的小孔回流到缸体2内,使活塞下的水量逐渐增多,压力加大,活塞上升,直到将排水管管口封住。此时,重锤复位,准备消除下一次停泵水锤。缓冲器6的作用是使重锤平稳复位。消除停泵水锤还可在泵站设缓闭止回阀。

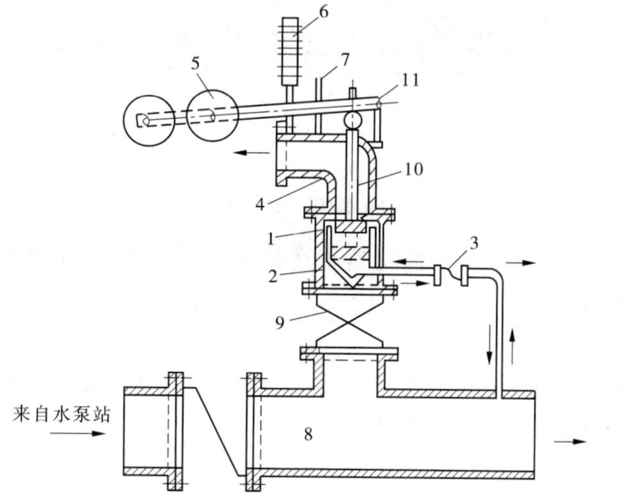

1—活塞;2—缸体;3—止回阀;4—排水管;5—重锤;6—缓冲器;7—限位杆;
8—压力水管;9—常开阀;10—活塞连杆;11—支点

图4-9 水锤消除器

(四)伸缩节

长距离的管路因温度差会引起伸缩,在两支墩之间的管道应设伸缩节。当温度变化时,管身可沿管轴线方向自由伸缩,以消除管壁的温度应力,减小作用在支墩上的轴向力。伸缩节的结构见图4-10(a),图4-10(b)是双作用的伸缩节,允许两侧钢管产生微小的角位移,以适应地基的少量不均匀沉降。为了减小伸缩节的内水压力,有利于支墩的稳定,伸缩节一般布置在支墩下面、靠近支墩处。

五、管网附属构筑物

为了便于管网的正常运行、维护和管理,管网附属设施应设置在专门的构筑物内,称为附属构筑物,主要包括阀门井、水表井、管支墩等。

(一)阀门井

室外管道上的闸阀、泄水阀、排气阀、消火栓等应设置在阀门井内。阀门井的形式可

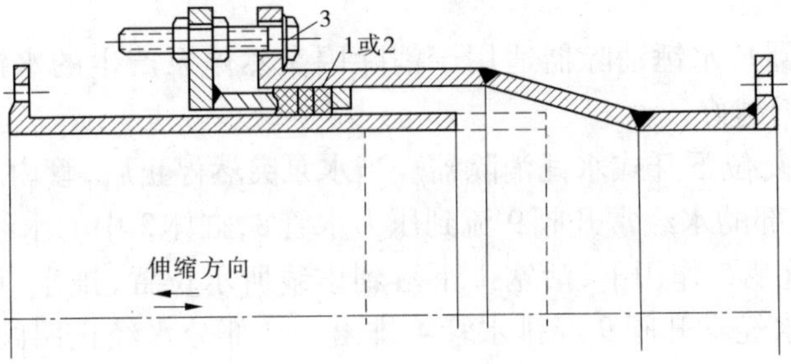

(a)

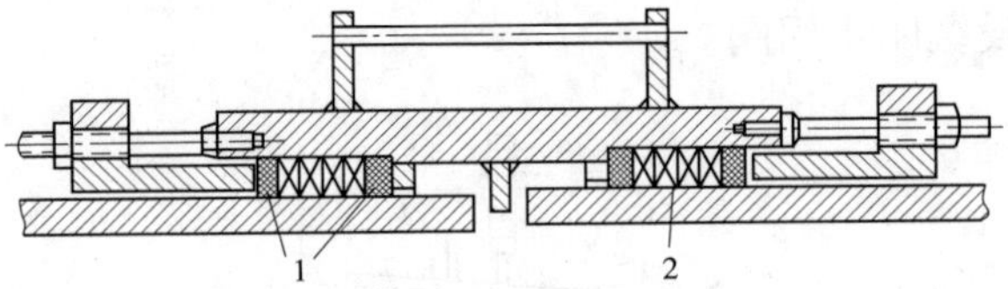

(b)

1—橡皮填料;2—大麻或石棉填料;3—拉紧螺栓

图 4-10 伸缩节

根据所安装的阀件类型、大小和路面材料来选择。阀门井参见给排水标准图 S143、S144。排气阀井参见标准图 S146。室外消火栓安装参见标准图 88S162。

(二)水表井

水表井用来安装流量计、水表等计量设施,水表井内还要安装阀件、管道配件等,可按全国通用给排水标准图 S145 进行设计。

(三)管支墩

承插式接口的管道,在弯管处、三通处及管道末端盖板上以及缩管处,都会产生拉力。当拉力较大时,会引起承插接头松动甚至脱节而使接口漏水,需在这些部位设支墩支承,以承受拉力和防止事故。但当管径小于 300 mm,或管道转弯角度小于 10°,且水压力不超过 1 MPa 时,因接口本身足以承受拉力,可不设支墩。

第三节 泵站设计

泵站是给水系统正常运转的枢纽。按泵站在给水系统中的作用不同,可以分为取水泵站(一级泵站)、供水泵站(二级泵站)和加压泵站。

取水泵站:是指用于提升原水的泵站,用来从水源地向水厂内的净水构筑物(或净水器)抽送原水,也叫一级泵站。

供水泵站:水厂内提升清水的泵站,也叫二级泵站。

加压泵站:增加局部管网水压的泵站,解决管网中有特殊水压要求或管网末梢水压偏低问题,也叫补压泵站。

泵站位置应根据供水系统布局,以及地形、地质、防洪、电力、交通、施工和管理等条件综合确定。

配水管中的压力高出地面的水头称为自由水头。为保证用户有足够的水量和压力，配水管网在用户接管点处应维持的最小水头称为最小服务水头。这个水头必须能克服管道和用水器具的水流阻力，保证在一定安装高度上的用水器具有适当的放水压力。

在配水管网中用户接管点的最小服务水头，一层建筑物为10 m，二层建筑物为12 m，二层以上每增加一层增加4 m，即$H_{服务}=(楼层数-2)\times4+12(m)$。

在配水管网中，消火栓设置处的最小服务水头不应低于10 m；用户水龙头的最大静水头不宜超过40 m。

计算管网所需的水压时，应先选择控制点。所谓控制点，是指整个供水系统中水压最不容易满足的地点（也称为最不利点），用以控制整个供水系统的水压。控制点一般在系统的下列地点：①地形最高点；②要求水压最高点；③距离供水起点最远点。

若系统中某一地点能同时满足以上条件，这一地点肯定是控制点，但在实际工程中，往往只具备其中一个或两个条件，这就需要选出几个可能的地点，通过分析比较加以确定。另外，很高或很远的个别特殊用户所需的水压不宜作为配水管网供水水压的控制条件，对其可采取局部加压满足其用水需求。

一、一级泵站设计流量、设计扬程的确定

一级泵站的设计流量应为最高日工作时平均取水量，可按式(4-1)计算：

$$Q_1 = W_1/T_1 \tag{4-1}$$

式中　Q_1——泵站设计流量，m^3/h；

W_1——最高日用水量、水厂自用水量、输水管道漏失水量之和，m^3；

T_1——日工作时间，与净水构筑物（或净水器）的设计净水时间相同，h。

一级泵站设计扬程应满足净水构筑物的最高设计水位（或净水器的水压）要求，扬程关系如图4-11所示，按式(4-2)计算：

$$H_p = H_0 + \sum h \tag{4-2}$$

式中　H_0——净扬程，m；

$\sum h$——输水管路水头损失，包括吸水管路水头损失h_s、压水管路水头损失h_c，m。

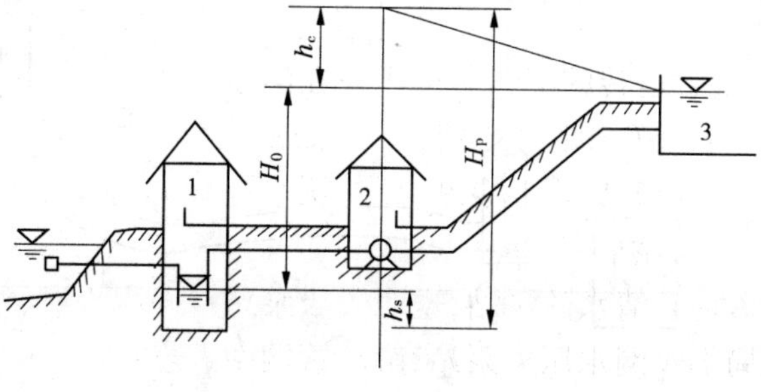

1—吸水井；2—一级泵站；3—反应池

图4-11　一级泵站扬程计算

二、二级泵站设计流量、设计扬程的确定

在乡镇给水系统中，为了保证用户对水量和水压的要求，常常设置水塔调节二级泵站供水与用户需水量的关系。水塔在管网中的位置不同，管网的工作情况也不同。

水塔位置设在配水管网前的称为网前水塔。有网前水塔时，二级泵站供水到水塔，再由水塔经管网送到用户。水塔高度应满足用户在最大用水量时，能保证管网控制点所要求的自由水头值，二级泵站的扬程应按最高日最高时供水时能将水供到水塔计算。

当乡镇地形离二级泵站越远越升高时，水塔应放在管网末端，形成网后水塔的管网系统。在最高用水量时，泵站和水塔同时向管网供水，有各自的供水区。在供水区分界线上的一点地形较高，而水压最低，可将其作为管网的控制点。此时，管网被分界线分成了无水塔管网和网前水塔管网两部分。当二级泵站供水量大于用户用水量时，多余的水则通过整个管网流入水塔储存。流入水塔的这部分多余流量称为转输流量。最大 1 h 流入水塔的流量称为最大转输流量。当为最大转输流量时，管网的控制点是水塔。

（一）管网中有网前水塔

管网中有网前水塔时，二级泵站是把清水池中的水向水塔输送，其设计流量应为最高日工作时用水量，可按下式计算：

$$Q_2 = W_2/T_2 \tag{4-3}$$

式中 Q_2——泵站设计流量，m^3/h；

W_2——最高日用水量，m^3；

T_2——日工作时间，应根据净水构筑物（或净水器）的设计净水时间、清水池和水塔的设计调节能力确定，h。

设计扬程应满足水塔的最高设计水位要求，关系如图 4-12 所示，可按下式计算：

$$H_p = H_{st} + H_0 + \sum h \tag{4-4}$$

式中 H_{st}——水塔地面高程与清水池最低水位的差，m；

H_0——水塔高度，m；

$\sum h$——输水管路水头损失，包括吸水管路水头损失 h_s、压水管路水头损失 h_c，m。

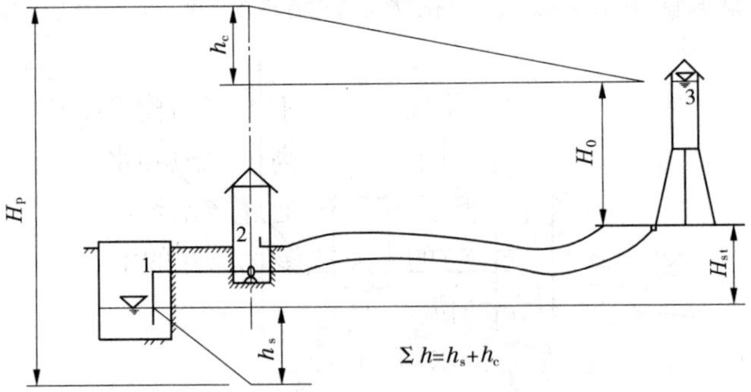

1—清水池；2—二级泵站；3—水塔

图 4-12 二级泵站扬程计算

(二)管网中无水塔

当管网中无水塔时,二级泵站通过管网直接向用户输水(如图4-13所示)。

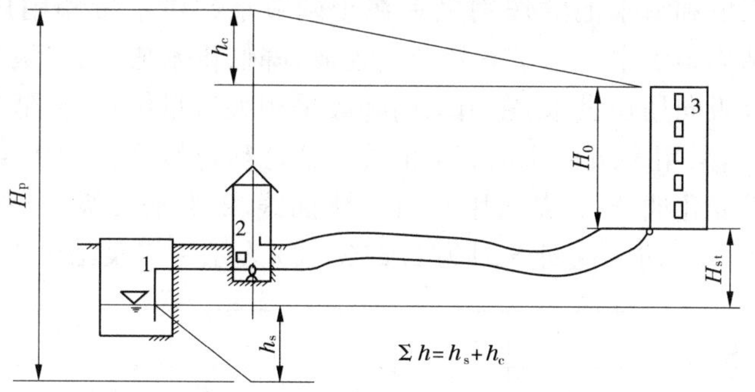

1—清水池;2—二级泵站;3—控制点用户

图4-13　二级泵站扬程计算

设计流量为最高日最高时用水量,可按下式计算:

$$Q_3 = K_h W_2 / 24 \tag{4-5}$$

式中　Q_3——泵站设计流量,m^3/h;

W_2——最高日用水量,m^3;

K_h——时变化系数。

设计扬程应满足管网中最不利点用户和消火栓的最小服务水头要求,可按下式计算:

$$H_p = H_{st} + H_0 + \sum h \tag{4-6}$$

式中　H_{st}——水塔地面高程与清水池最低水位的差,m;

H_0——最小服务水头,m;

$\sum h$——输水管路水头损失,包括吸水管路水头损失 h_s、压水管路水头损失 h_c,m。

第四节　调节构筑物设计

一、调节构筑物

在供水系统中,调节产水量、供水量与用水量不平衡的构筑物称为调节构筑物。包括清水池、高位水池、水塔等,用以储存和调节水量,高位水池和水塔兼有保证水压的作用。

调节构筑物的形式和位置,应根据下列要求,通过技术经济比较确定:

(1)清水池应设在滤池(或净水器)的下游或多水源井的汇流处。

(2)有适宜高地的水厂,应选择高位水池。

(3)地势平坦的小型水厂,可选择水塔。

(4)当联片集中供水工程需分压供水时,可分设调节构筑物,并与加压泵站前池或减压池相结合。

(5)调节构筑物应位于工程地质条件良好、环境卫生和便于管理的地段。

二、调节构筑物有效容积

给水系统中水塔和清水池的作用之一在于调节泵站供水量和用户用水量之间的差值。通常一级泵站均匀供水。为了有效节约能源、降低供水成本，二级泵站一般通过控制不同的水泵组合分级向用户供水，在用水高峰段采用大流量供水，在低谷段采用小流量供水，最多为三级。当采用多级供水时，24 h 供水量之和与最高日用水量相等。图 4-14 为某镇最高日用水量变化曲线，1 表示用水量变化曲线、2 表示二级泵站供水曲线（两级：5 时～22 时为 4.97%，22 时～次日 5 时为 2.22%）、3 表示一级泵站供水曲线。

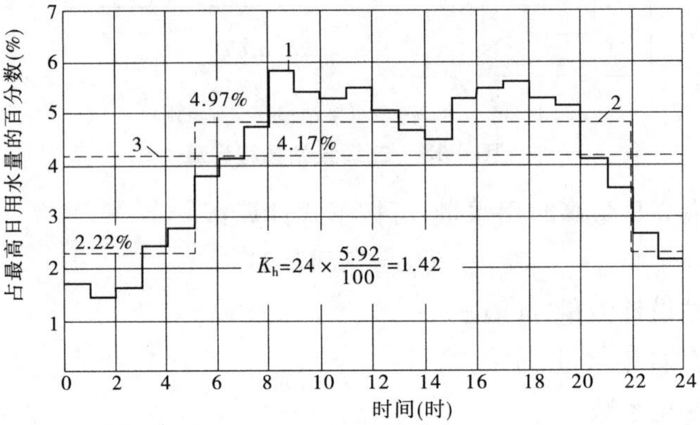

1—用水量变化曲线；2—二级泵站供水曲线；3—一级泵站供水曲线

图 4-14　某镇最高日用水量变化曲线

（一）清水池的调节容积

1. 管网中无调节构筑物

当管网中无调节构筑物时，一级泵站是均匀供水，而二级泵站虽然分级供水，但实际进入管网的水量只是用户的用水量。在图 4-15 中，当一级泵站供水量大于用户用水量（20 时～次日 7 时）时，多余水量 B 在清水池中储存；当一级泵站供水量小于用户用水量（7 时～20 时）时，不足水量 A 需从清水池中取。在一天内，储存的水量 B 刚好等于取用的水量 A，即清水池的调节容积或等于一级泵站供水量大于用户用水量时累计的 B 部分，或等于不足时的 A 部分。

2. 管网中有调节构筑物

当管网中有网前水塔时，一般一级泵站均匀供水，而二级泵站分级给水塔供水，一、二级泵站的每小时供水量并不相等。为了调节两泵站供水量的差额，需在一、二级泵站之间建造清水池。图 4-16 中，当一级泵站供水量大于二级泵站供水量（22 时～次日 5 时）时，多余水量 B 储存在清水池中；当一级泵站供水量小于二级泵站供水量（5 时～22 时）时，不足水量 A 需从清水池中取。在一天内，储存的水量 B 刚好等于取用的水量 A，即清水池所需的调节容积或等于一级泵站供水量大于二级泵站时累计的 B 部分，或等于不足时的 A 部分。

（二）水塔的调节容积

网前水塔在给水系统中位于二级泵站与用户之间，当二级泵站供水流量和用户用水

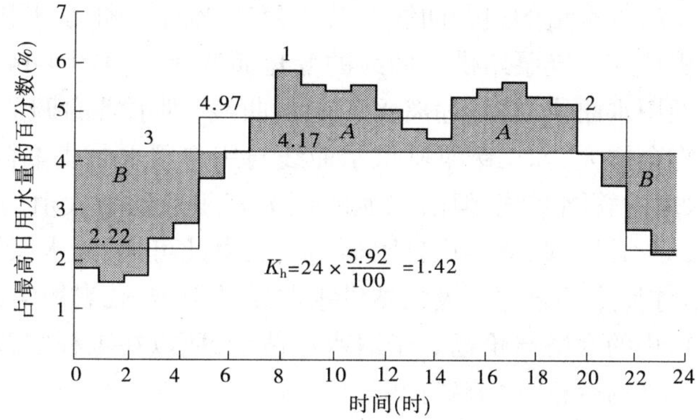

图 4-15 管网中无水塔时清水池的调节容积示意图

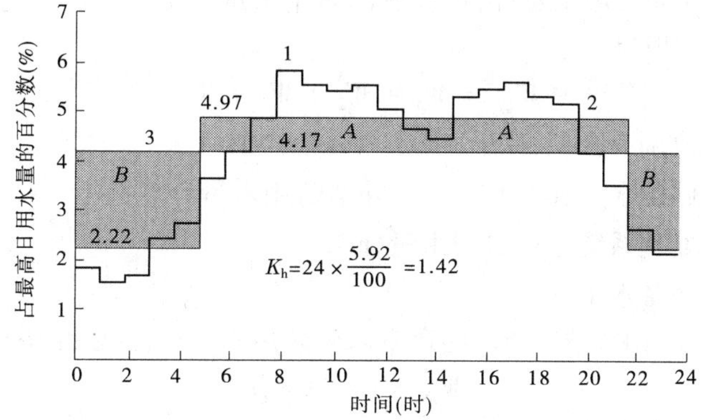

图 4-16 管网中有水塔时清水池的调节容积示意图

流量不相等时,其差额可由水塔吞吐部分流量来调节。如图 4-17 所示,当二级泵站供水量大于用水量(5 时 ~8 时、13 时 ~15 时、20 时 ~22 时、23 时 ~次日 3 时)时,多余的水量 *B* 在水塔储存起来;当二级泵站供水量小于用水量(8 时 ~13 时、15 时 ~20 时、22 时 ~23 时及次日 3 时 ~5 时)时,不足的流量 *A* 由水塔补充。水塔所需的调节容积就是最高日逐时累积存入的水量 *B*,或流出水塔的水量 *A*。

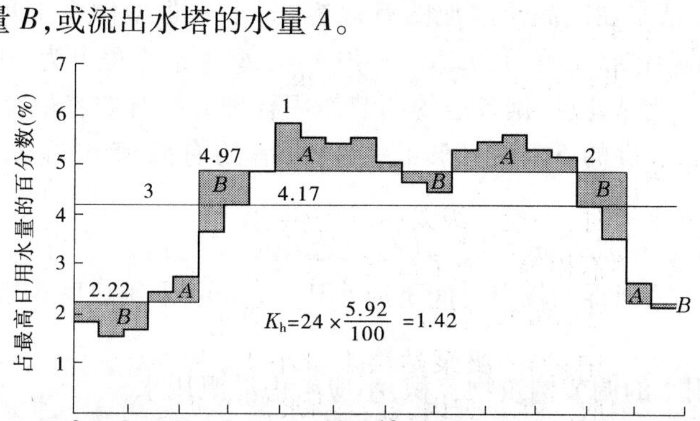

图 4-17 水塔的调节容积示意图

水塔和清水池都是给水系统中调节流量的构筑物,彼此存在着密切联系。水塔的调节容积取决于二级泵站供水量和用户用水量的组合曲线,而清水池的调节容积则取决于水厂产水量和二级泵站供水量的组合曲线。若水厂产水曲线和用户用水曲线一定,水塔和清水池的调节容积将随二级泵站供水曲线的变化而变化。由图 4-14 容易看出,如果二级泵站供水曲线接近用水曲线,必然远离水厂产水曲线,则水塔的调节容积可以减小,但清水池的调节容积将会增大,如二级泵站供水曲线与用户用水曲线重合,则水塔调节容积等于零,即成为无水塔的管网系统,但清水池的调节容积达到最大值。反之,清水池的调节容积可大为减小,但水塔的调节容积将明显增大。由此可见,给水系统中流量的调节由水塔和清水池共同分担,并且通过二级泵站供水曲线的拟定,二者所需的调节容积可以相互转化。由于单位容积的水塔造价远高于清水池造价,所以在工程实践中,一般均增大清水池的容积而缩减水塔的容积,以节省投资。

(三)清水池和水塔的有效容积

清水池中除储存调节用水量外,还存放消防用水量和给水处理系统生产自用水量,因此清水池设计有效容积为

$$W_{清} = W_1 + W_2 + W_3 + W_4 \tag{4-7}$$

式中 W_1——清水池调节容积,m^3;

W_2——消防储备水量,m^3,按 2 h 室外消防用水量计算;

W_3——给水处理系统生产自用水量,m^3;

W_4——安全储备水量,m^3。

水塔除储存调节用水量外,还需储存室内消防用水量。因此,水塔设计有效容积为

$$W_{塔} = W_5 + W_6 \tag{4-8}$$

式中 W_5——水塔调节容积,m^3;

W_6——消防储备水量,m^3,按 10 min 室内消防用水量计算。

在实际工程中,还要考虑消毒剂的作用时间,并留有余地。

当缺少详细用水资料时,调节构筑物的有效容积,应根据以下要求,通过技术经济比较确定:

(1)单独设立的清水池或高位水池的有效容积,Ⅰ~Ⅲ型供水工程可为最高日用水量的15%~25%,Ⅳ型供水工程可为25%~40%,Ⅴ型供水工程可为40%~60%。同时,设置清水池和高位水池时,应根据各池的调节作用合理分配有效容积,清水池应比高位水池小,可按最高日用水量的 5%~10% 设计。水塔的有效容积可按最高日用水量的10%~15%设计。

(2)在调节构筑物中加消毒剂时,其有效容积应满足消毒剂与水的接触时间要求。采用游离氯或二氧化氯消毒的接触时间不应小于 30 min,采用氯胺消毒的接触时间不应小于采用 2 h。

(3)供生活饮用水的调节构筑物容积,不应考虑灌溉用水。

(4)高位水池和水塔的最低运行水位,应满足最不利用户接管点和消火栓设置处的最小服务水头要求;清水池的最高运行水位,应满足净水构筑物或净水器的竖向高程布置要求。

三、水塔高度的计算

水塔或高位水池依靠重力作用将所需的水输送到用户，以满足用户对水压的要求，是给水系统中保证水压的构筑物。

水塔主要由水柜（或水箱）、塔体、管道及基础组成。水柜主要储存水量，塔体用来支撑水柜。

水塔水柜底高于地面的高度 H 可按下式计算（如图 4-18 所示）：

$$H = H_c + h_n - (Z_t - Z_c) \tag{4-9}$$

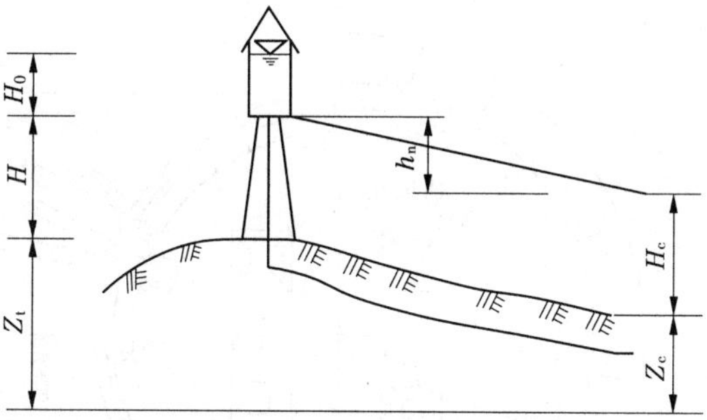

图 4-18 水塔高度计算

式中 H_c——控制点的最小服务水头，m；

h_n——按最高时用水量计算的从水塔到控制点的管网水头损失，m；

Z_t——设置水塔处的地面标高，m；

Z_c——控制点的地面标高，m。

从式（4-9）看出，建造水塔处的地面标高越高，则水塔高度越低。

四、清水池和水塔的构造要求

清水池有钢筋混凝土水池、预应力钢筋混凝土水池或砖石水池，一般将其做成圆形或矩形，钢筋混凝土水池使用最广。图 4-19 为 400 m^3 圆形钢筋混凝土清水池示意图。

清水池和高位水池的结构设计应符合《给水排水工程构筑物结构设计规范》（GB 50069—2002）的规定，水塔的结构设计应符合《给水排水工程水塔结构设计规程》（CECS 139：2002）的规定：

（1）Ⅰ～Ⅴ型供水工程的清水池、高位水池的个数或分格数应不少于 2 个，并能单独工作和分别泄空。

（2）清水池、高位水池应有保证水的流动、避免死角的措施，当容积大于 50 m^3 时，应设导流墙。

（3）调节构筑物应有水位指示装置和水位自动控制装置。

（4）清水池和高位水池应加盖，周围及顶部应覆土。

（5）在寒冷地区，应有防冻措施。

（6）水塔应有避雷设施。

调节构筑物进水管、溢流管、出水管、排空管、通气孔、检修孔的设置，应符合以下

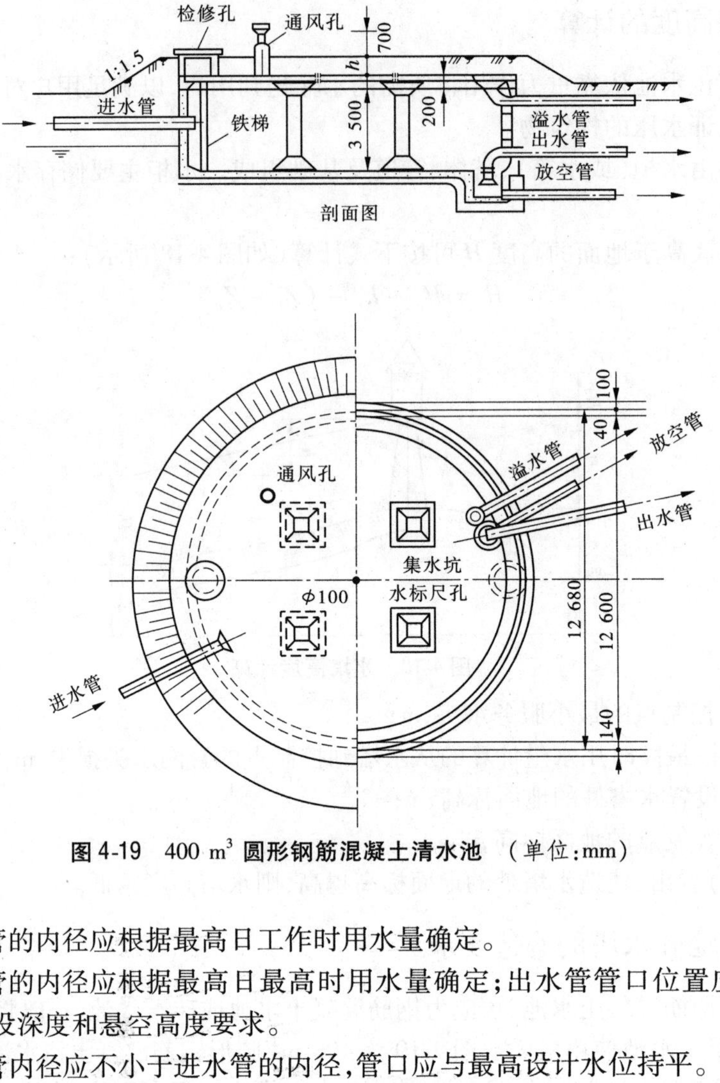

图 4-19　400 m^3 圆形钢筋混凝土清水池　(单位:mm)

要求:

(1)进水管的内径应根据最高日工作时用水量确定。

(2)出水管的内径应根据最高日最高时用水量确定;出水管管口位置应满足水泵吸水管口最小淹没深度和悬空高度要求。

(3)溢流管内径应不小于进水管的内径,管口应与最高设计水位持平。

(4)排空管内径应按 2 h 排空计算确定,且不小于 100 mm。

(5)进水管、出水管、排空管均应设阀门,溢流管不应设阀门。

(6)通气孔应设在水池顶部,直径不宜小于 150 mm,出口宜高出覆土 0.7 ~ 1.2 m,并高低交叉布置,高孔和低孔的高差不低于 0.5 m。

(7)检修孔直径不宜小于 700 mm。

(8)通气孔、溢流管和检修孔应有防止杂物和动物进入池内的措施,溢流管、排空管应有合理的排水出路。

第五节　管网水力计算

当给水管网布置方案及管材确定以后,就可以进行管网的水力计算。水力计算的任务是按最高日最高时用水量确定配水干管的末端出流量，按包容关系逐级向上推算各节点的流量，再确定各管段的设计流量和管径，并进行水头损失计算，根据控制点所需的最小服务水头和管网输水的水头损失确定二级泵站的扬程和水塔高度，以满足用户对水量和水压的要求。

一、沿线流量、节点流量、管段设计流量

在管网设计时，管线相交点称为节点。在管网水力计算中，要确定各管段的管径，必须首先确定各管段的设计流量。为此，需先求出管段的沿线流量和节点流量。

（一）沿线流量

在给水管网的干管或配水管上，承接了许多用户。通常，配水可以分为两种情况：一种是企业、机关、学校、公共建筑等大用户的用水从管网中某一点集中供给，称为集中流量；一种是用水量比较小，数量多而分散的居民用水，称为沿线流量。

通常在计算时采用比流量法或人均用水当量法对沿线流量进行简化。

（1）所谓比流量法就是假定居住区的沿线流量是均匀地分布在整个管段上的，则单位长度管段上的配水流量称为比流量。比流量可按下式计算：

$$q_s = \frac{Q - \sum q}{\sum L} \tag{4-10}$$

式中　q_s——比流量，L/(s · m)；

Q——最高日最高时用水量，L/s；

$\sum q$——大用户集中用水量，L/s；

$\sum L$——干管总长度，m，不配水的管段不计，只有一侧配水的管段长度折半计算。

有了比流量，就可以确定各管段的沿线流量 q_{ij}，计算公式如下：

$$q_{ij} = q_s L_{ij} \tag{4-11}$$

式中　q_{ij}——管段 ij 的沿线流量，L/s；

L_{ij}——管段 ij 的计算长度，m。

（2）沿线流量也可根据人均用水当量和各管段的用水人口及用水大户的集中流量计算确定。人均用水当量是指平均每人每天的用水量，计算公式如下：

$$q = 1\ 000(W - \sum q)K_h/24P \tag{4-12}$$

式中　q——人均用水当量，L/(h · 人)；

W——最高日用水量，m^3/d；

$\sum q$——大用户集中用水量，m^3/d；

K_h——时变化系数；

P——乡镇设计用水人口，人。

各管段的沿线流量等于人均用水当量乘以相应管段的用水人口。

管网中所有管段的沿线流量之和应等于最高日最高时用水量。

（二）节点流量

管网中任一管段的流量包括两部分：一部分是沿管段均匀流出供给用户的沿线流量，

其沿程直线减小，到管段末端为零；另一部分是沿本管段流到下游管段的流量，称为转输流量。管段中的总流量是逐渐变小的。对于流量变化的管段，不易确定其管径和计算水头损失。为了便于计算，须进行简化。简化的方法是将该管段的沿线流量折算为从两端节点流出的流量，称为节点流量。该管段引用一个不变的流量，其产生的水头损失等于实际上该管段沿线变化的流量产生的水头损失，该流量称为折算流量。工程上采用0.5的折算系数，即将该管段的沿线流量平分到管段两端的节点上。因此，在管网中，任一节点的节点流量等于与该节点相连的各管段沿线流量总和的一半，即

$$q_i = 0.5 \sum q_{ij} \tag{4-13}$$

式中 q_i——节点 i 的节点流量，L/s；

q_{ij}——连接在节点 i 上的各管段沿线流量，L/s。

大用户的集中流量，可直接作为接入节点的节点流量。这样各节点的流量包括沿线流量折算的节点流量和大用户的集中流量。在管网计算图的节点旁引出细实线箭头，并在箭头的前端注明该节点的节点流量（见图4-20）。

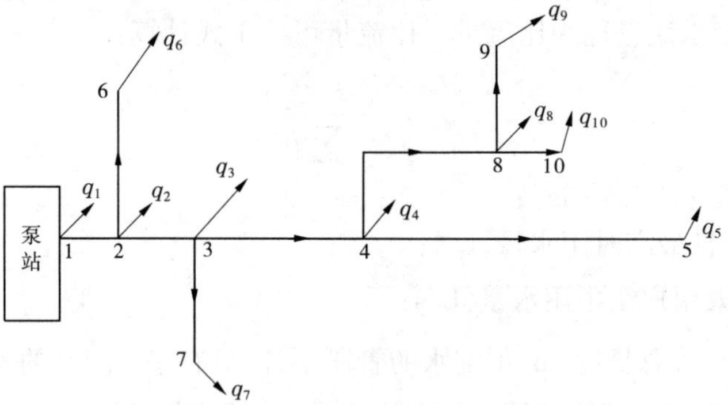

图4-20 树枝状管网的节点流量

所有节点流量的和应等于二级泵站的总流量。

【例4-1】 某镇最高时总用水量为284.7 L/s，其中集中供应工业用水量为189.2 L/s。干管各管段编号及长度如图4-21所示，管段4—5、1—2、2—3为单侧配水，其余为两侧配水。试求：

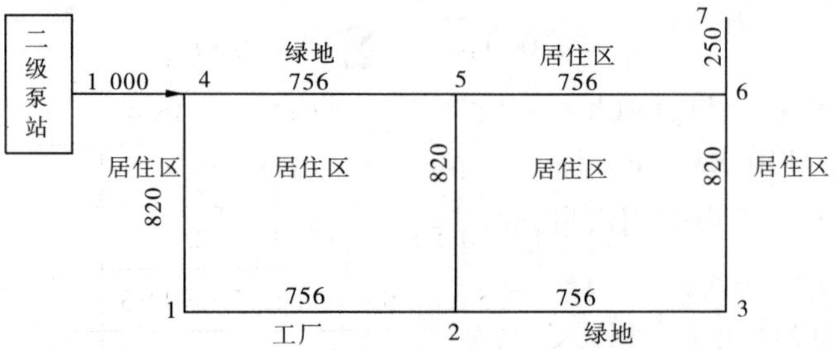

图4-21 管线布置图 （单位：m）

（1）干管的比流量。

（2）各管段的沿线流量。

（3）各节点流量。

解:从整个镇管网分布情况来看,干管的分布比较均匀,故按长度比流量法计算。

(1)配水干管计算长度:因二级泵站—4 为输水管,不参与配水,其计算长度为 0,4—5、1—2、2—3 管段为单侧配水,其计算长度按实际长度的一半计入,其余均为双侧配水管段,均按实际长度计入,则 $\sum L=0.5\times756\times3+756+820\times3+250=4\ 600$(m)

(2)配水干管比流量:$q_s=(284.7-189.2)/4\ 600=0.020\ 8$(L/(s·m))

(3)沿线流量:$q_{1-2}=q_sL_{1-2}=0.020\ 8\times0.5\times756=7.9$(L/s)。各管段的沿线流量见表 4-2。

表 4-2 各管段的沿线流量

管段编号	管段长度(m)	管段计算长度(m)	比流量(L/(s·m))	沿线流量(L/s)
1—2	756	0.5×756=378	0.020 8	7.9
2—3	756	0.5×756=378		7.9
1—4	820	820		17
2—5	820	820		17
3—6	820	820		17
4—5	756	0.5×756=378		7.9
5—6	756	756		15.7
6—7	250	250		5.2
合计		4 600		95.6

(4)节点流量计算:

节点 5 的节点流量:

$$q_5=0.5\sum q_{5j}=0.5(q_{5-4}+q_{5-6}+q_{5-2})=0.5\times(7.9+15.7+17)=20.3\text{(L/s)}$$

各节点的流量计算见表 4-3。

表 4-3 各管段节点流量

管段编号	连接管段	节点流量(L/s)	集中流量(L/s)	节点总流量(L/s)
1	1—4、1—2	0.5×(17+7.9)=12.5	189.2	201.6
2	1—2、2—5、2—3	0.5×(7.9+17+7.9)=16.4		16.4
3	2—3、3—6	0.5×(7.9+17)=12.5		12.5
4	1—4、4—5	0.5×(17+7.9)=12.5		12.5
5	4—5、2—5、5—6	0.5×(7.9+17+15.7)=20.3		20.3
6	3—6、5—6、6—7	0.5×(17+15.7+5.2)=18.9		18.9
7	6—7	0.5×5.2=2.6		2.6
合计		95.6	189.2	284.8

将节点流量和集中流量标注于相应节点上，如图4-22所示。

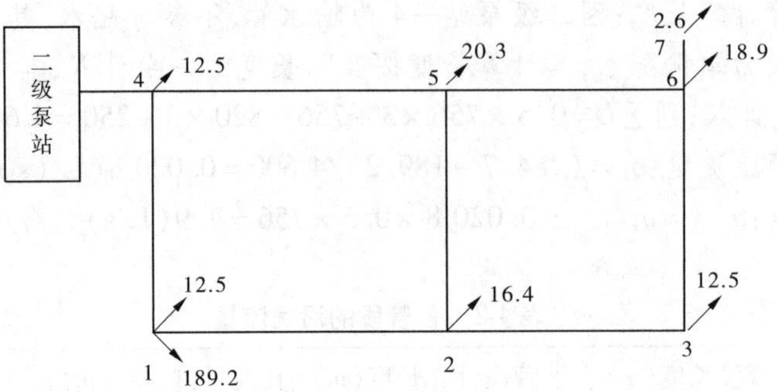

图4-22　节点流量图

（三）管段设计流量

按照质量守恒原理，每一节点必须满足节点流量平衡条件：流入任一节点的流量等于流出该节点的流量，即流进等于流出。

若规定流入节点的流量为负，流出节点为正，则上述平衡条件表示为：

$$q_i + \sum Q_{ij} = 0 \tag{4-14}$$

依据式(4-14)，用二级泵站送来的总流量沿各节点进行流量分配，所得出的各管段所通过的流量，就是各管段的设计流量。

对于树状网，各管段的计算流量容易确定。从泵站或水塔供水到任一节点只能沿一条管道，即管网中每一管段的水流方向和设计流量都是确定的，并且是唯一的。每一管段的设计流量等于该管段以后（顺水流方向）所有节点流量之和。

如图4-20所示的树枝状管网，部分管段的设计流量为：

$$Q_{4-5} = q_5;\quad Q_{8-10} = q_{10};\quad Q_{3-4} = q_4 + q_5 + q_8 + q_9 + q_{10}$$

对于环状网，各管段的设计流量不是唯一确定的，配水干管相互连通，环路中每一用户所需水量可以沿两条以上的管路供给，各环内每条配水管段的水流方向和流量值都是不确定的。如图4-23中的节点1，流入节点1的流量只有$Q_{0-1}=Q$，流出节点1的流量有q_1、Q_{1-2}、Q_{1-5}和Q_{1-7}，由式(4-14)得

$$-Q + q_1 + Q_{1-2} + Q_{1-5} + Q_{1-7} = 0 \quad 或\ Q - q_1 = Q_{1-2} + Q_{1-5} + Q_{1-7}$$

对节点1来说，当进入管网的总流量Q和节点流量q_1已知时，各管段的流量Q_{1-2}、Q_{1-5}、Q_{1-7}可以有不同的分配，也就是有不同的管段流量。为了确定各管段的计算流量，需人为地假定各管段的流量分配值，称为流量预分配，以此确定经济管径。如果在管段1—5中分配很大流量值Q_{1-5}，管段1—2、1—7分配很小的流量值Q_{1-2}、Q_{1-7}，使三者之和等于$Q-q_1$，这样敷设管道虽然造价较低，但当管道1—5损坏时，另两条管段将会负荷过重，以致不能满足供水安全可靠性的要求。所以，在环状管网流量预分配时，既要考虑经济性，还要考虑可靠性，做到经济性和可靠性并重。

环状管网可以有许多不同的流量分配方案，但是都应保证供给用户所需的水量，并且满足节点流量平衡条件。由于流量分配的不同，每一方案所得的管径也有差异，管网总造

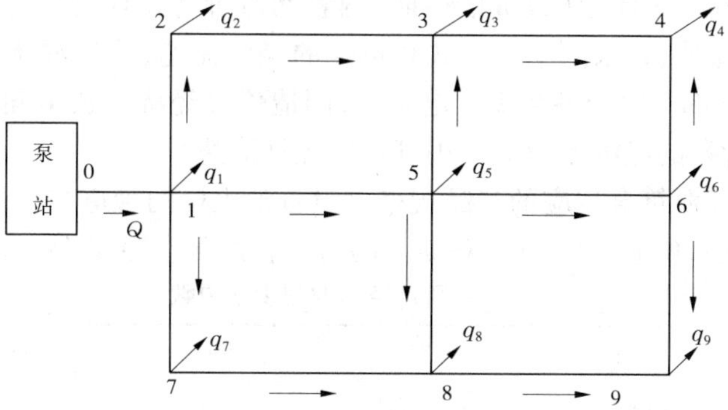

图 4-23　环状管网流量分配

价也不相等，但一般不会有明显的差别。

环状管网流量分配的具体步骤是：

(1)在管网平面布置图上，确定控制点，并根据分配水源、控制点、大用户及调节构筑物的位置确定管网的主要流向。

(2)参照管网主要流向拟定各管段的水流方向，使水流沿最近路线输送到大用户和边远地区，以节约输水能耗和管网基建投资。

(3)根据管网中各管线的地位和功能分配流量。从分配水源到控制点之间选定几条主要的平行干管线，尽量使平行的主要干管分配相近的流量。这样，当其中一条干管损坏、流量由其他干管转输时，这些干管中的流量不会增加过多；干管与干管之间的连接管，主要是沟通平行干管之间的流量，有时起输水作用，有时只是就近供水到用户，平时流量一般不大，只有在干管损坏时，才转输较大流量，因此连接管中可分配较少流量。

(4)分配流量时应满足节点流量平衡条件。

二、管径

确定管网中每一管段的直径是输配水系统设计的主要内容之一。管段的流量分配后，管道的内径根据流量和流速的关系就可以确定：

$$D = \sqrt{\frac{4Q}{\pi v}} \tag{4-15}$$

式中　D——管径，m；

Q——管段流量，m^3/s；

v——管内流速，m/s。

从式(4-15)可以看出，当流量一定时，管径与流速的平方根成反比。如果流速选大一些，管径就会减小，相应的管网造价便会降低；但水头损失明显增加，所需的水泵扬程将增大，从而使经营管理费(主要指电费)增大，同时流速过大，管内压力高，水锤现象引起的破坏作用也随之增大。若流速选小一些，管径会增大，管网造价会增加；但水头损失减小，可节约电费，使经营管理费降低。所以，流速变化对管网造价和经营管理费的影响趋势恰好相反，须兼顾这两项经济因素。

经济流速是指在一定年限(投资偿还期)内管网造价和管理费用之和为最小的流速。输配水管道的设计流速,宜采用不大于2.0 m/s 的经济流速;输送浑水的输水管道,设计流速不宜小于0.6 m/s。由于各乡镇的电费、管网造价等经济因素不同,其经济流速也有较大差异,一般大管径的经济流速大于小管径的经济流速。

管道的设计管径要符合相应的产品规格。设置消火栓的管道内径不应小于100 mm,入户管内径不宜超过20 mm。少于1 000 人的村内管网可参照表4-4 选择管径。

表4-4　不同管径的控制供水户数

管径(mm)	110	75	50	32	20
控制供水户数(户)	170 ~ 220	80 ~ 110	30 ~ 60	5 ~ 15	1 ~ 3

注:本表以PE 管为代表,管径指公称外径;控制供水户数根据住户间距和管道总长等确定。

三、水头损失

管道水头损失应包括沿程水头损失和局部水头损失。

(1)沿程水头损失:

$$h_1 = iL \tag{4-16}$$

$$i = 10.67C^{-1.852}Q^{1.852}D^{-4.87} \tag{4-17}$$

式中　h_1——沿程水头损失,m;

L——管段的长度,m;

i——单位管段水头损失,m;

C——海曾威廉系数,可按表4-5 取值;

Q——管段流量,m^3/s;

D——管道内径,m。

表4-5　C 的取值

管道类型	塑料管	钢管、混凝土管及内衬水泥砂浆金属管
C 值	140 ~ 150	120 ~ 130

(2)局部水头损失:在给水管网的计算中,输水管和配水管的局部水头损失可按沿程水头损失的5% ~10%计算。

四、二级泵站扬程

确定到控制点的干管线,按控制点要求的最小服务水头和从泵房或水塔到控制点管线的总水头损失,求出水塔高度或水泵扬程。

五、树枝状管网水力计算步骤

树枝状管网中的计算比较简单,因为水从供水起点到任一节点的水流路线只有一个,每一管段也只有唯一确定的计算流量。因此,在树枝状管网计算中,应首先计算对供水经济性影响最大的干管,即管网起点到控制点的管线,然后计算支管。

当管网起点水压未知时,应先计算干管,按经济流速和流量选定管径,并求得水头损失;然后计算支管,此时支管起点及终点水压均为已知,支管计算应充分利用起端的现有水压条件选定管径,经济流速不起主导作用,但需考虑技术上对流速的要求,若支管担负消防任务,其管径还应满足消防要求。

当管网起点水压已知时,仍先计算干管,再计算支管,但注意此时干管和支管的计算方法均与管网起点水压未知时的相同。

树枝状管网水力计算的步骤是:

(1)按城镇管网布置图绘制计算草图,对节点和管段顺序编号,并标明管段长度和节点地形标高。

(2)按最高日最高时用水量计算节点流量,并在节点旁引出箭头,注明节点流量。

(3)在管网计算图上,按照任一管段中的流量等于其下游所有节点流量之和的关系,求出每一管段流量。

(4)选定泵房到控制点的管线为干线,按经济流速求出管径和水头损失。

(5)按控制点要求的最小服务水头和从水泵到控制点管线的总水头损失,求出水塔高度和水泵扬程。

(6)支管管径按充分利用起点水压的条件来确定。

(7)根据管网各节点的压力和地形标高,绘制等水压线和自由水压线图。

六、环状管网水力计算步骤

(一)环状管网水力计算步骤

(1)按城镇管网布置图绘制计算草图,对节点和管段顺序编号,并标明管段长度和节点地形标高。

(2)按最高日最高时用水量计算节点流量,并在节点旁引出箭头,注明节点流量。

(3)在管网计算草图上,将最高用水时由二级泵站和水塔供入管网的流量,沿各节点进行流量预分配,定出各管段的计算流量。

(4)根据所定出的各管段计算流量和经济流速,选取各管段的管径。

(5)计算各管段的水头损失及各个环内的水头损失代数和$\sum h$。

(6)环状管网的水头损失闭合差绝对值,小环应小于0.5 m,大环应小于1.0 m。若$\sum h$超过规定值(即出现闭合差Δh),须进行管网平差,将预分配的流量进行校正,以使各个环的闭合差在所规定的允许范围之内。

(7)按控制点要求的最小服务水头和从水泵到控制点管线的总水头损失,求出水塔高度和水泵扬程。

(8)根据管网各节点的压力和地形标高,绘制等水压线和自由水压线图。

(二)环状管网计算的理论

用环状管网计算时,必须满足下列基本水力条件:

(1)连续性方程(又称节点流量平衡条件):即对任一节点来说,流入该节点的流量必须等于流出该节点的流量。

若规定流出节点的流量为正,流入节点的流量为负,则任一节点的流量代数和等于

零,即

$$q_i + \sum Q_{ij} = 0$$

(2)能量方程(又称闭合环路内水头损失平衡条件):即环状管网任一闭合环路内,水流为顺时针方向的各管段水头损失之和应等于水流为逆时针方向的各管段水头损失之和。若规定顺时针方向各管段水头损失为正,逆时针方向为负,则在任一闭合环路内各管段水头损失的代数和等于零,即

$$\sum h_{ij} = 0 \tag{4-18}$$

如图 4-24 所示,由并联管路的基本公式可知,节点 1 至节点 4 间均有下列关系成立:

$$h_{1-2-4} = h_{1-3-4} = H_1 - H_4$$

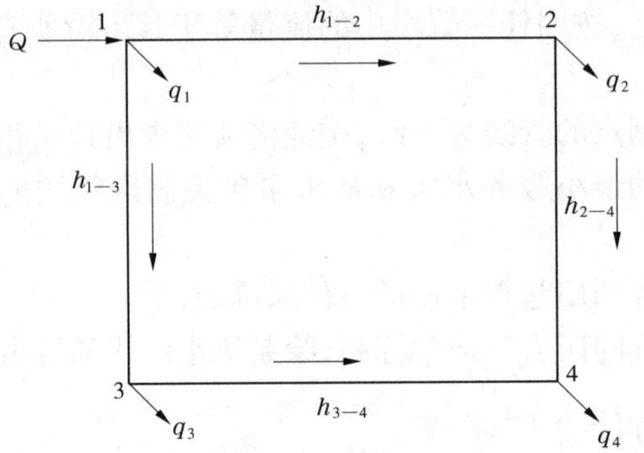

图 4-24　单环管网

式中　h_{1-2-4}——管线 1—2—4 的水头损失;

h_{1-3-4}——管线 1—3—4 的水头损失;

H_1、H_4——节点 1、4 的水压标高值或测压管水头值(每一节点只有一个值)。

另由串联管路的基本公式,得

$$h_{1-2-4} = h_{1-2} + h_{2-4};h_{1-3-4} = h_{1-3} + h_{3-4}$$

所以有　$h_{1-2} + h_{2-4} = h_{1-3} + h_{3-4}$ 或 $h_{1-2} + h_{2-4} - h_{1-3} + h_{3-4} = 0$

环状管网在流量预分配时,已经符合每一节点进出流量平衡,但在参照经济流速确定管径并计算水头损失后,往往不能满足每一闭合环路内水头损失的平衡条件。若不满足 $\sum h_{ij} = 0$,则说明此时管网中的流量和水头损失与实际情况不符,不能用来推求各节点水压、计算水泵扬程和水塔高度。因此,必须求出各管段的真实流量和水头损失。

若 $\sum h_{ij} \neq 0$,该差值叫环路闭合差,记作 Δh。若 $\Delta h > 0$,说明水流为顺时针方向的各管段中所分配的流量大于实际流量值,而水流为逆时针方向各管段中所分配的流量小于实际流量值;若 $\Delta h < 0$,则相反。因此,需根据具体情况重新调整各管段的流量,即在每一节点均满足流量进出平衡的条件下,在流量偏大的各管段中减去一些流量,加在流量偏小的各管段中。每次调整的流量值称为校正流量,记作 Δq。如此反复,直到各闭合环路均满足 $\sum h = 0$ 的条件。这种为消除闭合差而进行流量调整计算的过程,叫做管网平差。

一般基环和大环闭合差达到一定精度要求后,管网平差即可结束。手算时,基环闭合差要求小于 0.5 m,大环闭合差小于 1.0 ~ 1.5 m。电算时,闭合差值可达到任何精度,一

般采用 0.01 ~0.05 m。

由于不同方向管段中所增减的流量都是校正流量,所以调整后的流量仍满足节点连续性方程。

(三)环状管网平差方法

1. 哈代 - 克罗斯法

最早和应用广泛的管网分析方法有哈代 - 克罗斯法和洛巴切夫法,即每环中各管段的流量用 Δq 修正的方法。以图 4-25 为例加以说明,各参数的符号仍规定:顺时针方向为正,逆时针方向为负。

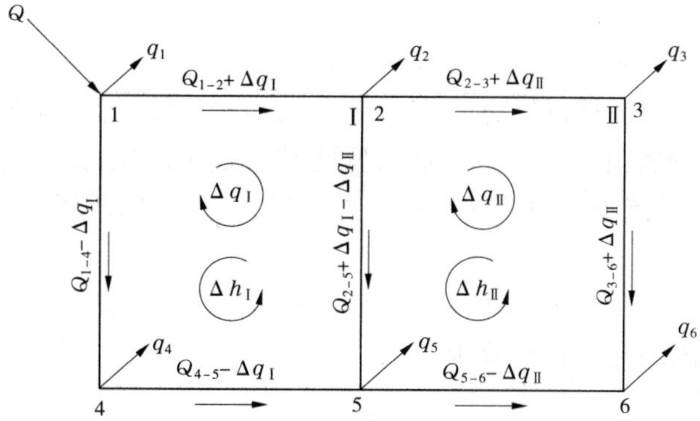

图 4-25　两环管网的流量调整

环状管网初步分配流量后,管段流量 Q_{ij} 为已知,并满足节点流量平衡条件,由 Q_{ij} 和经济流速计算出各管段的水头损失 h_{ij} 和各环的水头损失代数和 $\sum h_{ij}$。当 $\Delta h = \sum h_{ij} \neq 0$ 时,须引入校正流量 Δq 以减小闭合差。校正流量 Δq 可按下式计算:

$$\Delta q = -\frac{\Delta h}{2\sum\left|\frac{h_{ij}}{Q_{ij}}\right|} \tag{4-19}$$

计算出各 Δq 和 Δh 的符号相反,即闭合差 Δh 为正,校正流量 Δq 就为负,反之则为正;闭合差 Δh 的大小及符号,反映了与 $\Delta h = 0$ 时的管段流量和水头损失的偏离程度和偏离方向。闭合差 Δh 的绝对值越大,闭合差 $\Delta h = 0$ 所需的校正流量 Δq 的绝对值也越大。各环校正流量 Δq 用弧形箭头标注在相应的环内(如图 4-25 所示),然后在相应环路的各管段中引入校正流量 Δq,即可得到各管段第一次修正后的流量 $Q_{ij}^{(1)}$:

$$Q_{ij}^{(1)} = Q_{ij} + \Delta q + \Delta q^{邻} \tag{4-20}$$

式中　$Q_{ij}^{(1)}$——第一次校正后的流量;

Q_{ij}——初次预分配流量;

Δq——本环的初次校正流量;

$\Delta q^{邻}$——相邻环的初次校正流量。

由于初步分配流量时,已经符合节点流量平衡条件,即满足了连续性方程,所以每次调整流量时能自动满足此条件。

流量调整后,各环闭合差将减小,如仍不符合精度要求,应根据调整后的新流量求出新的校正流量,继续平差。在平差过程中,每环的闭合差可能改变符号,即从顺时针方向改为逆时针方向，或相反，有时闭合差的绝对值反而增大，这是因为推导校正流量公式时，略去了其他项以及各环相互影响的结果。

采用哈代－克罗斯法进行管网平差的步骤：

(1)根据城镇的供水情况，拟定环状网各管段的水流方向，按每一节点满足连续性方程的条件，并考虑供水可靠性要求分配流量，得初步分配的管段流量 $Q_{ij}^{(1)}$。

(2)由 $Q_{ij}^{(1)}$ 计算各管段的水头损失 h_{ij}。

(3)假定各环内水流顺时针方向管段中的水头损失为正，逆时针方向的为负，计算环内各管段的水头损失代数和 $\sum h_{ij}$。如 $\Delta h \neq 0$ 且超出允许值，则要进行流量校正，其值即为第一次闭合差 Δh。

(4)按式(4-19)计算各环内的校正流量 Δq。

(5)设图4-25中的校正流量 Δq 以顺时针方向为正，逆时针方向为负，凡是流向和校正流量 Δq 方向相同的管段，加上校正流量，反之减去校正流量，据此调整各管段的流量，得第一次校正后的管段流量。对于两环的公共管段，应按相邻两环的校正流量符号，考虑邻环校正流量的影响。

按此流量再计算，如闭合差尚未达到允许的精度，再从第(2)步按每次调整后的流量反复计算，直到每环的闭合差达到要求。

2. 最大闭合差法

在管网计算过程中，每次迭代时，可对管网中的各环同时进行校正流量，也可以只对管网中闭合差最大的一部分环进行校正，称为最大闭合差的环校正法。

【例4-2】 某镇有6万人，最高日用水定额为120 L/(人·d)，自来水普及率为83%，$K_h = 1.6$，最小服务水头为20 m。某较大用水量的工厂和一公共建筑，集中流量分别为25 L/s和17.4 L/s，分别由管段3—4和7—8供给，其两侧无用户，地形平坦，各节点标高见表4-6，水塔处地面标高为57.4 m，管网布置见图4-26。试确定水塔高度和二级泵站的设计扬程。

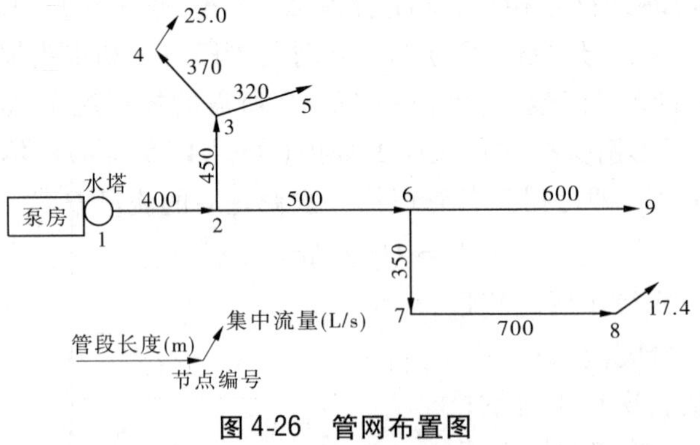

图4-26　管网布置图

表4-6　节点地形标高　（单位：m）

节点	2	3	4	5	6	7	8	9
地形标高	56.6	56.3	56.0	56.1	56.3	56.2	55.7	56.0

解:1. 最高日最高时设计用水量

$$Q=(60\ 000\times 120\times 0.83\times 1.6)/(24\times 3\ 600)+(25+17.4)$$
$$=110.67+42.4=153.07(\mathrm{L/s})$$

2. 比流量

去除两侧无用户的管段3—4和7—8,计算管段长度为2 620 m,则

$$q_s=(153.07-25.0-17.4)/2\ 620=0.042\ 24(\mathrm{L/(s\cdot m)})$$

3. 沿线流量

沿线流量具体见表4-7。

表4-7　沿线流量计算

管段	长度L(m)	沿线流量(L/s)
1—2	400	16.90
2—3	450	19.01
2—6	500	21.12
3—5	320	13.52
6—7	350	14.78
6—9	600	25.34
合计	2 620	110.67

4. 节点流量

具体计算见表4-8。各节点流量如图4-27所示。

表4-8　节点流量计算　(单位:L/s)

节点	地面标高(m)	节点流量	集中流量	节点总流量
1	57.4	0.5×16.9=8.45		8.45
2	56.6	0.5×(16.9+19.01+21.12)=28.51		28.51
3	56.3	0.5×(19.01+13.52)=16.27		16.27
4	56.0		25.00	25.00
5	56.1	0.5×13.52=6.76		6.76
6	56.3	0.5×(21.12+14.78+25.34)=30.62		30.62
7	56.2	0.5×14.78=7.39		7.39
8	55.7		17.40	17.40
9	56.0	0.5×25.34=12.67		12.67
合计		110.67	42.40	153.07

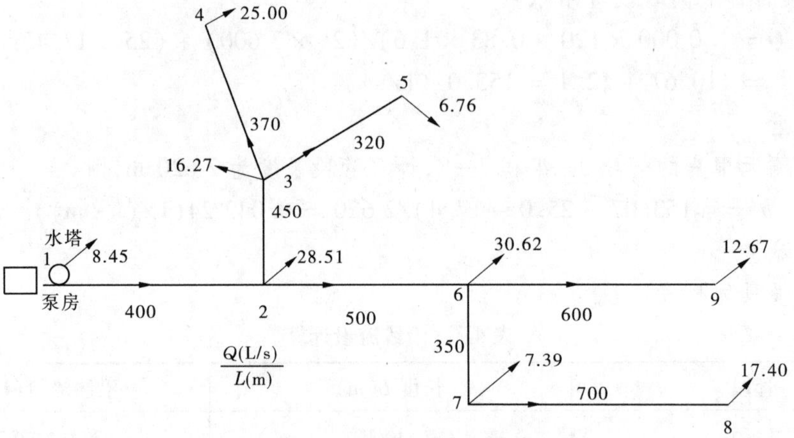

图 4-27　树枝状管网节点流量

5. 管段设计流量

选择控制点，确定干管和支管。根据地形和用水量情况，控制点选为节点 9，干管定为 1—2—6—9，其余为支管。

按照流量进出平衡的原则，从管线终点（包括各支管）开始，同时向供水起点方向逐个节点推算，即可得到各管段的计算流量，见表 4-9。

表 4-9　管段流量计算

管段	管长 L(m)	流量 Q(L/s)	管段	管长 L(m)	流量 Q(L/s)
1—2	400	144.62	3—4	370	25.00
2—6	500	68.08	3—5	320	6.76
6—9	600	12.67	6—7	350	24.79
2—3	450	48.03	7—8	700	17.40

6. 干管水力计算

采用球墨铸铁管，平均经济流速取 0.9 m/s，C 取 125，局部水头损失按沿程水头损失的 5% 计，进行干管水力计算，得出干管各管段的管径及水头损失，具体见表 4-10。

表 4-10　干管水力计算

管段号	管长 L(m)	流量 Q(L/s)	设计管径 D(mm)	水头损失 h(m)
6—9	600	12.67	150	2.77
2—6	500	68.08	350	0.84
1—2	400	144.62	500	0.48

7. 水塔高度计算

由控制点 9 地面标高为 56.0 m、最小服务水头为 20 m，计算干管上各节点的绝对水压和自由水压。

节点 9 的绝对水压：$H_9 = Z_9 + 20 = 76$(m)

节点 6 的绝对水压：$H_6 = H_9 + h_{6-9} = 76 + 2.77 = 78.77$(m)

节点 6 的自由水压：$h_6 = H_6 - Z_6 = 78.77 - 56.3 = 22.47(m)$

节点 2 的绝对水压：$H_2 = H_6 + h_{2-6} = 78.77 + 0.84 = 79.61(m)$

节点 2 的自由水压：$h_2 = H_2 - Z_2 = 79.61 - 56.6 = 23.01(m)$

节点 1(水塔)的绝对水压：$H_1 = H_2 + h_{1-2} = 79.61 + 0.48 = 80.09(m)$

干管各节点绝对水压和自由水压，见表 4-11。

表 4-11　干管各节点绝对水压和自由水压

节点	地面标高(m)	水头损失 h(m)	绝对水压 (m)	自由水压(m)
9	56.0		76.00	20
6	56.3	2.77	78.77	22.47
2	56.6	0.84	79.61	23.01
1	57.4	0.48	80.09	22.69

水塔高度：$H = H_1 - Z_t = 80.09 - 57.4 = 22.69(m)$

8. 支管水力计算

由于干管各节点水压已确定，即支管起点水压已定，因此支管各管段的经济管径必须满足：从干管节点到该支管的控制点(支管的终点)的水头损失之和应不大于此节点上的水压标高与支管控制点所需的水压标高之差。以支管 6—7—8 为例说明：

(1)支管 6—7—8 的允许水头损失：$H_6 - (Z_8 + 20) = 78.77 - (55.7 + 20) = 3.07(m)$

(2)支管 6—7—8 的平均允许水力坡降：$1\,000 \times 3.07/(350 + 700) = 2.9$

(3)由 $Q_{6-7} = 24.79$ L/s，查铸铁管水力计算表，得管径 $D_{6-7} = 200$ mm，计算得 $h_{6-7} = 1.38$ m，则

节点 7 的绝对水压：$H_7 = H_6 - h_{6-7} = 78.77 - 1.38 = 77.39(m)$

自由水压：$h_7 = H_7 - Z_7 = 77.39 - 56.2 = 21.19(m)$

(4)由节点 7 的水压标高可计算出管段 7—8 的平均允许水力坡降为：

$1\,000 \times [77.39 - (55.7 + 20)]/700 = 2.4$

(5)由 $Q_{7-8} = 17.40$ L/s，查铸铁管水力计算表，得管径 $D_{7-8} = 200$ mm，计算 $h_{7-8} = 1.43$ m，则

节点 8 的绝对水压：$H_8 = H_7 - h_{7-8} = 77.39 - 1.43 = 75.96(m)$

自由水压：$h_8 = H_8 - Z_8 = 75.96 - 55.7 = 20.26(m)$

按上述方法进行所有支管管段的计算，结果见表 4-12。

表 4-12　各支管管段水力计算

管段	管长 L(m)	流量 Q(L/s)	管径 D(mm)	水头损失 h(m)
6—7	350	24.79	200	1.38
7—8	700	17.40	200	1.43
2—3	450	48.03	250	2.04
3—4	370	25.00	200	1.48
3—5	320	6.76	150	0.46

支管各节点绝对水压和自由水压见表4-13。

表4-13　支管各节点绝对水压和自由水压

节点	地面标高(m)	水头损失 h(m)	水压标高(m)	节点自由水压(m)
3	56.3	2.04	77.57	21.27
4	56.0	1.48	76.09	20.09
5	56.1	0.46	77.11	21.01
7	56.2	1.38	77.39	21.19
8	55.7	1.43	75.96	20.26

9. 管网水力计算结果汇总

管网水力计算结果见图4-28。

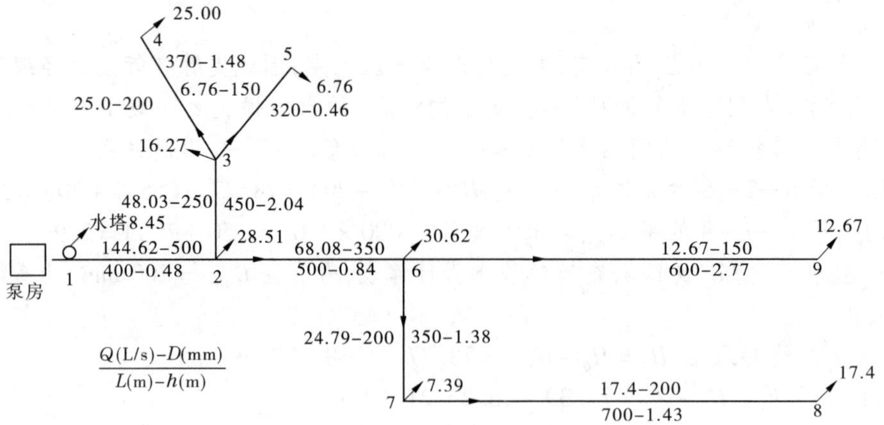

图4-28　管网计算

10. 水泵扬程

节点1处的泵房，清水池吸水井最低水位52 m，泵房、管线水头损失2.5 m，水塔水柜高度3 m，则水泵扬程为

$$H_p = H_{st} + H_0 + \sum h = (57.4 - 52) + (22.69 + 3) + 2.5 = 33.59(\text{m})$$

第六节　管道工程图

给水管网设计通常分初步设计和施工图设计两个阶段，但一些简单的工程可仅作初步设计，以工程估算代替工程概算，经相关部门同意后可直接进行施工图设计。施工图设计应全面贯彻初步设计意图，在初步设计的基础上，对工程项目的各单项工程进行设计，并绘制图纸，做出详细的工料分析、编制施工图预算、进行施工安装等。

管道施工图包括管道带状平面图、纵断面图和大样图等。

一、带状平面图

管道带状平面图是在管网规划的基础上进行设计的,通常采用 1∶500～1∶1 000 的比例,带状图的宽度应根据标明管道相对位置的需要而定,一般在 30～100 m 范围内。由于带状平面图是截取地形图的一部分,因此图上的地物、地貌的标注方法应与相同比例的地形图一致,并按管道图的有关要求在图上标明以下内容:

(1)现状道路或规划道路中心线及折点坐标。

(2)管道代号、管道与道路中心线或永久性地物间的相对距离、间距、节点号、管距、管道转弯处坐标及管道中心线的方位角、穿越障碍物的坐标等。

(3)与本管道相交或相近平行的其他管道的状况及相对关系。

(4)主要材料明细表及图纸说明。

对于小型或较简单的工程项目,主要材料明细表及施工图说明常附在带状平面图上;对于中小型或较复杂的工程,常需单独编制整个工程的综合材料表及总说明,放在施工图图集的前部。图 4-29(a)为一管道带状平面图。

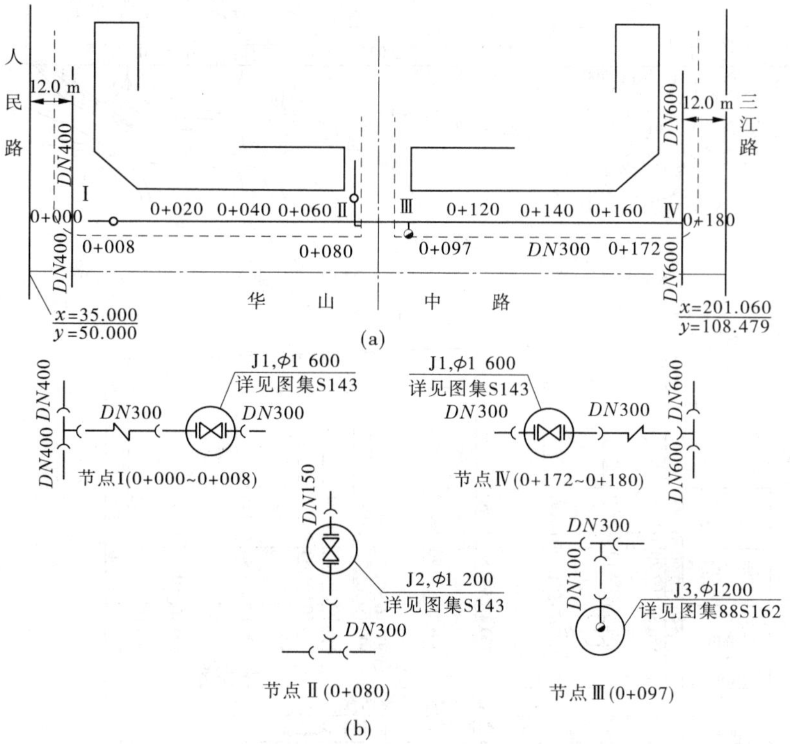

图 4-29 管道带状平面图和节点大样图

二、纵断面图

管道纵断面图是反映管道埋设情况的主要技术资料之一,见图 4-30。一般给水管道均绘纵断面图,只有在地势平坦、交叉少且管道较短时,才允许不画纵断面图,但需在管线平面图上标注各节点及管线交叉处的管道标高等。

绘制管道纵断面图时，常以水平距离为横轴，以高程为纵轴。一般横轴比例常与带状平面图一致，纵轴比例常为横轴的 5～20 倍，采用 1∶50～1∶100。图中设计地面标高用细实线，原地面标高用细虚线绘出，并在纵断面图下面的图标栏内，将有关数据逐项填入：第一栏从左向右按比例标注各里程桩（节点）的位置和编号；第二栏为地面标高，若设计地面与原地面不同，可将此栏分两行分别填写；第三栏为设计管中心标高；第四栏为管道坡向、坡度和水平距离；第五栏为管道直径及管材；第六栏为地段名称。若管线全部采用统一的基础形式，可在说明中注明；若基础不完全相同，应将基础形式与采用的标准图号等分别注明在该地段管道断面图上。

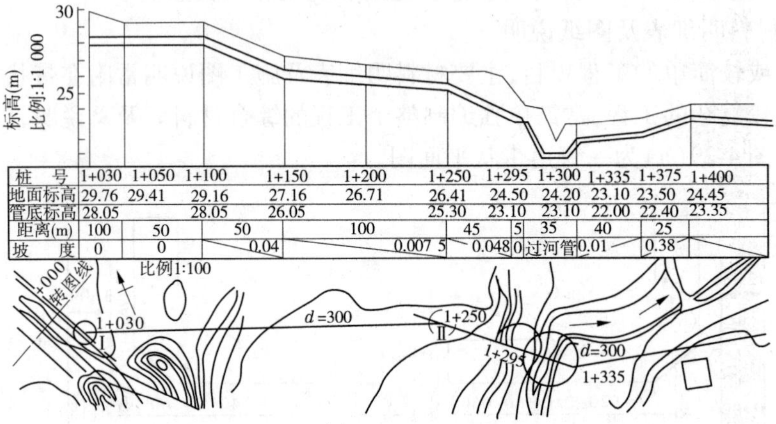

(a)

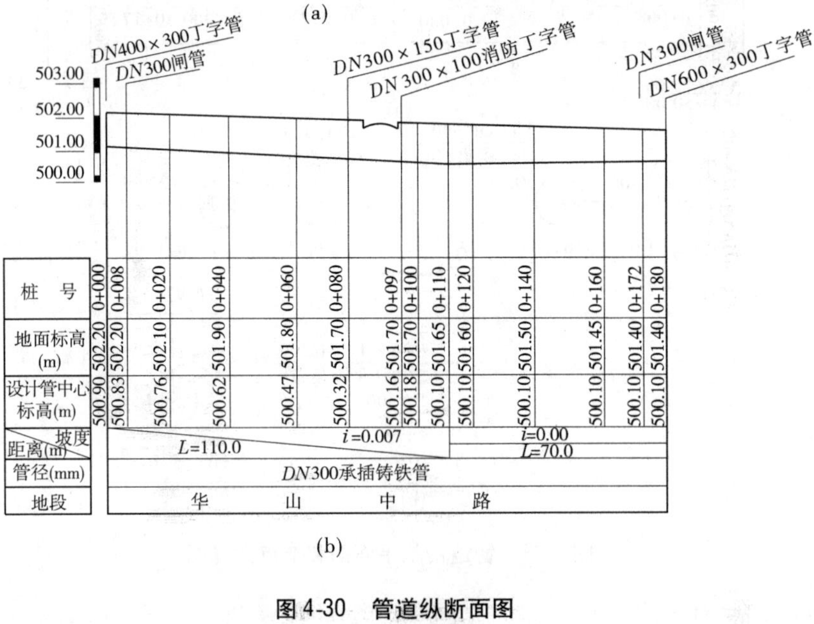

(b)

图 4-30　管道纵断面图

纵断面图中的管线可按管径大小画成双线或单线，一般以粗实线绘出。与本管道交叉的地下管线、沟槽等应按比例绘出截面位置，并注明管线代号、管径、交叉管管底或管顶标高、交叉处本管道的标高及距节点或井的距离。

三、大样图

在施工图中，应绘出大样图。大样图可分为管件组合的节点大样图、附属设施（各种井类、支墩等）的施工大样图、特殊管段（穿越河谷、铁路、公路等）的布置大样图。

在节点上设有三通、弯头、渐缩管、闸门、消火栓、短管等管道配件和附件。

给水管网设计时，选定管线的管径和管材后，应进行管网节点大样图设计，使各节点的配件、附件布置紧凑合理，以减小阀门井尺寸；应画出井的外形并注明井的平面尺寸和井号及索引详图号，如图 4-31 所示。井的大小和形状应尽量统一，形式不宜过多。在节点大样图上应用标准符号绘出节点上的配件、附件，如消火栓、弯管、渐缩管、阀门等。特殊的配件也应在图中注明，以便编制预算和加工订货。

节点大样图不按比例绘制，其大小根据节点上配件和附件的多少和节点构造的复杂程度而定。但管线的方向和相对位置应与管网总平面图一致。节点大样图一般附注在带状平面图上（见图 4-29（b））或将带状平面图上相应节点放大标注配件和附件的组合情况，不另单独设。

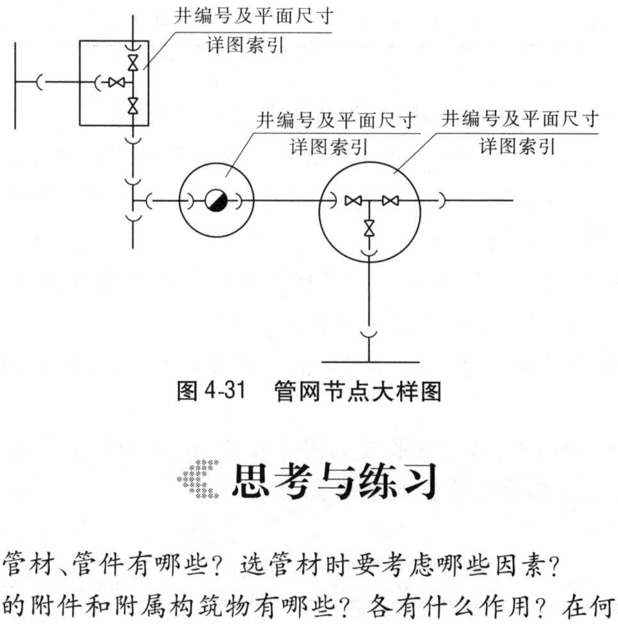

图 4-31　管网节点大样图

思考与练习

1. 常用的给水管材、管件有哪些？选管材时要考虑哪些因素？
2. 工程中常见的附件和附属构筑物有哪些？各有什么作用？在何种情况下使用？
3. 阀门起什么作用？有几种主要形式？各安装在哪些部位？
4. 排气阀和泄水阀应在哪些情况下设置？
5. 为什么给水管道需设置支墩？应布置在哪里？
6. 输配水管网布置的要求有哪些？
7. 给水系统中的泵站有哪几类？作用分别是什么？
8. 一级泵站、二级泵站的设计流量和设计扬程如何确定？
9. 清水池的调节容积如何确定？
10. 某城镇最高日用水量为 15 万 m^3，每小时用水量变化情况如表 4-14 所示，求：
(1) 确定一、二级泵站的设计流量及供水曲线。

(2)计算调节构筑物的调节容积。

11. 管网水力计算的任务是什么?

12. 什么叫比流量?什么是沿线流量、集中流量?比流量是否随用水量变化而变化?

13. 什么是节点流量?它是否存在?为何能用来进行管网计算?

14. 为什么管网计算需先求出节点流量?怎样计算节点流量?

表 4-14　某城镇每小时用水量变化情况

时间	0~1 时	1~2 时	2~3 时	3~4 时	4~5 时	5~6 时
用水量(%)	2.53	2.45	2.50	2.53	2.57	3.09
时间	6~7 时	7~8 时	8~9 时	9~10 时	10~11 时	11~12 时
用水量(%)	5.31	4.92	5.17	5.10	5.21	5.21
时间	12~13 时	13~14 时	14~15 时	15~16 时	16~17 时	17~18 时
用水量(%)	5.09	4.81	4.99	4.70	4.62	4.97
时间	18~19 时	19~20 时	20~21 时	21~22 时	22~23 时	23~24 时
用水量(%)	5.18	4.89	4.39	4.17	3.12	2.48

15. 什么是经济流速?影响经济流速的主要因素有哪些?

16. 枝状管网计算时,干管和支管如何划分?两者确定管径的方法有何不同?

17. 什么是节点流量平衡条件?什么是闭合环路内水头损失平衡条件?为何环状管网计算须同时满足这两个条件?

18. 什么是管网平差?为什么要进行管网平差?什么是校正流量 Δq? Δh 和 Δq 有什么关系?怎样计算?如何求得修正后的管段流量?

19. 为什么环状管网计算时,任一环路内各管段增减校正流量 Δq 后,并不影响节点流量平衡条件?

20. 设计流量为 200 L/s,各管段长度如图 4-32 所示,其中节点 5 有一集中流量 50 L/s,最高建筑为 5 层。计算各管段管径及水塔高度。

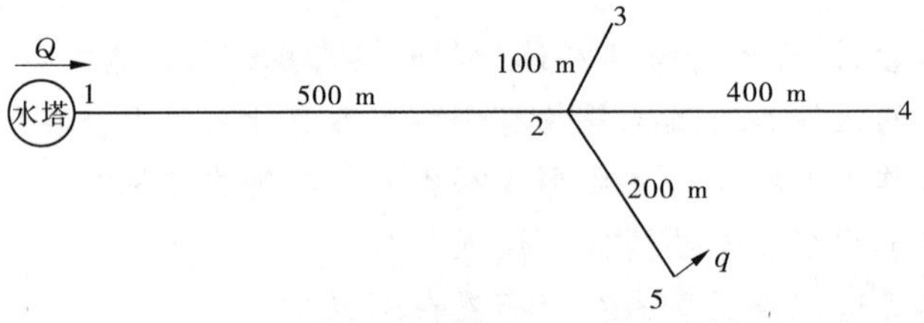

图 4-32　习题 20 图

21. 某乡镇近期管网规划拟采用树枝状,管网布置如图 4-33 所示。已知该镇最高时设计用水量为 396 m^3/h,其中大用户集中流量为 30 L/s,分别于节点 5、7 点各取一半;各管段长度为 $L_{1-2}=L_{1-3}=L_{4-7}=800$ m,$L_{0-1}=L_{1-4}=1\ 200$ m,$L_{4-6}=L_{4-5}=900$ m,其中 0—1 管段为输水管,4—5 管段为单侧配水,其余管线均双侧配水。试确定管网各管段的设计流量。

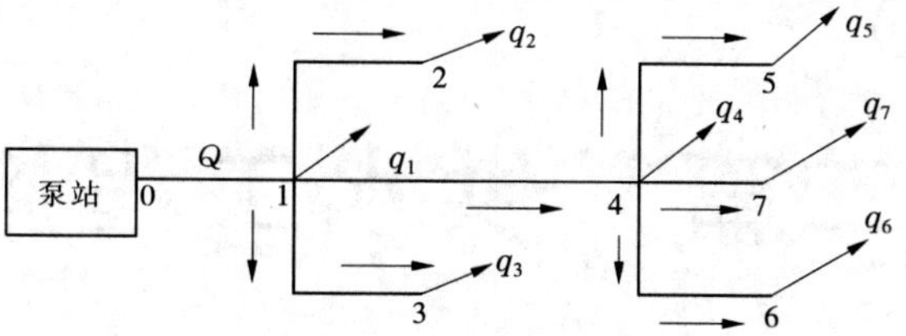

图 4-33 习题 21 图

22. 给水管道带状平面图、纵断面图及大样图应表述哪些内容？绘制时应注意哪些问题？

第二篇　供水工程施工

供水工程施工包括供水工程构筑物施工、管道工程施工和其他附属构筑物施工。

第五章　供水工程构筑物施工

【学习目标】

掌握水下构筑物、水池、管井等构筑物施工方法；了解水下构筑物、水池、管井等构筑物施工质量要求；了解水窖的施工方法。

第一节　水下构筑物施工

地表水取水构筑物多在水下修建，施工方法有围堰法、浮运沉箱法、沉井法等。

一、围堰法

围堰法是指用围堰圈隔基坑，抽干堰内水后进行修建。围堰是为创造施工条件而修建的临时性工程，待取水构筑物施工完成后，随即拆除。围堰的结构形式有多种，如土围堰、草捆土围堰、草(麻)袋围堰、钢板桩围堰等。采用何种围堰要根据施工所在地区的江河水文、地质条件以及河流性质等确定。围堰的选用范围见表5-1。

表5-1　围堰的选用范围

<table>
<tr><th rowspan="2">围堰类型</th><th colspan="3">适用条件</th></tr>
<tr><th>最大水深(m)</th><th>最大流速(m/s)</th><th></th></tr>
<tr><td>土围堰</td><td>2</td><td>0.5</td><td rowspan="4">土、草捆土、草(麻)袋围堰适用于土质透水性较小的河床。草(麻)袋、钢板桩围堰的顶面高程宜高出施工期间最高水位0.5～0.7 m；草捆土围堰顶高程宜高出施工期间最高水位1.0～1.5 m</td></tr>
<tr><td>草捆土围堰</td><td>5</td><td>3</td></tr>
<tr><td>草(麻)袋围堰</td><td>3.5</td><td>2</td></tr>
<tr><td>钢板桩围堰</td><td>—</td><td>3</td></tr>
</table>

(一)土、草捆土、草(麻)袋围堰施工

土、草捆土、草(麻)袋围堰填筑前，应清除堰底处河床上的树根、石块、表面淤泥等杂物。

土、草捆土、草(麻)袋围堰应采用松散的黏性土,不得含有石块、垃圾、木料等杂物,冬期施工时不应使用冻土。在施工过程中,对堰体应随时进行观察、测量,以防发生滑坡、渗漏、淘刷等现象。填筑时,应由上游开始向下游合龙。土、草捆土围堰填筑出水面后,或干筑土围堰时,填土应分层压实。

当不行驶机动车辆时,土围堰堰顶宽度不应小于 1.5 m。堰内边坡坡度不宜陡于 1∶1;堰外边坡坡度不宜陡于 1∶2。当流速较大时,外坡面宜用草皮、柴排(树枝)、毛石或装土草袋等加以防护。

草捆土围堰应采用未经碾压的新鲜稻草或麦秸,其长度不应小于500 mm。堰底宽度宜为水深的 2.5 ~3 倍。堰体的草与土应铺筑平整,厚度均匀。

草捆土围堰的施工应符合下列规定:

(1)每个草捆长度宜为 1 500 ~1 800 mm,直径宜为 400 ~500 mm。迎水面和转弯处草捆应用麻绳捆扎,其他部位宜采用草捆扎。

(2)草捆拉绳应采用麻绳,直径宜为 20 mm,长度可按草捆预计下沉位置确定,宜为水深的 3 倍。

(3)草捆铺设应与堰体的轴线平行。草捆与草捆之间应横向靠紧,纵向搭接应呈阶梯状,其搭接长度可按该层草捆所处水深确定。当水深不大于 3m 时,其搭接长度应为草捆长度的 1/2;当水深大于 3 m 时,其搭接长度应为草捆长度的 2/3。

(4)草捆层上面宜用散草先将草捆间的凹处填平,再垂直于草捆铺设散草,其厚度宜为 200 mm。

(5)散草层上面的铺土应将散草全部覆盖,其厚度宜为 300 ~400 mm。

(6)在堰体下沉过程中,应随下沉速度放松拉绳,保持草捆下沉位置适宜。沉底后,应将拉绳固定在堰体上。

草(麻)袋围堰的施工应符合下列规定:

(1)堰顶宽宜为 1 ~2 m,堰外边坡坡度视水深及流速确定,宜为 1∶0.5 ~1∶1.0;堰内边坡坡度宜为 1∶0.2 ~1∶0.5。

(2)草(麻)袋装土量宜为草(麻)袋容量的 2/3,袋口应缝合,不得漏土。

(3)土袋堆码时,应平整密实,相互错缝。

(4)草(麻)袋围堰可用黏土填心防渗。在流速较大处,堰外坡草(麻)袋内可填装粗砂或砾石,以防冲刷。

围堰拆除时,应由下游开始,由堰顶至堰底,由背水面至迎水面,逐步拆除。如采用爆破法拆除,应采取安全措施。围堰施工和拆除,不得影响航运和污染临近取水水源的水质。

(二)钢板桩围堰施工

钢板桩的材质和外形尺寸应符合国家现行有关标准的规定,接长的钢板桩应以同规格、等强度的材料焊接。当起吊设备允许时,钢板桩可由 2 ~3 块拼成组合桩,每隔 3 ~6 m 用夹具夹紧,夹具应与围堰形式相符。组拼时,应在锁口内填充防水混合料。夹具夹紧后,应采用油灰和棉絮捻塞拼接缝。

插打钢板桩应符合下列规定:

(1)插打前,在锁口内应涂抹防水混合料。

(2)吊装钢板桩,当起重设备高度不够,而需要改变吊点位置时,吊点位置不得低于桩顶以下 1/3 桩长。

(3)钢板桩可采用锤击、振动或辅以射水等方法下沉。但在黏土中,不宜采用射水。锤击时应设桩帽。

(4)插打时,必须有可靠的导向设备。宜先将全部钢板桩逐根或逐组插打稳定,然后依次打到设计高程;当能保证钢板桩插打垂直时,可将每根或每组钢板桩一次锤打到设计高程。

(5)最初插打的钢板桩,应详细检查其平面位置和垂直度,发现倾斜时应立即纠正。

(6)接长的钢板桩,其相邻两钢板桩的接头位置应上下错开,不得小于 2 m。

(7)当在同一围堰内采用不同类型的钢板桩时,应将两种不同类型的钢板桩的各一半拼接成异型钢板桩。

(8)钢板桩因倾斜无法合拢时,应采用特制的楔形钢板桩,楔形钢板桩的上下宽度之差不得超过桩长的2%。

插打钢板桩的允许偏差应符合表 5-2 的规定。

拔出钢板桩前,应向堰内灌水,使堰内、外水位相等。拔桩应由下游开始。

表 5-2 插打钢板桩的允许偏差

项目		允许偏差(mm)
轴线位置	陆上打桩	100
	水上打桩	200
顶部高程	陆上打桩	±100
	水上打桩	±200
垂直度		桩长 $L/100$,且不大于 100

二、浮运沉箱法

当修建的取水构筑物较小,河道水位较深,修建围堰困难或工程量很大不经济时,适宜采用浮运沉箱法。由于沉箱本身就是取水构筑物的一部分,因而不必修建费时、费钱的临时性围堰。

浮运沉箱法是预先在岸边制作取水构筑物(沉箱),通过浮运或借助水上起重设备吊运到设计的沉放位置,再注水下沉到预先修建的基础上。该法适用于淹没式江心取水口构筑物的施工,但须具备足够的水上机具设备和潜水工作人员。

三、混凝土水下灌注施工

在进行基础施工中,如在江河水位较深、流速较快情况下修建取水构筑物(如泵房等),有时地下水渗透量大,大量抽水又会影响地基质量,常可采用直接在水下灌注混凝土的方法,或灌注连续墙、灌注桩、沉井封底等。

当混凝土拌和物直接向水中倾倒时，在穿过水层达到基底过程中，由于混凝土的各种材料所受浮力不同，水泥浆和骨料将会分解，骨料先沉入水底，而水泥浆则会流失在水中，以致无法形成混凝土。水下灌注混凝土应防止未凝结的混凝土中水泥的流失。

混凝土水下施工方法一般分为水下灌注法和水下压浆法。

（一）水下灌注法

水下灌注法有直接灌注法、导管法、泵压法、柔性管法和开底容器法等。通常施工中使用较多的方法是导管法。

导管法是将混凝土拌和料通过金属管筒在已灌注的混凝土表面之下灌入基础，避免新灌注的混凝土与水直接接触，如图 5-1 所示。施工过程包括填料、开管、提升、浇筑。

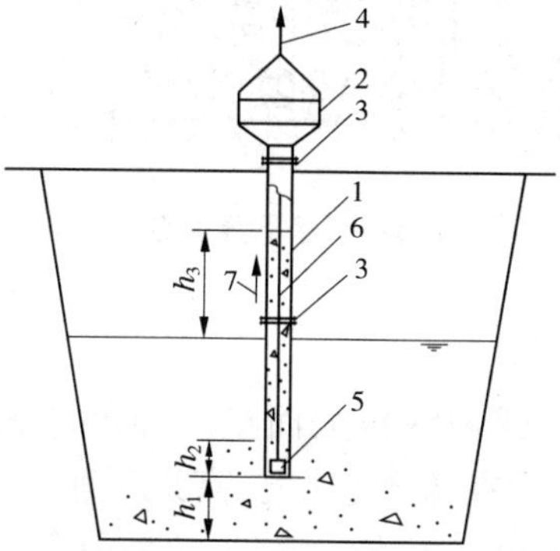

1—导管；2—漏斗；3—接头；4—吊索；5—混凝土塞子；
6—铅丝；7—导管缓缓上升

图 5-1 导管法水下灌注混凝土

当导管下口与基底的距离 $h_1=30\sim50$ cm、导管下口与灌入混凝土高之间的距离$h_2=0.5\sim1$ m、管内混凝土顶高出水面的距离 $h_3=2.5$ m 时，剪断铅丝，冲开塞子（开管），浇筑混凝土，同时提升导管，防止堵塞。

施工中应控制以下几点：

（1）应连续浇灌，保证浇灌速度为每小时提升导管 0.5 ~3 m，即浇混凝土 15 m^3/h。

（2）当多根导管共同作业时，应控制每根导管作用半径在 3 ~4 m；控制各根导管之间混凝土顶面标高。

（3）运输、浇筑要求与其他混凝土施工相同，主要是保证连续浇灌；控制初凝时间内浇筑完成。

（二）水下压浆法

水下压浆法是先在水中抛填粗骨料并在其中埋设注浆管，然后把水泥砂浆通过泵压入注浆管内并进入骨料中，如图 5-2 所示。

水下注浆分自动灌注和加压注入。加压注入由砂浆泵加压，骨料用格栅模板、板桩或砂袋定形。

注浆管采用钢管，内径根据骨料最小粒径和灌注速度而定，通常为 25 mm、38 mm、50 mm、65 mm、75 mm 等规格。管壁设注浆孔，管下端呈平口或45°斜口。

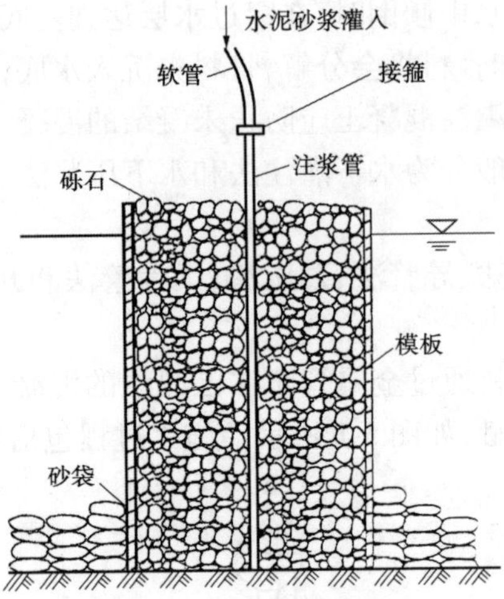

图 5-2　水下压浆法

四、沉井施工

在乡镇供水工程中,常会修建埋深较大而横断面尺寸相对不大的构筑物(如地下水源井、地下泵房等)。这类构筑物在流砂、软土、高地下水位等地段及现场窄小地段采用大开槽方法修建,施工中会遇到很多困难。为此,常采用沉井施工。

沉井施工就是先在地面上预制井筒,然后在井筒内不断将土挖出,井筒借自身的重力或在附加荷载的作用下,克服井壁与土层之间的摩擦阻力及刃脚下土体的反力而不断下沉直至设计标高,然后封底,完成井筒内的工程施工。其施工程序有基坑开挖、井筒制作、井筒下沉及封底。

井筒在下沉过程中,井壁成为施工期间的围护结构;在终沉封底后,又成为地下构筑物的组成部分。为了保证沉井结构的强度、刚度和稳定性要求,沉井的井筒大多数为钢筋混凝土结构。常用横断面为圆形或矩形,纵断面为阶梯形,见图 5-3。沉井刃脚加固见图 5-4。

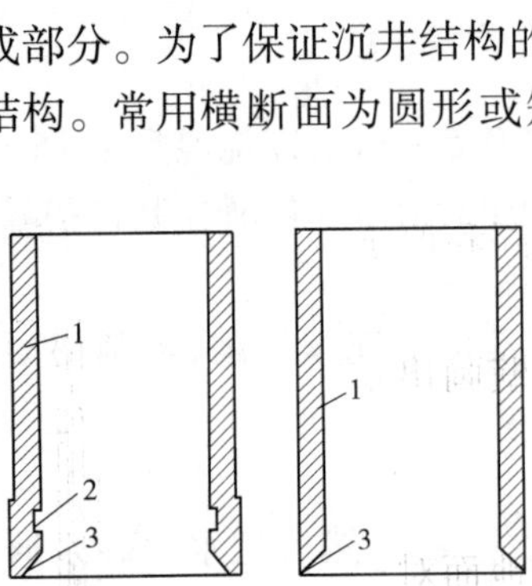

1—井壁;2—凹口;3—刃脚

图 5-3　沉井纵断面

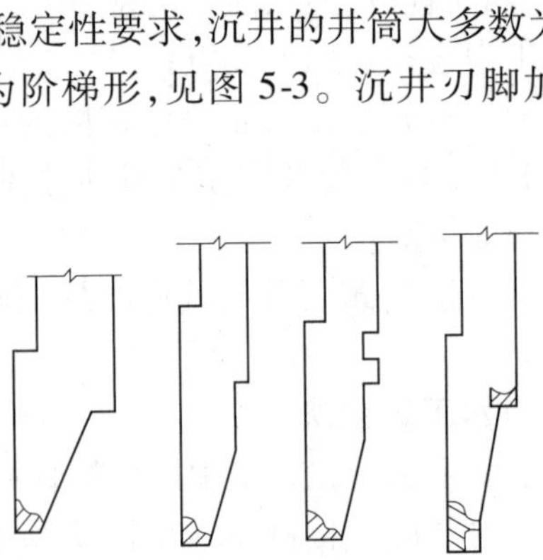
图 5-4　沉井刃脚加固

(一)井筒制作

井筒制作工序包括基坑及坑底处理、井筒混凝土浇灌。

1. 基坑及坑底处理

当地基承载力较大或地下水位较低时，可进行浅基处理即天然地面制作并下沉（无垫木法），即在与刃脚底面接触的地基范围内进行原土夯实，垫砂垫层、砂石垫层、灰土垫层等处理，垫层厚度一般为300～500 mm，然后在垫层上浇灌混凝土井筒。

当坑底承载力较弱或地下水位高时，先用砂土或土（透水性好，易于压实，不能用黏土、石料土）修筑土岛，在人工垫层上设置垫木，增大受压面积。

2. 井筒混凝土浇灌

分段浇灌，挖土分段下沉，不断接高。即浇一节井筒，井筒混凝土达到一定强度后，挖土下沉一节，待井筒顶面露出地面尚有0.8～2 m时，停止下沉，再浇制井筒、下沉，轮流进行，直到达到设计标高。该方法对地基承载力要求不高，工序多，工期长，在下沉时易倾斜。

分段浇灌接高，一次下沉。即分段浇制井筒，待井筒全高浇筑完毕并达到所要求的强度后，连续不断地挖土下沉，直到达到设计标高。这种施工方法对地基承载力要求较高，工期短，高空作业多，接高时易倾斜。

沉井制作的允许偏差应符合表5-3的规定。

表5-3　沉井制作的允许偏差

项目		允许偏差(mm)
平面尺寸	长、宽	±0.5%，且不大于100
	曲线部分半径	±0.5%，且不大于50
	两对角线差	对角线长的1%
井壁厚度		±15

（二）井筒下沉

1. 沉井下沉前的准备工作

（1）将井壁、底梁与封底及底板连接部位凿毛。

（2）将预留孔、洞和预埋管临时封堵，并应密封牢固和便于拆除。对预留顶管孔，可在井壁内侧以钢板密封，外侧用黏性土填实。

（3）应在沉井的外壁四面中心对称画出标尺，内壁画出垂线。

2. 沉井下沉方法

沉井下沉过程中主要克服井壁与土间的摩擦力和地面对刃脚的反力。当井筒没有足够的自重而不能下沉时，可以采取附加荷载以增加井筒下沉质量，也可以采用震动法、泥浆套下沉法（见图5-5）或气套方法以减小摩擦阻力使之下沉，有排水下沉、不排水下沉、触变泥浆套沉井等方法。当土质为砂土时，可用高压水枪先将井内泥土冲松稀释成泥浆，然后用水力吸泥机将泥浆吸出排到井外。

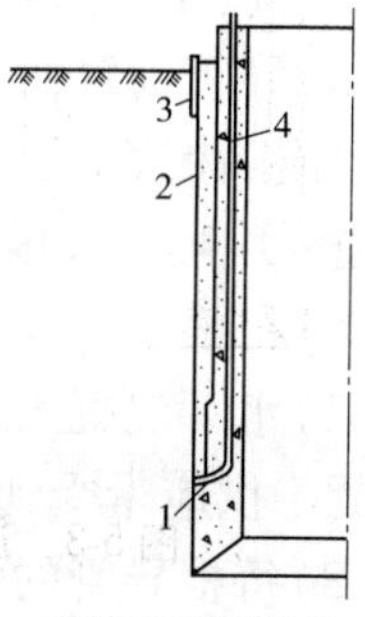

1—刃脚；2—泥浆套；
3—地表围圈；4—泥浆管

图5-5　泥浆套下沉

排水下沉是在井筒下沉和封底过程中，采用井内开设排水明沟（人工挖土、机械挖土、水力吸泥机吸土），用水泵将地下水排除或采用人工降低地下水位的方法排出地下水。它适用于井筒所穿过的土层透水性较差，涌水量不大，排水不致产生流砂现象而且现场有排水出路的地方。

不排水下沉是在水中挖土（机械挖土、水力吸泥机吸土）。它适用于排水有困难或在地下水位较高的亚砂土和粉砂土层，产生流砂现象的地区或周围地面和建筑物有防沉陷要求时。下沉中要使井内水位比井外地下水位高 1 ~2 m，以防流砂。

触变泥浆套沉井是在井壁与土之间注入触变泥浆，形成泥浆套，以减小井筒下沉的摩擦力。为了在井壁与土之间形成泥浆套，井筒制作时在井壁内埋入泥浆管，或在混凝土中直接留设压浆通道；当井筒下沉时，泥浆从刃脚台阶处的泥浆通道口向外挤出。

3. 沉井下沉完毕后的允许偏差

（1）刃脚平均高程与设计高程的偏差不得超过 100 mm；当地层为软土层时，其允许偏差值可根据使用条件和施工条件确定。

（2）刃脚平面轴线位置的偏差，不得超过下沉总深度（下沉总深度是指下沉前与下沉完毕后刃脚高程之差）的 1%；当下沉总深度小于 10 m 时，其偏差可为 100 mm。

（3）沉井四角（圆形为相互垂直两直径与圆周的交点）中任何两角的刃脚底面高差不得超过该两角间水平距离的 1%，且最大不得超过 300 mm；当两角间水平距离小于 10 m 时，其刃脚底面高差可为 100 mm。

（三）井筒封底

井筒封底的目的是保证底板不渗漏。一般采用钢筋混凝土、防水油毡做封底材料。

采用导管法进行水下混凝土封底时，应遵守下列规定：

（1）基底的浮泥、沉积物和风化岩块等应清除干净。当为软土地基时，应铺以碎石或卵石垫层。

（2）混凝土凿毛处应洗刷干净。

（3）导管应采用直径为 200 ~300 mm 的钢管制作，并应有足够的强度和刚度。导管内壁应光滑，管段的接头应密封良好并便于拆装。

（4）导管数量应由计算确定，导管的有效作用半径可取 3 ~4 m。其布置应使各导管的浇筑面积互相覆盖，边沿或拐角处可加设导管。

（5）导管设置的位置应准确。每根导管上端应装有数节 1.0 m 长的短管。导管中应设球塞或隔板等隔水。当采用球塞时，导管下端距井底的距离应比球塞直径大 50 ~100 mm；当采用隔板或扇形活门时，其距离不宜大于 100 mm。

（6）每根导管浇筑前应备足混凝土，使开始浇筑时能一次将导管底埋住。

（7）水下混凝土封底浇筑时，应从低处开始，逐渐向周围扩大。当井内有隔墙、底梁或混凝土供应量受到限制时，应分格浇筑。

（8）每根导管的混凝土应连续浇筑，且导管埋入混凝土的深度不宜小于 1.0 m。各导管间混凝土浇筑面的平均上升速度不应小于 0.25 m/h；相邻导管间混凝土上升速度宜相近，终浇时混凝土面应略高于设计高程。

当水下封底混凝土强度达到设计规定且沉井能满足抗浮要求时，方可将井内水抽出。

（四）质量检查与控制

井筒在下沉过程中，由于水文地质资料掌握不全，下沉控制不严，以及其他各种原因，可能发生土体破坏、井筒倾斜、筒体裂缝、下沉过快或沉不下去等事故，应及时采取措施加以校正。

1. 土体破坏

在土质松散地区沉井下沉中，产生破坏土的棱体，影响周围建（构）筑物。应采取护土和设置支撑（刃脚斜面的模板应待强度达到设计强度的70%以上时方可拆除）措施。

2. 井筒倾斜

当刃脚下面的土质不均匀、井壁四周土压力不均衡、挖土操作不对称或刃脚某处有障碍物时，都会导致井筒倾斜。在井筒内设置垂球观测、电测等；井筒外采用标尺测定、水准测量等。施工中采取下沉慢的一侧多挖土、下沉快的一侧将土夯实或做人工垫层；井筒外壁一边开挖土方，相对另一边回填土方，并且夯实；下沉慢的一边增加荷载；如果由于地下水浮力而使加载失去则应抽水后进行校正；下沉慢的一侧安装震动器震动或用高压水枪冲击刃脚使土与井壁之间摩擦力减小；小石块用刨挖方法去除，或用风镐凿碎，大石块或坚硬岩石则用炸药清除。

3. 井筒裂缝

井筒裂缝有环向裂缝（下沉时井筒四周土压力不均造成的）和纵向裂缝（挖土时遇到石块或其他障碍物，井筒仅支于若干点，混凝土强度又较低时）。预防措施有：井筒达到规定强度后才能下沉；在井筒外面挖土，以减小该方向的土压力或撤除障碍物。

一旦出现裂缝，可用水泥砂浆、环氧树脂或其他补强材料涂抹裂缝进行补救。

4. 井筒下沉过快或沉不下去

（1）下沉过快。下沉过快是由于长期抽水或因砂的流动，使井筒外壁与土之间的摩擦力减小；土的耐压强度较小，使井筒的下沉速度超过挖土速度而无法控制。可将土夯实，增加土与井壁之间的摩擦力；下沉到设计标高时防自沉，即不挖刃脚土，立即封底；在刃脚处修筑单独的混凝土支墩或连续式混凝土圈梁。

（2）沉不下去。沉不下去可能是遇有障碍或自重过轻。应清除障碍物或加载下沉。

第二节　砖石砌筑水池施工

水池是供水工程中的主要构筑物，常用钢筋混凝土浇筑和砖石砌筑。砖石砌筑由于可以就地取材，施工方便，所以乡镇供水工程中常采用。

一、砖石砌体材料及砌筑前的要求

（一）砖石砌体所用的材料要求

（1）机制普通黏土砖的强度等级不应低于MU7.5，其外观质量应符合设计规定，当无规定时，应符合国家现行标准规定的一等砖的要求。

（2）石料应采用料石，质地坚实，无风化和裂纹，其强度等级不应低于MU20。

（3）砂子宜采用中、粗砂，应质地坚硬、清洁、级配良好，使用前应过筛，其含泥量不应超过3%。

(4)砌筑砂浆应采用水泥砂浆。

(二)砖石砌筑前的要求

(1)砖石砌筑前,应将砖石表面上的污物和水锈清除。砖石应浇水湿润,砖应浇透。

(2)砖石砌体中的预埋管应有防渗措施。当设计无规定时,可以满包混凝土将管固定而后接砌。满包混凝土宜呈方形,其管外浇筑厚度不应小于100 mm。

(3)砖石砌体的池壁不得留设脚手眼和支搭脚手架。

(4)砖石砌体砌筑完毕,应立即进行养护,养护时间不应少于7 d。

(5)砖石砌筑水池不宜冬期施工。

二、砖石砌筑水池

砖砌池壁时,砌体各砖层间应上下错缝,内外搭砌,灰缝均匀一致。水平灰缝厚度和竖向灰缝宽度宜为10 mm,但不应小于8 mm,并不应大于12 mm。圆形池壁,里口灰缝宽度不应小于5 mm。砖石砌筑水池的施工允许偏差应符合表5-4的规定。

表5-4　砖石砌筑水池施工允许偏差

项目		允许偏差(mm)
轴线位置(池壁、隔墙、柱)		10
高程(池壁、隔墙、柱的顶面)		±15
平面尺寸(池体长、宽或直径)	$L \leqslant 20$ m	±20
	20 m $< L \leqslant 50$ m	$\pm L/1\,000$
垂直度(池壁、隔墙、柱)	$H \leqslant 5$ m	8
	$H > 5$ m	$1.5H/1\,000$
表面平整度(用2 m直尺检查)	清水	5
	浑水	8
中心位置	预埋件、预埋管	5
	预留洞	10

注:L为池体长、宽或直径;H为池壁、隔墙或柱的高度。

三、料石砌体水池

砌筑料石池壁时,应分层卧砌,上下错缝,丁顺搭砌;水平缝宜采用坐灰法,竖向缝宜采用灌浆法。水平灰缝厚度宜为10 mm。竖向灰缝厚度:细料石、半细料石不宜大于10 mm;粗料石不宜大于20 mm。纠正料石砌筑位置的偏移时,应将料石提起,刮除灰浆后再砌,并应防止碰动邻近料石,严禁用撬移或敲击纠偏。

料石砌体勾缝前,应将砌体表面上黏结的灰浆、泥污等清扫干净,并洒水湿润。

料石砌体水池施工允许偏差应符合表5-5的规定。

表 5-5　料石砌体水池施工允许偏差

项目		允许偏差(mm)
轴线位置(池壁)		10
高程(池壁顶面)		±15
平面尺寸(池体长、宽或直径)	$L\leqslant 20$ m	±20
	20 m $< L \leqslant 50$ m	$\pm L/1\ 000$
砌体厚度		−5～10
垂直度(池壁)	$H\leqslant 5$ m	10
	$H>5$ m	$H/500$
表面平整度(用 2 m 直尺检查)	清水	10
	浑水	15
中心位置	预埋件、预埋管	5
	预留洞	10

四、水池渗漏检验

水池等构筑物施工完毕后必须进行满水试验。试验合格后应及时进行池壁外的各项工序及回填土方,池顶亦应及时、均匀、对称地回填土方。在满水试验过程中需了解水池沉降量时,应编制测定沉降量的施工方案,并应根据方案测定水池的沉降量。

(一)水池满水试验的条件

(1)池体的混凝土或砖石砌体的砂浆已达到设计强度。

(2)应在现浇钢筋混凝土水池的防水层、防腐层施工以及回填土以前。

(3)应在装配式预应力混凝土水池施加预应力以后,保护层喷涂以前。

(4)应在砖砌水池防水层施工以后,石砌水池勾缝以后。

(5)砖石水池满水试验与填土工序的先后安排符合设计规定。

(二)满水试验方法及步骤

(1)向水池内充水宜分三次进行:第一次为设计水深的 1/3,第二次为设计水深的 2/3,第三次至设计水深。对大、中型水池,可先充水至池壁底部的施工缝以上,检查底板的抗渗质量,当无明显渗漏时,再继续充水至第一次充水深度。

(2)充水时,水位上升速度不宜超过 2 m/d。相邻两次充水的间隔时间不应小于 24 h。

(3)每次充水应测读 24 h 的水位下降值,计算渗水量。在充水过程中和充水以后,应对水池做外观检查。当发现渗水量过大时,应停止充水,处理后方可继续充水。

(4)当设计单位有特殊要求时,应按设计要求执行。

(三)满水试验要求及检测

(1)在满水试验中,应进行外观检查,不得有漏水现象。

(2)24 h 后的水位下降,即水池渗水量按池壁和池底的浸湿总面积计算,钢筋混凝土水池不得超过 2 L/(m^2 · d),砖石砌体水池不得超过 3 L/(m^2 · d)。

(3)充水至设计水深后至开始进行渗水量测定的间隔时间,应不少于 24 h。

(4)测读水位的初读数与末读数之间的间隔时间,应为 24 h。

第三节 管井施工

管井是垂直安装在地下的取水构筑物,主要由井口、井壁管、过滤器、沉淀管等组成。管井施工是用专门的钻凿工具在地层中钻孔且同时排泥,然后安装过滤器和井管,再进行填砾、洗井与抽水试验等。

一、钻凿井孔

(一)钻孔

钻凿井孔是指采用钻进机械(冲击钻进机、回转钻进机、锅锥钻进机等)钻进至预定的深度。其中冲击钻进是靠冲击钻头直接冲击岩石形成井孔,适用于松散石砾层与半岩层;回转钻进是依靠钻进机械旋转使钻具切碎岩石形成井孔,适用于钻进坚硬的岩石。回转式正循环钻机适用的地层为松散层和基岩层、黏性土和砂土层;回转式反循环钻机适用的地层为黏土、砂、卵砾石层;冲击式钻机适用的地层为松散层,黏土、砂、卵砾石层;冲抓式钻机适用的地层为黏土、砂、卵砾石层、大漂石。锅锥钻进机是一种人力与动力相结合的半机械钻机,适用于松散的冲积层。

钻进时,应防止井孔坍塌、井孔弯曲、卡钻、折断或钻头脱落。

在钻机钻进过程中应及时清理井孔,注意护壁与冲洗作业。

护壁可采用泥浆护壁、套管护壁、清水水压护壁。

(1)泥浆护壁:泥浆是黏土和水组成的胶体混合物,其作用是固壁、携砂、冷却、润滑。为保证井孔正常出水,尽量使用低黏度的泥浆,一般钻进时,泥浆黏度不得大于 20 s。在钻进中严禁向井内投入黏土、黏土块等,所使用的泥浆必须要通过泥浆池制备好后才能进入井孔内。

(2)套管护壁:用无缝钢管做套管,下入凿成的井孔内,形成稳定的护壁。

(3)清水水压护壁:利用水压作为液体支撑。

在钻进中应根据地层的变化随时取样,每 5 m 至少取样一次,当地层变化时要及时在地层变化处取样。根据钻进取样的实际情况,合理确定终孔位置。

(二)凿井常见事故的预防和处理

1. 井孔坍塌

施工中应注意根据土层变化情况及时调整泥浆指标,或保持高压水护孔;做好护口管外封闭,以防泥浆在护口管内外串通;特殊岩层钻进时须储备大量泥浆,准备一定数量的套管;停工期间每 4 ~ 8 h 搅动或循环孔内泥浆一次,发现漏浆及时补充;在修孔、扩孔时,应加大泥浆的比重和黏度。

当发现井孔坍塌时,应立即提出钻具,以防埋钻,并摸清塌孔深度、位置、淤塞深度等情况,再行处理。如井孔下部坍塌,应及时填入大量黏土,将已塌部分全部填实,加大泥浆比重，按一般钻进方法重新钻进。

2. 井孔弯曲

钻机安装平稳，钻杆不弯曲；保持顶滑轮、转盘与井口中心在同一垂线上；变径钻进要有导向装置；定期观测，及早发现。

当冲击钻进时，可以采用补焊钻头，适当修孔或扩孔来纠斜。当井孔弯曲较大时，可在近斜孔段回填土，然后重新钻进。

回转钻进纠斜可以采用扶正器法或扩孔法。当在基岩层钻进时，可在粗径钻具上加扶正器，把钻头提到不斜的位置，然后采用吊打、轻压、慢钻速钻进；当在松散层钻进时，可选用稍大的钻头，低压力、慢进尺、自上而下扩孔。

另外，还可采用灌注水泥法和爆破法等。

3. 卡钻

钻头必须合乎规格；及时修孔；使用适宜的泥浆保持孔壁稳定；当在松软地层钻进时，不得进尺过快。

在冲击钻进中，出现上卡可将冲击钢丝绳稍稍绷紧，再用掏泥筒钢丝绳带动捣击器沿冲击钢丝绳将捣击器降至钻具处，慢慢进行冲击，待钻具略有转动，再慢慢上提。出现下卡可将冲击钢丝绳绷紧，用力摇晃或用千斤顶、杠杆等设备上提。出现坠落石块或杂物卡钻，应设法使钻具向井孔下部移动，使钻头离开坠落物，再慢慢提升钻具。

在回转钻进中，出现螺旋体卡钻，可先迫使钻具降至原来位置，然后回转钻具，边转边提，直到将钻具提出，再用大“钻耳”的鱼尾钻头或三翼刮刀钻头修理井孔。当出现掉块、探头石卡钻或岩屑沉淀卡钻时，应设法循环泥浆，再用千斤顶、卷扬机提升，使钻具上下串动，然后边回转边提升把钻具捞出。较严重的卡钻，可用振动方法解除。

4. 钻具折断或脱落

合理选用钻具，并仔细检查其质量；钻进时，应保持孔壁圆滑、孔底平整，以消除钻具所承受的额外应力；卡钻时，应先排除故障再进行提升，避免强行提升；根据地层情况，合理选用转速、钻压等钻进参数。

钻具折断或脱落后，应首先了解情况，如孔内有无坍塌淤塞情况、钻具在孔内的位置、钻具上断的接头及钻具扳手的平面尺寸等。了解情况常采用孔内打印作标记的方法。若钻具脱落于井孔，应采用扶钩先将脱落钻具扶正，然后立即打捞。

二、井管的安装

（1）试孔。用试孔器检测井深、井孔直径、垂直度，核对地层岩性，捞净井内岩渣。

（2）掏泥及换浆。可单独钻新孔作掏泥筒或钻、掏合一的抽筒。将井孔内原有的泥浆换成较稀的泥浆，新换泥浆黏度一般不能大于 20 s，最好使用黏度为 18 s 的泥浆。

（3）进行电测井。将根据电测井解析的地层资料与原记录的地层资料进行对比，确定取水层和非取水层的具体深度。

（4）排定井壁管与过滤器的具体位置。根据已确定的层位，排定井壁管与过滤器的具体位置，将选好的管材按顺序排列好、编号。排管前应再次逐根检查管材和过滤器的质量,不合格的不能下入井内。排管时,在井底部留 5 m 的沉滤管。沉淀管底部用钢板焊死。

(5)下管及井管焊接。下管方法,应根据下管深度、管材强度和钻探设备等因素进行选择:①当井管自重(浮重)不大于井管允许抗拉强度和钻机安全负荷时,用直接提吊下管法,通常采用井架、管卡、滑车等起重设备依次单根接送;②当井管自重(浮重)大于井管允许抗拉强度和钻机安全负荷时,用浮板下管法或托盘下管法。浮板多采用木制,该方法通常适用于质量较大的钢管、铸铁管。

焊接井管是保证井管质量的重要工序之一,主要是控制好焊接的垂直度和焊缝。可在两个相互成90°的方向上用吊线法检测,上下两节管在一条直线上时先用点焊方法固定,再沿两管的接缝完全焊牢,焊缝要求平顺,不得有焊瘤、气孔等现象。

(6)扶正器的安装。一般在深 120 m 的井中安装 4 组,深 200 ~ 250 m 的井中安装 8 组。扶正器除在井口、井底处各设一组外,其余的应均匀分布在井中。扶正器采用环形铁制,外环直径不得小于设计孔径。扶正器应焊接牢靠,要采用连续焊接的方法,不得用点焊法。

(7)井管悬吊于井孔中。井管全部焊接完成后,为保证井管的垂直度,井管应悬吊于井孔中,井管底部距井孔底部应有 30 cm 左右的高度。

(8)核实井管实际长度。井管全部焊接完成并悬吊于井孔中后,从井管中测量井管的实际长度,与原定的安装图做最后的核实。

三、填砾石(砾石滤层)与井管外封闭

为扩大滤水能力,防止隔水层或含水层塌陷而阻塞滤水管的滤网,在井壁管(滤水管)周围应回填砾石滤层。

(一)回填砾石的施工方法

直接投入法:其优点是简便、适用。

成品下入法:将砾石预装在过滤器的外围,如常见的笼状过滤器。

回填砾石滤层的高度,要使含水层连通以增加出水量,并且要超过含水层几米。

(二)井管外封闭

井管外封闭的目的是隔离取水层和有害水层,防止地表水渗入井内,使井水受到污染。一般用黏土或混凝土封闭。

(三)滤料回填注意事项

(1)滤料回填前,应认真检查滤料是否符合要求,达不到要求的滤料不能回填。

(2)回填只能用人工沿环形间隙慢速均匀回填,不得使用桶、车等器物向井内倾倒。

(3)做好回填记录。回填时以 2 m^3 为一个单位,每填完 2 m^3 应测量滤料上升高度并做好测量记录。当发现滤料上升超过预计高度时,说明回填不实,应及时处理;当处理后的检测深度达到预期深度时,应记录此时的滤料高度,再进行下一个单位的回填。此记录要求一直延续到井口,中间不得间断。回填记录必须在现场实时记录。

四、洗井、抽水试验及验收

(一)洗井

洗井是为了清除在钻进过程中孔内岩屑和泥浆对含水层的堵塞,排出过滤器周围含水层中的细颗粒,疏通含水层,增大过滤器周围的渗透性,延长使用寿命。

洗井必须在下管、填砾、封井后立即进行,否则会造成孔壁泥皮固结,造成洗井困难。洗井方法有活塞洗井(适用于松散井孔,井管强度允许、管井深度不太大的情况)、压缩空气洗井(适用于粗砂、卵石层中管井的冲洗)、水泵和泥浆泵洗井、化学洗井。

洗井用的活塞应是专用活塞,活塞胶皮外径可小于井管内径 5 ~ 10 mm。洗井时应经常检查活塞胶皮外径,当外径被磨损后,应及时更换胶皮,以保证洗井效果。活塞洗井时应从上至下在花管处每 5 m 左右作为一个洗井段,逐段清洗,每洗完一段即用空压机或抽桶清理孔内残渣。当活塞洗井时,活塞向上拉动的速度不应小于 1 m/s,以保证活塞洗井的效果,每段必须达到水清砂净。活塞洗井时间一般不应少于 4 个台班,深大于 200 m 的井不应少于 8 个台班。

(二)抽水试验及验收

抽水试验主要是控制好水质、水量(最大、平均出水量)、水位恢复状况。抽水试验延续时间不少于 6 个台班;抽水所用水泵应与该井的设计流量相一致;做好抽水记录,包括开始抽水时的静水位埋深、水泵型号、开始抽水时间、实测的出水量,抽水每隔 1 h 测量并记录动水位,抽水停止时的动水位等。

试验抽水终止前,用水样瓶取水样 1 kg,送交有资质的检测单位进行水质检测分析。

水泵抽水 30 min 时取水样 30 kg,静置后将沉淀下来的泥沙和滤纸分离出来,烘干或晒干后测量泥沙质量,泥沙质量与水的质量比即为含沙量;中、细砂含水层的含沙量不超过 1/20 000 为合格,粗砂、砾石、卵石含水层的含沙量不超过 1/50 000 为合格。

验收主要内容:井位、井深和井径要符合设计要求;管井出水量应与设计相符,若水文地质条件与原设计不符,可按修改后的设计验收;井水含沙量应符合设计要求,水质要符合用水标准;井底沉淀物厚度应小于井深的 1/200;管井轴线垂直度应不超过 1°。

第四节 水窖施工

水窖的施工有两种方法,即掏挖和大开挖(岩石区内开挖要爆破施工)。其中,掏挖适用于瓶形水窖、窖式水窖、盖碗式水窖和茶杯式水窖;大开挖适用于圆柱形水窖、球形水窖。

一、水窖施工

水窖施工的步骤一般包括放线、掏挖、防渗、窖口处理、加设顶盖。

(一)窖体开挖

工程选址后,应按设计的规格尺寸从窖口开始开挖,在窖口处吊一中心线,由中心线垂直向下挖,向四周扩大开挖成水窖基坑,每向下挖深 1 m,校核一次直径。

(二)窖体防渗

不同结构形式的水窖防渗处理方法不同,瓶形、球形等薄壁衬砌水窖防渗方法可采用胶泥防渗和水泥砂浆防渗两种方法;盖碗式水窖、茶杯式水窖、圆柱形水窖、窖式水窖可采用浇筑混凝土防渗和砌筑浆砌石防渗。

1.胶泥防渗

在窖壁上开挖口小里大的码眼(圆孔),码眼口稍微向上具有一定倾斜角。码眼直径为70 mm,深100~120 mm,间距200~250 mm,呈“品”字形分布。将砸碎过筛经水软化后的胶泥充分拌和,制作直径为70 mm、长约300 mm的棒状锭子钉入码眼并塞实,将码眼口外的胶泥锭压平,使各码眼的胶泥相连成片,用木锤锤钉、压实,逐步压平成型,整平抹光后用胡麻水或黑矾水刷面。窖底用200~300 mm厚胶泥铺平压实,与窖壁胶泥密实联结,铺上防冲石板。

胶泥防渗具有造价低、饮水口感好的特点,但胶泥易干裂脱落,水窖存水容积小。

2.水泥砂浆防渗

在窖壁上开挖直径为70 mm、深100 mm、间距300 mm、呈“品”字形分布的码眼(盖碗式水窖可在窖体上沿水平方向按1~1.5 m等距开挖100 mm×100 mm的圈带槽,也可同时沿直径方向再均匀开挖6条100 mm×100 mm的圈槽,以增加防渗砂浆的附着点和提高成窖质量),拍实窖壁,扫出浮土,用C15混凝土将码眼、圈带和肋槽填实。水泥砂浆防渗水窖性能好,质量高,不易损坏,管理方便。

3.浇筑混凝土防渗

当水窖采用轻型混凝土墙时,水窖的侧墙混凝土和底部混凝土应浇筑成一整体,以保证接缝处的防渗效果。

4.砌筑浆砌石防渗

当采用浆砌石防渗时,浆砌石的施工要采用坐浆砌筑的方法。在砌筑时应按水池砌筑要求进行,做到“平、稳、紧、满”。

(三)地面部分的施工

窖口处用砖或块石砌台,用水泥砂浆抹面,高出地面300 mm。

水窖顶盖一般采用平顶150 mm的钢筋混凝土构件,顶盖大小与窖口直径相适应。

在顶盖上覆盖土或堆放开挖出来的石渣作隔热层,使夏季的水温不至于太高。

(四)附属设施

窖体工程完工后,应开挖截流槽。截流槽应与窖口保持一定高度,以便于导流。对利用沟道水的工程,要设置截流墙,埋设导流管;在距窖口4~6 cm处要设沉砂池,池体成矩形,长2~3 m,宽1~2 m,深1.0~1.5 m。沉砂池护壁用150 mm厚的钢筋混凝土浇筑,沉砂池与进水管连接处设置铅丝网拦污物,防止杂物流入窖内。

二、水窖施工质量检查

水窖混凝土养护到期后,用以下两种方法进行质量检查:

(1)直观检查法。直观检查法适用于干旱缺水地区。用肉眼观察窖内,内表面如无蜂窝、麻面、裂缝、砂眼和孔隙,可用清水将内壁慢速刷一遍,让窖壁渗足水,过一段时间,再次观察，若有湿疤片出现，则需局部补救。该方法误差较大，对有一定压力的渗漏不易查出。

（2）水试法。如附近有水源，可向窖内加水，至窖颈下沿时停止加水，待窖体湿透后画上水位线，观察 24 h，当水位无明显变化时，表明该水窖不漏水。反之，将水抽至其他窖内进行防渗处理。

思考与练习

1. 常用的混凝土水下施工方法有哪些？施工要点是什么？
2. 砖石砌筑水池要注意哪些问题？
3. 水池满水试验的方法及要求是什么？
4. 管井的施工顺序是什么？各工序的施工要点是什么？
5. 水窖的施工方法有哪几种？

第六章 管道工程施工

【学习目标】

掌握管道工程施工方法、步骤,施工质量检验方法;掌握管道附属构筑物的施工方法及常见仪器、仪表的安装要求;了解管道的特殊施工方法;熟悉常用施工设备、工具。

第一节 管道施工

输配水管道一般埋设于地下,在基岩出露或覆盖层很浅的地区可露天明设或浅沟埋设,应有防冻和安全措施。当给水管道埋设于地下时,对管顶覆土、管底基础、管道附件的安装、支墩设置和管道穿越障碍物等都有一定的技术要求,以保证供水安全可靠。管道埋设应符合下列规定:

(1)管顶覆土应根据冰冻情况、外部荷载、管材强度、土壤地基、与其他管道交叉等因素确定。非冰冻地区,在松散岩层中,管顶覆土不宜小于0.7 m,当在基岩风化层上埋设时,管顶覆土不应小于0.5 m;寒冷地区,管顶应埋设于冻深线以下15 cm;当穿越道路、农田或沿道路铺设时,管顶覆土不宜小于1.0 m。

(2)管道应埋设在未经扰动的原状土层上;管道周围0.2 m范围内应用细土回填;回填土的压实系数不应小于90%。当在承载力达不到设计要求的软地基上埋设管道时,应进行基础处理;当在岩石或半岩石地基上埋设管道应铺设砂垫层时,砂垫层厚度不应小于0.1 m。

(3)当供水管与污水管交叉时,供水管应布置在上面,且不应有接口重叠。

(4)供水管道与建筑物、铁路和其他管道的水平净距,应根据建筑物基础结构、路面种类、管道埋深、设计管压、管径、管道上附属构筑物、卫生安全、施工和管理等条件确定。与建筑物基础的水平净距应大于3.0 m,与围墙基础的水平净距应大于1.5 m,与铁路路堤坡脚的水平净距应大于5.0 m,与电力电缆、通信及照明线杆的水平净距应大于1.0 m,与高压电杆支座的水平净距应大于3.0 m,与污水管、煤气管的水平净距应大于1.5 m。当不能满足此要求时,应有防护措施。

(5)当管道穿越河流时,可采用沿现有桥梁架设水管或管桥或敷设倒虹吸管从河底穿越等方式。当穿越河底时,管道管内流速应大于不淤流速,在两岸应设阀门井,应有检修和防止冲刷破坏的措施,并应在河岸设立标志。

(6)露天管道应有调节管道伸缩的设施,并设置保证管道整体稳定的措施;冰冻地区尚应采取保温等防冻措施。

(7)承插式管道在垂直或水平方向转弯处支墩和镇墩的设置,应根据管径、转弯角度、设计内水压力、接口摩擦力以及地基和回填土土质等因素确定。

(8)管道的冲洗和试压等应符合《给水排水管道工程施工及验收规范》(GB 50268—

2008)的有关规定。

乡镇给水排水管道工程施工前,应由设计单位进行设计交底,同时应根据施工需要进行调查研究,并应掌握管道沿线的现场地形、地貌、建筑物、各种管线和其他设施的情况;掌握工程地质和水文地质资料及气象资料;了解工程用地、交通运输及排水条件,施工供水、供电条件,工程材料、施工机械供应条件。在地表水水体中或岸边施工时,应掌握地表水的水文和航运资料;在寒冷地区施工时,还应掌握地表水的冻结及流冰的资料。

管道铺筑前,应检查管道地基情况、施工排水情况,检查沟槽边坡及管材与配件是否符合设计要求。

管道及管件应采用兜身吊带或专用工具起吊,装卸时应轻装轻放,运输时应垫稳、绑牢,不得相互撞击;接口及钢管制的内外防腐层应采取保护措施。管节堆放宜选择使用方便、平整、坚实的场地;堆放时必须垫稳,使用管节时必须自上而下依次搬运。

安装时宜自下游开始,承口朝向施工前进的方向。

一、管道的连接形式

按照管道连接的结构形式和方式可分为管螺纹连接、承插连接、法兰盘连接、焊接连接、卡箍连接。

(一)管螺纹连接

管螺纹连接是把管子的一端口内壁、另一端口外壁分别加工成螺纹,连接时把两端口旋转使螺纹相互咬合成为一体,如图 6-1 所示。

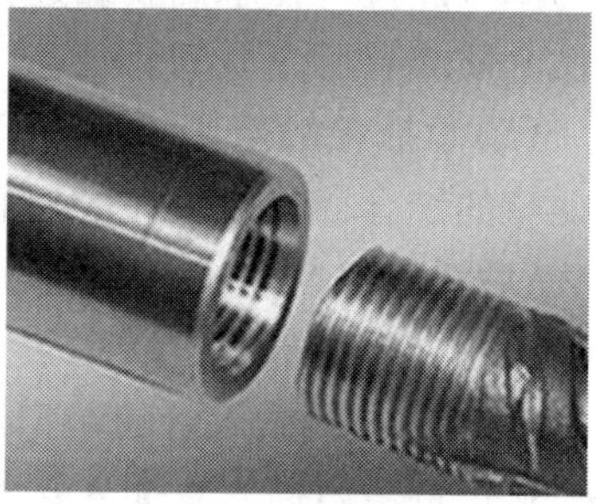

图 6-1　螺纹连接

由于螺纹连接无法填平齿面凹凸的微小间隙,必须借助填料来保证管螺纹的密封。常用的填料:当介质温度≤100 ℃时,采用聚四氟乙烯胶带或麻丝沾白铅油(铅丹粉拌干性油);当介质温度 >100 ℃时,采用黑铅油(石墨粉拌干性油)和石棉绳。再用管钳等工具将管道与配件、丝扣阀件或管子拧紧,一般在管件外部露 3 ~4 扣丝为宜。

螺纹式连接常伴接一个活接头,是一种广泛使用的可拆卸的连接,具有结构简单、连接可靠、装拆方便等优点,主要用于金属管材以及金属管材与塑料管件的连接。

(二)承插连接

承插连接是将管子的一端做成承口,另一端做成插口,安装时按照承口迎向介质流动方向的方式,将插口插入承口,并采用相适应的密封方法实现承插口的密封,同时保证其连接强度的一种管道连接方法,如图 6-2 所示。

承插连接按照连接方法的不同,分为承插填料连接、承插胶黏连接、承插热熔连接、承插焊接连接、承插接触连接、承插机械连接。

(1)承插填料连接主要用于直接埋地的铸铁管道的连接。填料在结构上由两部分组成:封底材料和密封材料。封底材料可用来填充承口底部与插口端部之间为防止热伸长而留出的间隙,也可阻止密封材料流失。常用的有油麻、石棉绳、橡胶圈。密封填料分为刚性填料、半柔性填料、完全柔性填料。采用刚性填料的接口称刚性接头,是以水泥为主

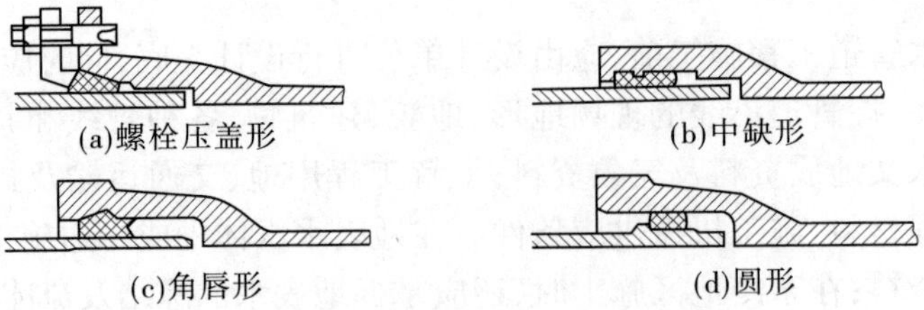

(a)螺栓压盖形　(b)中缺形

(c)角唇形　(d)圆形

图 6-2　承插式连接

体，利用水泥与水、石膏、膨胀剂、早强剂等拌和后发生的凝结和硬化过程来实现密封的一种接头。采用半柔性填料的接口称半柔性接头，青铅是半柔性接头的填料。采用完全柔性填料的接口称完全柔性接头，主要材料是橡胶类的密封圈。

(2)承插胶黏连接主要用于塑料管道的连接。它是利用胶黏剂，把管道承插口结合面用胶黏结起来，既保证结合面有一定的黏结强度，又实现足够的防渗效果。

(3)承插热熔连接主要用于塑料管道的连接。它是利用外部热源使承插结合面受热熔化，然后将承插面插接贴合，冷却后成为一段可靠的接口，是不可拆卸的连接。

(4)承插焊接连接主要用于塑料管道的连接。把插口直接插入承口内，在外口封焊的为单一连接。在承插胶黏连接的基础上，再在外口封焊的为复合连接。主要用于强腐蚀性介质或有毒介质的管道。

(5)承插接触连接主要用于热塑性塑料管与金属之间的连接，是不可拆卸的连接。承插口的结合面只有机械的接触，而无任何黏结或熔融。首先将热塑性塑料管加工成承口，然后对承口与插入管口进行加热，其中承口的温度为 60 ℃(将塑料管插入加热的工业甘油中，经 1 min 后取出在定形规格钢模上撑口，用冷却水冷却，拔出冲子即可做成要求的承口)，金属插入管的端口应加热到塑料管的熔融温度(聚乙烯管 250 ℃、聚丙烯管 290 ℃)，将金属插入管插入塑料承口，这时承口塑料管内表面已熔融成为流体，与金属管表面完全接触，冷却后塑料管对金属管产生挤压力，即成为可靠的接头。

(6)承插机械连接是靠机械的作用把填料压紧，达到密封的一种可拆卸的连接。该连接形式具有一定的柔性，允许管道在力的作用下沿轴向位移，具有抗震性好、连接紧密、施工方便等特点，但这种接头有一套压紧装置。按压紧装置不同有螺纹式压紧填料接头、法兰式压紧填料接头、钢管用法兰式压紧填料接头、钩头螺栓式压紧填料接头、自紧式填料接头、挤压式填料接头。

(三)法兰盘连接

法兰盘连接是依靠螺栓的拉紧将两管段、阀件等的法兰盘紧固在一起构成管路系统，靠法兰盘之间的垫片形成的静密封达到防渗漏的目的，是一种可拆卸的连接，如图 6-3 所示。它可用于任何介质、任何压力的管道，但在镀锌管道上焊接法兰盘会破坏镀锌层，降低镀锌管的耐腐蚀能力。

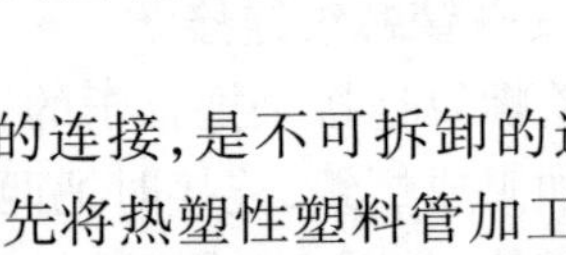

1—螺栓；2—垫片

图 6-3　法兰式连接

法兰盘按其材质分为钢板法兰盘、铸钢法兰盘、铸铁法兰盘等；按其形状分为圆形法兰盘、方形法兰盘、椭圆形法兰盘等；按其与管子的连接方式分为平焊法兰盘、对焊法兰盘、翻边松套法兰盘、螺纹法兰盘等。

法兰盘与法兰盘之间的连接接口为了严密、不渗漏，必须加垫圈。垫圈的厚度为3～5 mm，内径不得小于法兰的内径，外径不得大于法兰相对应的两个螺栓孔内边缘的距离，使垫圈不遮挡螺栓孔。拧螺栓时应对称拧紧，分2～3次紧到底，这样可使法兰受力均匀，严密性好，法兰也不易损坏。法兰接口接头紧密，检修方便。但施工要求较高，接口管必须严格对准。由于螺栓易锈蚀，不适用于埋地管线，一般用于水塔进出水管、泵房、净水厂、车间内部等与设备明装或地沟内的管线。

（四）焊接连接

焊接连接属于不可拆卸连接。与螺纹连接相比，焊接连接的接头可靠牢固，连接强度好，而且焊接连接不受连接部件的限制，可以焊接任何位置、任何连接形式的接头，工效高，设备简单。在管道连接工艺中，焊接连接在钢管连接中仍占主导地位。

焊接方法有氧－乙炔焊、手工电弧焊等。

（五）卡箍连接——沟槽式连接

卡箍式连接工艺是专门用于钢管的一种可拆卸、卡箍自紧密封连接，如图6-4所示。卡箍用球墨铸铁或铸钢铸造而成，有足够的连接强度。

图6-4　卡箍式连接

沟槽式机械配管的卡箍接头分为刚性接头和挠性接头两种。挠性接头对位移有微量补偿能力，一般安装在消防水泵的进出水管上，但不可以用它代替可挠橡胶接头；刚性接头则设计成斜对锁结构。

卡箍连接结构由上半卡箍、下半卡箍、密封胶圈、螺栓玳瑁等共同组成。

卡箍连接不仅限于管子与管子的连接，还可以应用于管子与各种管件、法兰、阀门的连接（管件、法兰、阀门的端部都做成沟槽式）。与焊接相比，它没有热熔作业，使施工安装更快捷简便，管内更清洁无渣。它能通过卡箍实现自动定心对中，比法兰盘连接简单。由于管端之间存在间隙，减少了噪声和振动的传递。但卡箍连接的造价远比螺纹连接要高，而且卡箍附件的质量增大了管道荷重，其连接刚性比法兰盘连接差，总的造价略高。

沟槽式机械配管特别适合于消防给水管道，由于它的接头对镀锌钢管不产生损伤，在用滚槽机轧制沟槽时，也不会对钢管的镀锌层产生伤害，因此可以确保管道的抗腐蚀能力，也不必进行“预先安装，二次镀锌”。卡箍连接的最大工作压力达2.8 MPa，远高于消防给水系统的最大工作压力。

二、管道敷设

（一）管道敷设的一般要求

1.管道埋深

覆土厚度指管道外壁顶部到地面的距离，埋设深度指管道内壁底部到地面的距离。这两个数值都能说明管道的埋设深度（见图6-5）。非冰冻地区管道覆土厚度主要由外部荷载、管道强度、管道交叉情况以及土壤地基等因素决定，金属管道的覆土厚度一般不小于 0.7 m，非金属管道的覆土厚度一般不小于 1.0 ~ 1.2 m，以免受到动荷载的作用而影响其强度。冰冻地区埋深除取决于上述因素外，还需考虑土壤的冰冻深度，一般管底在冰冻线以下的最小距离：管径 $D < 300$ mm 时为 $D + 200$；$D = 300 \sim 600$ mm 时为 $0.75D$；$D > 600$ mm 时为 $0.5D$。

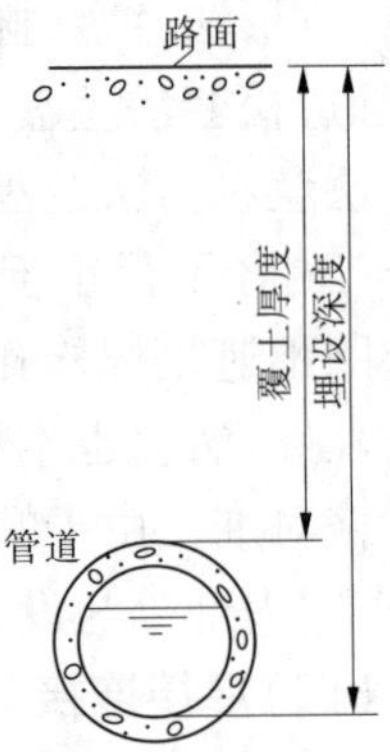

图 6-5　管道埋设

2. 管道明设

管道明设一般指非埋地管道的敷设，包括城镇共同管沟内的管道设置。除按要求设置支墩外，还应依据温度的变化情况考虑设置伸缩器。一般套筒式伸缩器应顺水流方向安装；伸缩器中心应与管道中心保持一致；伸缩器的耐压应与管道工作压力相一致，并应满足管道试验压力的要求。

3. 冬雨期施工

冬雨期施工应采取以下措施：

(1) 合理缩短开槽长度，及时砌筑检查井，暂时中断安装的管道，与河道相连通的管口应临时封堵；已安装的管道验收后应及时回填土。

(2) 做好槽边雨水径流疏导路线的设计、槽内排水及防止漂管事故的应急措施。

(3) 雨天不宜进行接口施工。

(4) 冬期施工不得使用冻硬的橡胶圈。

(5) 当冬期施工管口表面温度低于 −3 ℃，进行石棉水泥及水泥砂浆接口施工时，应采取防冻措施，如用盐水刷洗管口，采用混凝土热拌、热养护工艺。

4. 管道基础埋设要求

管道基础的作用是防止管底只支在几个点上，甚至整个管段下沉，引起管道破裂。根据原有土壤情况，常用的基础有三种：天然基础、砂基础和混凝土基础，见图 6-6。

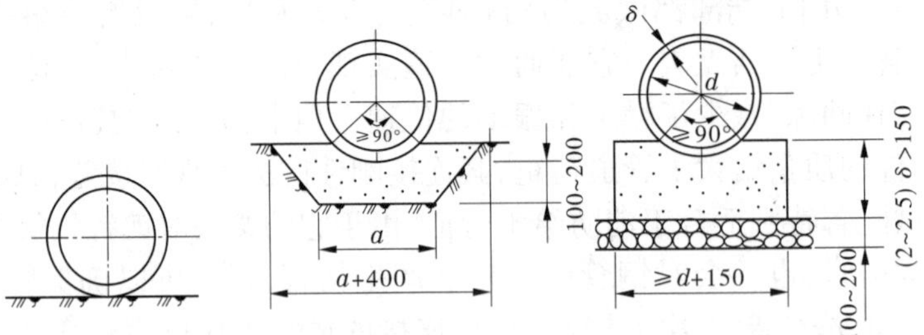

图 6-6　管道基础　（单位：mm）

(1) 当土壤耐压力较高和地下水位较低时，管道可直接埋设在管沟中未经扰动的天然地基上。

(2) 在岩石或半岩石地基处，需铺垫厚度为 100 mm 以上的中砂或粗砂作为基础，再在上面埋管。

(3) 在土壤松软的地基处，应采用强度等级不小于 C8 的混凝土基础。

(4)当土壤特别松软或为流砂,或通过沼泽地带、承载力达不到设计要求时,可采用各种桩基础。

(5)当在粉砂、细砂地层中或天然淤泥层土壤中埋管,同时地下水位又高时,应在埋管时通过排水降低地下水位或选择地下水位低的季节施工,以防止流砂,影响施工质量。管道基础土壤应该加固,加固可采用换土法(挖掉淤泥层,填入砂砾石、砂或干土夯实),或填块石法(施工时边挖土边抛入块石到发生流砂的土层中,厚度为0.3~0.6 m,块石间的缝隙较大时,可填入砂砾石),或在流砂层铺草包和竹席,上面放块石加固,再做混凝土基础。

(二)管道敷设

开槽敷管施工应按照相关要求进行测量、放线、沟槽开挖、回填、施工排水等作业,符合要求后再进行管道敷设,包括下管、排管、稳管、管道基础浇筑、接口、管道质量检查与验收等工序。当新建管道与已建管道连接时,必须先核查已建管道接口高程及平面位置后,方可开挖施工。

1. 下管

下管应以施工安全、操作方便、经济合理为原则,根据管材种类、管径、单节管质量和长度、现场情况、机械设备等选定下管方法,分机械下管和人工下管两类。当管节下入沟槽时,不得与槽壁支撑及槽下的管道相互碰撞;沟内运管不得扰动天然地基。

机械下管是采用汽车式起重机、履带式起重机、下管机或其他起重机械进行的。下管时,起重机沿沟槽开行。当沟槽两侧堆土时,其一侧堆土与槽边应有足够的距离,以便起重机开行。起重机距沟边至少1 m,保证槽壁不坍塌。根据管重与沟槽断面尺寸,选择起重量和其他工作参数,使起重量和工作半径适于把管子从沟槽边堆放处直接吊到管沟中央。管子一般是单节下槽。但为了减少沟内接口的工作量,在具有足够强度的管材和接口条件下,如焊接钢管可在地面上焊接成长串,然后由数台下管机将其下入到沟槽内。此法称长串下管。

当缺乏机械或施工现场狭窄,机械不能到达沟边或不能沿沟槽开行时,可人工下管,常用人工立管压绳法(如图6-7所示)。

2. 排管

排管方向一般采取承口迎着水流方向排列;在斜坡处,以承口朝上坡为宜。同时,应考虑施工方便,当原干管上引接分支管线时,则采用分支管承口背着水流方向排列,如图6-8所示。

排管要求按设计的路线对准、不错口;在转弯处弯角大于11°时采用各种标准弯头连接,小于11°时采用管道自弯以防止内、外弧相差太大。弯角钢管安装时弯管起弯点至接口的距离不得小于管径,且不得小于100 mm。

3. 稳管

稳管是为了确保施工中管道稳定在设计规定的空间位置上,稳管以管内底为准进行对中、对高作业,要求“平、直、稳、实”。

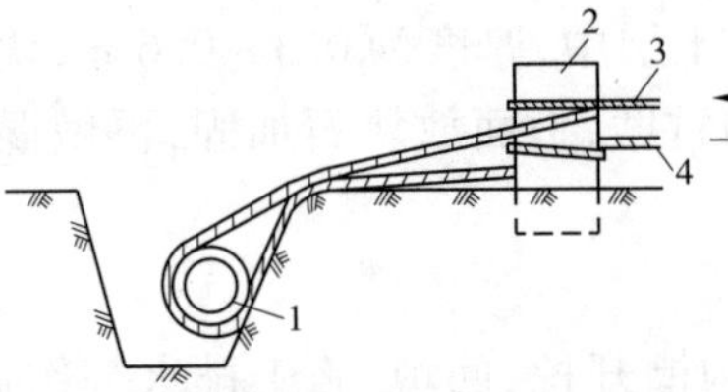

1—管子;2—立管;3—放松绳;4—固定绳

图 6-7　立管压绳下管

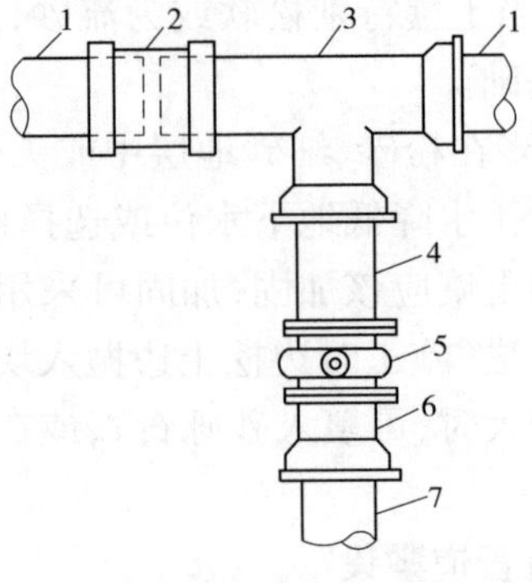

1—原建干管;2—套管;3—异径三通;4—插盘短管;5—闸门;6—承盘短管;7—新接支管

图 6-8　干管上引接分支管线节点详图（分支管承口背水流方向）

(1)对中作业。对中作业使管道中心线与沟槽中心线在同一平面上,方法有中心线法、边线法。中心线法(见图 6-9)是借助坡度板进行对中作业,在与管沟平行方向设木桩,定出沟中心线,桩设在沟外,坡度板间距 20 m 左右;边线法(见图 6-10)在管沟平行方向设木桩,定出沟中心线,桩设在沟内。

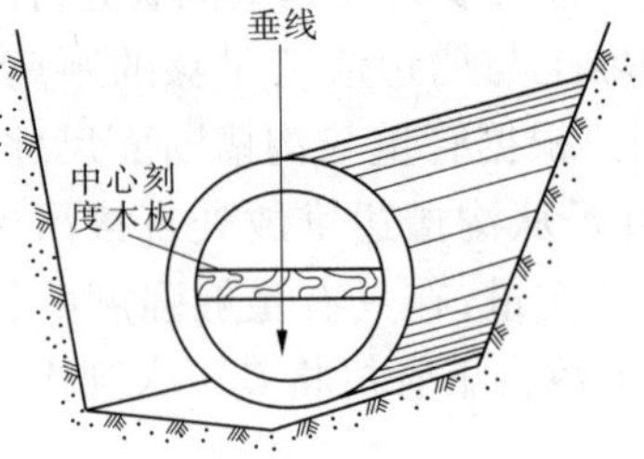

图 6-9　中心线法

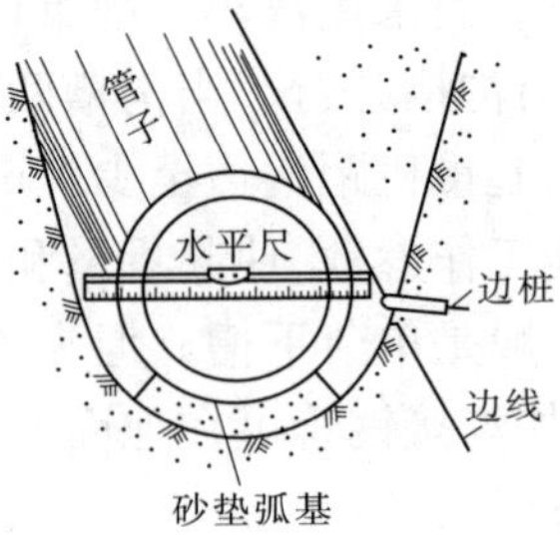

图 6-10　边线法

(2)对高作业。一般对高作业(见图 6-11)与对中作业结合使用,在坡度板上标出高程钉(以管底标高为基准),相邻两块坡度板的高程钉到管底标高的垂直距离相等,则两高程钉之间连线的坡度就等于管底坡度,该连线称为坡度线。坡度线上任意一点到管底的垂直距离为一个常数,称为对高数。对高时使用丁字形对高尺,尺上刻有坡度线与管底之间距离的标记,即为对高读数。将对高线垂直置于管端内底,当尺上标记线与坡度线重合时,对高满足要求,否则须采用挖填沟底的方法调正。水准仪测高程位置示意图见图 6-12。垂球法测平面与高程示意图见图 6-13。

4. 管道基础浇筑

稳管时用石块、土层、混凝土做支垫,当高程满足要求时应及时浇筑混凝土。当混凝土抗压强度大于 5.0 N/mm^2 时方可继续施工。

浇筑混凝土时应注意以下事项:

(1)当管座分层浇筑时,应先将管座平基凿毛冲净,并将管座平基与管材相接触的三角部位用同强度等级的混凝土砂浆填满、捣实，再浇筑混凝土。

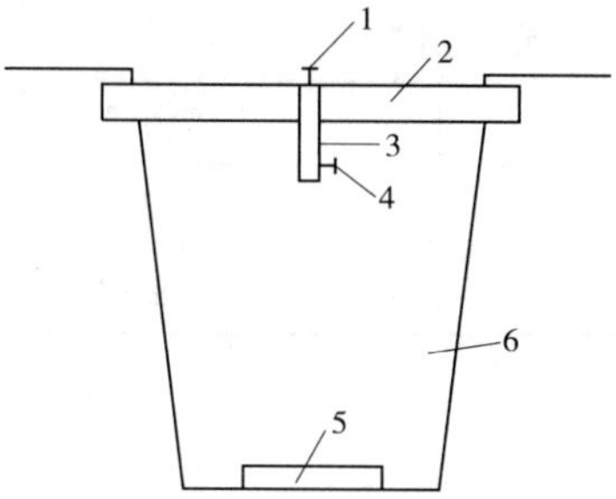

1—中心钉；2—坡度板；3—立板；
4—高程钉；5—管道基础；6—沟槽

图 6-11　对高作业

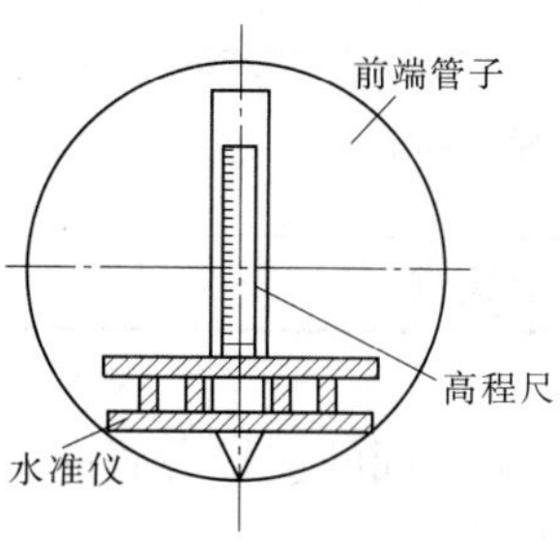

图 6-12　水准仪测高程位置示意图

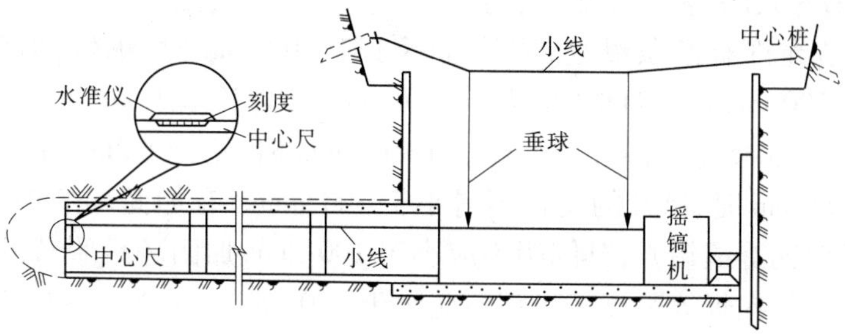

图 6-13　垂球法测平面与高程示意图

（2）采用垫块法一次浇筑管座时，必须先从一侧灌注混凝土，当对侧的混凝土与灌注一侧混凝土高度相同时，两侧再同时浇筑，并保持两侧高度一致。

（3）管座基础留变形缝时，缝的位置应与柔性接口相一致。

（4）浇筑混凝土管座时，应留混凝土抗压强度试块，留置数量及强度评定方法按现行国家标准《混凝土强度检验评定标准》（GB/T 50107—2010）进行。

5. 接口

接口应在沟槽地基、管基质量检验合格后进行。安装时宜自下游开始，承口朝向施工前进的方向，接口应在工作坑内进行。管道接口是管道敷设中的一个关键性工序，应严格控制其接口质量，按不同的管道及设计的连接要求进行。

1）钢管

用钢管施工时，对口时应使内壁齐平。当采用长 300 mm 的直尺在接口内壁周围顺序贴靠时，错口的允许偏差应为 0.2 倍壁厚，且不得大于 2 mm。当不同壁厚的管节对口时，管壁厚度相差不宜大于 3 mm。不同管径的管节相连，当两管径相差大于小管管径的 15% 时，可用渐缩管连接。渐缩管的长度不应小于两管径差值的 2 倍，且不应小于 200 mm。钢管道安装允许偏差应符合表 6-1的规定。

表 6-1 钢管道安装允许偏差 （单位：mm）

项目	允许偏差	
轴线位置	无压力管道	压力管道
	15	30
高程	±10	±20

钢管采用不同的连接方式时，要注意：

A. 采用焊接

(1) 管节表面应无斑疤、裂纹、严重锈蚀等缺陷；管节焊接采用与母材相同且匹配的焊条，焊缝外观不得有熔化焊条流到焊缝外的母材上，焊缝和热影响区表面不得有裂缝、气孔、弧坑和灰渣等缺陷；表面光顺、均匀，焊道与母材应平缓过渡。

(2) 同一管节允许有两条纵缝，当管径不小于 600 mm 时，纵缝的间距应大于 300 mm；当管径小于 600 mm 时，其间距应大于 100 mm。相邻管节纵向焊缝应错开，且放在管道中心垂线上半圆的 45°左右处，当管径小于 600 mm 时，错开的间距不得小于 100 mm；当管径不小于 600 mm 时，错开的间距不得小于 300 mm。有加固环的钢管，加固环的对焊焊缝应与管节纵向焊缝错开，其间距不应小于 100 mm；加固环距管节的环向焊缝间距不应小于 50 mm。环向焊缝距支架净距不应小于 100 mm。直管管段两相邻环向焊缝的间距不应小于 200 mm。管道任何位置不得有“十”字形焊缝。焊缝的外观质量应符合表 6-2 的规定。

表 6-2 焊缝的外观质量

项目	技术要求
外观	不得有熔化金属流到焊缝外未熔化的母材上，焊缝和热影响区表面不得有裂纹、气孔、弧坑和灰渣等缺陷；表面光顺、均匀，焊道与母材应平缓过渡
宽度	应焊出坡口边缘 2 ~ 3 mm
表面余高	应小于或等于(1 + 0.2)倍坡口边缘宽度，且不应大于 4 mm
咬边	深度应小于或等于 0.5 mm，焊缝两侧咬边总长不得超过焊缝长度的 10%，且连续长不应大于 100 mm
错边	应小于或等于 0.2 倍厚度，且不应大于 2 mm
未焊满	不允许

(3) 当管道上开孔时应符合下列规定：不得在干管的纵向、环向焊缝处开孔，管道上任何位置不得开方孔，不得在短节上或管件上开孔。

B. 采用螺纹连接

管节的切口断面应平整，偏差不得超过一扣，丝扣应光洁，不得有毛刺、乱丝、断丝，缺丝总长不得超过丝扣全长的 10%。接口紧固后宜露出 2 ~ 3 扣螺纹。

C. 采用法兰连接

法兰接口平行度允许偏差应为法兰外径的 1.5%，且不应大于 2 mm；螺孔中心允许偏差应为孔径的 5%；应使用相同规格的螺栓；安装方向应一致，螺栓应对称紧固，紧固好的螺栓应露出螺母之外；与法兰接口两侧相邻的第一至第二个刚性接口或焊接接口，待法兰螺栓紧固后方可施工；当法兰接口埋入土中时，应采取防腐措施。

2) 铸铁管、球墨铸铁管

铸铁管、球墨铸铁管及管件的外观质量应符合下列规定：管及管件表面不得有裂纹，不得有妨碍使用的凹凸不平的缺陷；采用橡胶圈柔性接口的铸铁、球墨铸铁管，承口的内工作面和插口的外工作面应光滑、轮廓清晰，不得有影响接口密封性的缺陷；铸铁管、球墨铸铁管及管件的尺寸公差应符合现行国家产品标准的规定。当沿直线安装管道时，宜选用管径公差组合最小的管节组对连接，接口的环向间隙应均匀，承插口间的纵向间隙不应小于 3 mm。

管道安装允许偏差应符合表 6-3 的规定。

表 6-3　铸铁管、球墨铸铁管安装允许偏差　（单位：mm）

项目	允许偏差	
	无压力管道	压力管道
轴线位置	15	30
高程	±10	±20

铸铁管连接形式及安装要求如下：

（1）刚性接口。刚性接口材料应符合下列规定：水泥宜采用 M42.5 水泥，石棉应选用机 4F 级温石棉；油麻应采用纤维较长、无皮质、清洁、松软、富有韧性的油麻，圆形橡胶圈应符合国家现行标准《预应力与自应力混凝土管用橡胶密封圈》（JC/T 748—2010）的规定，铅的纯度不应小于 99%。石棉水泥应在填打前拌和，石棉水泥的质量配合比应为石棉 30%、水泥 70%，水灰比宜小于或等于 0.20；拌好的石棉水泥应在初凝前用完；填打后的接口应及时潮湿养护。

刚性接口填料应符合设计规定。当设计无规定时，宜符合表 6-4 的规定。

夏天或昼夜温差较大地区的刚性接口，宜在气温较低时施工，冬期宜在午间气温较高时施工，并应采取保温措施。刚性接口填打后，管道不得碰撞及扭转。

表 6-4　刚性接口填料规定

内层填料		外层填料	
材料	填打深度	材料	填打深度
油麻辫	约占承口总深度的 1/3，不得超过承口水线里缘；当采用铅接口时，应距承口水线里缘 5 mm	石棉水泥	约占承口深度的 2/3，表面平整一致，凹入端面 2 mm
橡胶圈	填打至插口小台或距插口端 10 mm		填打至橡胶圈表面平整一致，凹入端面 2 mm

注：1. 油麻辫直径为 1.5 倍接口环向间隙；环向搭接宜为 50 ~ 100 mm，填打密实。

2. 橡胶圈细部尺寸应按《给水排水管道工程施工及验收规范》（GB 50268—2008）第 4.5.10 条规定选用。

(2)柔性接口。柔性接口采用滑入式T形接口、梯唇形接口及柔性机械式接口时，橡胶圈的质量、性能、细部尺寸，应符合现行国家铸铁管、球墨铸铁管及管件标准中有关橡胶圈的规定。每个橡胶圈的接头不得超过2个。应使插口与承口法兰压盖的纵向轴线相重合；螺栓安装方向应一致，并均匀、对称地紧固。

(3)铅接口。当有特殊需要采用铅接口施工时，铅的纯度不应小于99%；管口表面必须干燥、清洁，严禁水滴落入铅锅内；灌铅时铅液必须沿注孔一侧灌入，一次灌满，不得断流；脱膜后将铅打实，表面应平整，凹入承口宜为1～2 mm。

3)混凝土及钢筋混凝土管

混凝土及钢筋混凝土管，安装前其外观质量及尺寸公差应符合现行国家产品标准。发现裂缝、保护层脱落、空鼓、接口掉角等缺陷，应修补并经鉴定合格后，方可使用。

预应力混凝土管、自应力混凝土管及乙型接口的钢筋混凝土管安装时，承口内工作面、插口外工作面应清洗干净；套在插口上的圆形橡胶圈应平直、无扭曲。安装时，橡胶圈应均匀滚动到位，放松外力后回弹不得大于10 mm，就位后应在承、插口工作面上。

预应力混凝土管、自应力混凝土管不得截断使用，也不能随意开口。

当预应力混凝土管、自应力混凝土管采用金属管件连接时，管件应进行防腐处理。

当采用水泥砂浆填缝及抹带接口时，落入管道内的接口材料应清除。当管径不小于700 mm时，应采用水泥砂浆将管道内接口纵向间隙部位抹平、压光；当管径小于700 mm时，填缝后应立即拖平。

管道接口安装质量应符合下列规定：

(1)承插式甲型接口、套环口、企口应平直，环向间隙应均匀，填料密实、饱满，表面平整，不得有裂缝现象。

(2)钢丝网水泥砂浆抹带接口应平整，不得有裂缝、空鼓等现象，抹带宽度、厚度的允许偏差应为0～5 mm。

(3)预应力混凝土管及钢筋混凝土管乙型接口，对口间隙应符合现行规范上述规定，橡胶圈应位于插口小台内，并应无扭曲现象。

4)塑料管

塑料管及管件应符合输送介质的要求，管壁厚度均匀，内壁应光滑，不得有裂纹、扭动等质量缺陷(特别应注意运输、储存时的影响，堆放地点温度不超过40 ℃，堆放高度不大于1.5 m)；塑料管的连接应按各自的配套管件正确选用。

A. 管道加工

(1)塑料管切割。一般采用木工手锯、木工圆锯、割刀、细齿锯、专用断管机具或截管器切断，切割口应平整并垂直于管轴线(可沿管道圆周作垂直管轴标记再截管)；应去掉截口处的毛刺和毛边(可选用中号砂纸、板锉或角磨机)；有倒角要求时应磨(刮)倒角(选用角磨机)，倒角坡度宜为15°～20°，倒角长度为1.0 mm(小口径)或2～4 mm(中、大口径)。切割口的平面度允许偏差如表6-5所示。

(2)弯管加工。一般采用热煨弯，弯曲半径为管子外径的3.5～4倍。弯管时先将耐热、易变形的材料(如无杂质的干细砂)填实管内，然后将管子需弯曲段均匀加热到110～150 ℃后迅速放入弯管胎膜内弯曲，冷却后成型。

表 6-5 塑料管切割口的平面度允许偏差 (单位:mm)

管径	<50	50~160	>160
允许偏差	≤0.5	≤1	≤2

(3)塑料管管口扩胀。当塑料管采用承插连接或扩口松套法兰连接时,需将管子一端的管口扩胀成承口。塑料管扩管时需先将扩胀端管口用锉刀加工成 30°~45°角内坡口,然后将该管口均匀加热(加热温度:聚氯乙烯管和聚乙烯硬管为 120~150 ℃、聚乙烯软管为 90~100 ℃、聚丙烯管为 160~180 ℃;加热长度:当作承插连接的承口用时为管子外径的1~1.5倍,当作扩口用时为 20~50 mm)。取出后立即将带有 30°~40°角外坡口的插口管段或扩口模具插入变软的扩胀端口内,冷却后成型。

(4)塑料管翻边。当塑料管采用卷边松套法兰连接或锁母丝接时,须预先进行管口翻边。塑料管翻边时先将需翻边的一端均匀加热(加热温度同管口扩胀温度),取出后立即套上法兰,并将预热后的塑料管翻边内胎膜插入变软的管子,使管子翻成垂直于管子轴线的卷边,成型后退出翻边胎膜,用水冷却后即成。

B. 管道连接

塑料管连接有焊接连接、法兰连接、黏结连接、套接连接、承插连接、管件连接、管件紧固连接等。

(1)焊接连接。焊接连接通常采用热风焊接或热熔压焊接,适用于高、低压塑料管。

热风焊接是用过滤后的无油、无水压缩空气经塑料焊枪中的加热器加热到一定温度后,由焊枪喷嘴喷出,使塑料焊条和焊件加热呈熔融状态而连接在一起,冷却后即可。焊条的选用及焊接温度必须符合相应塑料管管材对焊接的要求,应保证焊条的化学成分与焊件成分一致,焊接环境温度一般应≥10 ℃。

热熔压焊接是利用电加热元件所产生的高温来加热焊件的焊接面,直至翻浆,然后抽去加热元件,将两焊件迅速压合,冷却后即可。焊件的预热时间、通电接触时间、压力、保压时间、冷却时间等必须符合相应塑料管管材对焊接的要求。

一般步骤:把待接管材置于焊机夹具上并夹紧;将管材待连接端清洗干净,然后铣削连接面,若连接端不干净,则易产生漏水现象;校直两对接件,使其错位量不大于壁厚的10%;放入加热板;加热完毕,取出加热板;迅速接合两加热面,升压至熔接压力后并保压冷却;热熔完成。

(2)法兰连接。常用的有卷边松套法兰连接、扩口松套法兰连接和平焊法兰连接三种,适用于低压塑料管。连接要求基本与钢管法兰连接相同。

(3)黏结连接。先将管子一端扩胀为承口,管材和管件在黏合前应用棉纱或干布将承、插口处黏结表面擦拭干净,使其保持清洁,确保无沙尘与水迹。当表面沾有油污时,须用棉纱或干布蘸丙酮等清洁剂将其擦净,棉纱或干布不得带有油腻及污垢;当表面黏附物难以擦净时,可用细砂纸将其打磨粗糙,然后用刷迅速、均匀(保持黏结面湿润且软化)地将黏合剂涂到黏结面上(刷宽应为管径的 1/3~1/2),立即找正方向将管端插入承口内并用力挤压即可(须保持必要的施力时间以防止接口滑脱),如图 6-14 所示。

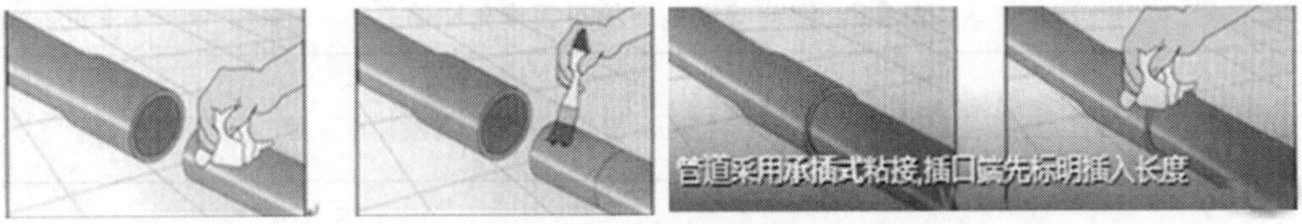

图 6-14　承插胶黏连接

承插口之间接合紧密,间隙不得大于 0.3 mm;管端插入承口深度应符合设计要求;管道黏结不宜在湿度很大的环境下进行,操作场所应远离火源,防止撞击和避免阳光直射,在温度≤ -5 ℃环境中不宜操作;应按不同的材质选择不同的黏合剂,不得混用;承、插口黏结后应将挤出的黏合剂擦净。

此种连接方式使用较普遍。当输送流体压力较高、腐蚀性较强时,可在接口部位再进行焊接,以增加连接强度。

(4)套接连接。先将管端加热,使管子变软后,套入特制的管件上,并用铁丝扎紧。一般用于重力流管道。

(5)承插连接。先将承口内壁凹槽清理干净,再将橡胶密封圈捏成凹形放入承口凹槽内,然后将插口端管子表面和承口端管子内壁涂上润滑剂,再将两根管子对正,并将插口端放入承口端内。为使连接紧密,应用钢锉或电动砂轮等工具将插口管磨成斜面,使斜面与管子呈 15°夹角,钝边为 1/2 ~2/3 管壁厚。小口径管道插入时宜用人力在管端垫木块。

(6)管件连接。采用压力钳对管道进行套丝加工,为防止管子夹破,一般采用多次套丝。套丝完成后接口用白铅油和麻丝、聚四氟乙烯胶带或醇酸树脂填料缠绕,再与锁母压盖连接紧密即可。管道连接完毕后,必须进行检查,凡有变硬、起泡、管材颜色失去光泽等疵病,应截去重新套丝、连接。

(7)管件紧固连接。它是利用特制的连接管件,采用锁母压接紧固方式或钳压变形紧固方式来实现管道连接的一种方法,常用于塑料 - 金属复合管的连接。

6. 管道质量检查与验收

埋设在地下的管道必须在管道基础检查合格,回填土不小于 0.5 m 后进行水压试验;架空、明装及安装在地沟内的管道,应在外观检查合格后进行试验,以检验管道安装质量、进行管道验收。水压试验按其目的分为强度试验和严密性试验两种,试验装置如图 6-15 所示。

当管道工作压力不小于 0.1 MPa 时,应进行压力管道的强度及严密性试验;当管道工作压力小于 0.1 MPa 时,除设计另有规定外,应进行无压力管道严密性试验。管道在做闭水试验前,应做好水源引接及排水疏导路线的设计。灌水时,应从下游缓慢灌入,并在试验管段的上游管顶及管段中的凸起点设排气阀,将管道内的气体排除。当冬期进行管道水压及闭水试验时,应采取防冻措施。试验完毕后应及时放水。

1)压力管道的强度及严密性试验

管道试压是检查管道施工质量的重要措施,其目的是检验施工质量,检查接口质量、管材强度,暴露管材及管件缺陷、砂眼、裂纹等弊病,以达到设计质量要求,符合验收条例。

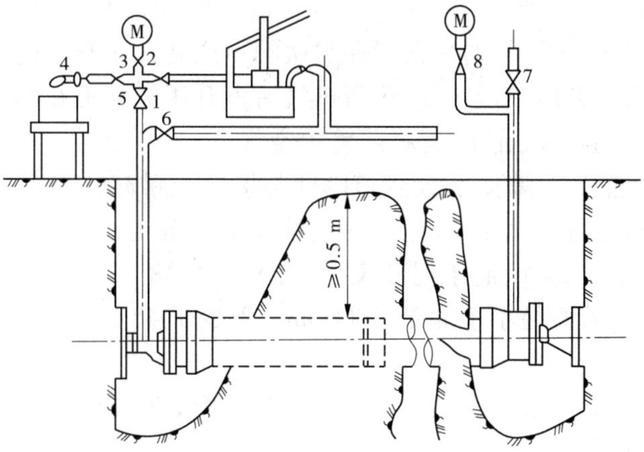

注:1. 向试验管道通水时,打开6、7号阀,关闭5号阀;
2. 用水泵加压时,打开1、2、5、8号阀,关闭4、6、7号阀;
3. 不用量水槽测水量时,打开2、5、8号阀,关闭1、4、6、7号阀;
4. 用量水槽测水量时,打开2、4、5、8号阀,关闭1、6、7号阀;
5. 用水泵调整3号调节阀时,打开1、2、4号阀,关闭5号阀

图6-15　水压试验装置

A. 确定试验压力值

按管材种类、工作压力要求,根据图纸规定或按规范确定试验压力,试验压力应符合表6-6的规定。

表6-6　管道水压试验的试验压力　　(单位:MPa)

管材种类	工作压力 P	试验压力	泡管时间
钢管	P	$P+0.5$,且不应小于0.9	无水泥砂浆衬里:≥24 h 有水泥砂浆衬里:≥48 h
铸铁及球墨铸铁管	≤0.5	$2P$	
	>0.5	$P+0.5$	
现浇钢筋混凝土管	≥0.1	$1.5P$	D≤1 000 mm:≥48 h D>1 000 mm:≥72 h
预应力、自应力混凝土管	≤0.6	$1.5P$	
	>0.6	$P+0.3$	

B. 试压前的准备工作

管道应分段进行水压试验,每个试验管段的长度不宜大于1 km,非金属管道应短一些。试验管段的两端均应以管堵封住,并加支撑加固,以免接头脱开发生意外。

(1)分段。试压分段长度一般采用500~1 000 m,不宜大于1 000 m;当管线转弯多时可采用300~500 m;湿陷性黄土地区的分段长度应取200 m;管道通过河流、铁路等障碍物的地段须单独进行试压。

试验管段不得采用闸阀作堵板,不得有消火栓、水锤消除器、安全阀等附件(这些附件应在试压前拆除,试压后再安装)。

(2)排气。试压前必须排气,否则当试压管道发生少量漏水时,从压力表上难以显示,压力表指针也不稳。排气孔通常设置在起伏的顶点处。在升压过程中,当发现弹簧压力计表针摆动、不稳,且升压较慢时,应重新排气后再升压。管道在测压前,应先打开6、7号阀,关闭5号阀向试验管段充水,并排除管内空气。

(3)泡管。试验管段灌满水后,使管道内壁与接口填料充分吸水,宜在不大于工作压力条件下充分浸泡后再进行试压,浸泡时间应符合下列规定:铸铁管、球墨铸铁管、钢管,无水泥砂浆衬里,不少于24 h,有水泥砂浆衬里,不少于48 h;预应力、自应力混凝土管及现浇钢筋混凝土管渠,若管径小于等于1 000 mm,不少于48 h,若管径大于1 000 mm,不少于72 h。

(4)加压设备。加压设备有泵、压力表。在试压管段两端分别装设压力表,在法兰堵板上开设小孔,以便连接。

加压设备按试压管段管径大小选用。当试压管管径小于300 mm时,采用手摇泵加压;当试压管管径大于等于300 mm时,采用电泵加压。当采用弹簧压力计时精度不应低于1.5级,最大量程宜为试验压力的1.3~1.5倍,表壳的公称直径不应小于150 mm,使用前应校正;水泵、压力计应安装在试验段下游的端部与管道轴线相垂直的支管上。

(5)支设后背。试压时,管子堵板与转弯处会产生很大压力,试压前必须设置后背。后背按施工场地情况及土质与承压情况来定,可采用原有管沟土挡作后座墙、木板、钢板、千斤顶等。试验管段的后背应设在原状土或人工后背上,当土质松软时应采取加固措施,墙面应平整并应与管道轴线垂直。

C. 水压试验方法

(1)强度试验(又称落压试验)。试验原理是漏水量与压力下降速度及数值成正比。

落压试验操作程序:按规范规定打开1、2、5、8号阀,关闭4、6、7号阀,用试压泵将试验管段缓慢分级升压,每升一级应检查后背、支墩、管身及接口,当无异常现象时,再继续升压至试验压力值,恒定时间至少为10 min(为保持试验压力,可用试验泵向管内补水),检查管道、附件和接口,若未发现管道、附件和接口破坏及较严重的渗漏现象,认为强度合格,即可进行严密性试验。

(2)严密性试验(又称渗水量试验)。试验原理是在同一管段内,压力降落相同,则其漏水总量也相同。采用放水法和注水法两种方法进行试验。

放水法试验操作程序:用试验泵将水压升到试验压力,关闭试压泵的1号阀。记录压力下降0.1 MPa所需的时间T_1(min);打开1号阀再将管道压力提高到试验压力,迅速关闭1号阀后,立即打开4号阀向量水槽放水,记录压力下降0.1 MPa所需的时间为T_2(min);同时测量在此段时间内放出的水量$W(L)$,试验管段的渗水量可按下式计算:

$$q = \frac{W}{(T_1 - T_2)L} \tag{6-1}$$

式中 q——实际渗水量,L/(min·m);

T_1——试验压力降低0.1 MPa所需的时间,min;

T_2——放水时,试验压力降低0.1 MPa所需的时间,min;

W——T_2时间内放出的水量,L;

L——试验管道的长度，m。

当试验时管道未发生破坏，且求得的 q 值小于表 6-7 的值时，即认为试验合格。

表 6-7　压力管道严密性试验允许渗水量

管道内径（mm）	允许渗水量（L/（min · km））		
	钢管	铸铁管、球墨铸铁管	预（自）应力混凝土管
100	0. 28	0. 70	1. 40
125	0. 35	0. 90	1. 56
150	0. 42	1. 05	1. 72
200	0. 56	1. 40	1. 98
250	0. 70	1. 55	2. 22
300	0. 85	1. 70	2. 42
350	0. 90	1. 80	2. 62
400	1. 00	1. 95	2. 80
450	1. 05	2. 10	2. 96
500	1. 10	2. 20	3. 14
600	1. 20	2. 40	3. 44
700	1. 30	2. 55	3. 70
800	1. 35	2. 70	3. 96
900	1. 45	2. 90	4. 20
1 000	1. 50	3. 00	4. 42
1 100	1. 55	3. 10	4. 60
1 200	1. 65	3. 30	4. 70
1 300	1. 70	—	4. 90
1 400	1. 75	—	5. 00

注水法试验操作程序：将管道加压到试验压力后即停止加压，开始计时。每当压力下降时，应及时向管道内补水，但降压不得大于 0. 03 MPa，使管道试验压力始终保持恒定，延续时间不得少于 2 h，并计量恒压时间内补入试验管段内的水量 W（L），则

$$q = \frac{W}{TL} \tag{6-2}$$

式中　q——实际渗水量，L/（min · m）；

T——从开始计时到保持压力恒定结束的时间，min；

W——恒压时间内补入试验管段内的水量，L；

L——试验管道的长度，m。

当求得的 q 值小于表 6-7 的值时，试验合格。

管径不大于400 mm且长度不大于1 km的埋地压力管道在进行强度试验时，若试验压力在10 min内的压力降不大于0.05 MPa，则可不做严密性试验，视为试验合格。

架空管道、明装管道及安装在地沟内的非隐蔽性管道，在试验压力下，观测10 min，若压力降不大于0.05 MPa，且管道未发生破坏，可将压力降至工作压力，保持恒压2 h，进行外观检查，如无渗漏现象即为试验合格，不需做严密性试验。

2）无压力管道严密性试验

排水管道一般为重力流管道，其压力小于0.1 MPa，只要求防止渗漏。

污水、雨污水合流及湿陷土、膨胀土地区的雨水管道，回填土前应用闭水法进行严密性试验。试验管段应按井距分隔，长度不宜大于1 000 m，带井试验。试验方法见压力管道严密性试验：当试验水头达规定水头时开始计时，观测管道的渗水量，应不断地向试验管段内补水，保持试验水头恒定。渗水量的观测时间不得小于30 min。

管道闭水试验应符合下列规定：当试验段上游设计水头不超过管顶内壁时，试验水头应以试验段上游管顶内壁高程加2 m计；当试验段上游设计水头超过管顶内壁时，试验水头应以试验段上游设计水头加2 m计；当计算出的试验水头小于10 m，但已超过上游检查井井口时，试验水头应以上游检查井井口高度为准；试验管段灌满水后浸泡时间不应小于24 h。

做管道严密性试验时，应进行外观检查，当没有漏水现象，且符合实测渗水量不大于表6-8规定的允许渗水量的规定时，管道严密性试验为合格。

表6-8　无压力管道严密性试验允许渗水量

管道内径（mm）	允许渗水量（m^3/(24 h · km)）	管道内径（mm）	允许渗水量（m^3/(24 h · km)）
200	17.60	1 200	43.30
300	21.62	1 300	45.00
400	25.00	1 400	46.70
500	27.95	1 500	48.40
600	30.60	1 600	50.00
700	33.00	1 700	51.50
800	35.35	1 800	53.00
900	37.50	1 900	54.48
1 000	39.52	2 000	55.90
1 100	41.45		

注：管材包括混凝土管、钢筋混凝土管、陶管及管渠。

3）管道冲洗与消毒

给水管道水压试验后、竣工验收前应冲洗消毒。冲洗时应避开用水高峰，以不小于1.0 m/s的流速连续冲洗，直至出水口处水的浊度、色度与入水口处冲洗水浊度、色度相同。管道应采用氯离子浓度不低于20 mg/L的清洁水浸泡24 h，再次冲洗，直至水质管理部门取样化验合格。

7. 防腐及保温

金属管道与水或潮湿土壤接触后，会因化学作用或电化学作用产生腐蚀而遭到损坏，出现生锈、坑蚀、结瘤、开裂、穿孔或脆化等外腐蚀的情况，因此应对管道内、外表面进行防腐处理。埋地钢管可按土壤的性质和管道防腐要求按表6-9选择外防腐层的构造。钢管一般采用石油沥青涂料、环氧煤沥青涂料外防腐。当金属管道敷设在腐蚀性土中以及电气化铁路附近或其他有杂散电流存在的地区时，为防止发生电化学腐蚀，应采取阴极保护措施（外加电流阴极保护或牺牲阳极）。

表6-9　土壤腐蚀等级及管道防腐等级

土壤电阻率测量法(Ω·m)	≥50	50~20	20~10	<10
试样失重测量法(g/d)	<1	1~2	2~3	>3
腐蚀性	低	普通	较高	高
防腐等级	普通防腐	普通防腐	加强防腐	特加强防腐

1）钢管道外防腐

钢管道外防腐常采用覆盖防腐法，即在管道外面涂防腐层。

A. 常用的钢管道外防腐材料及构造

钢管道外防腐常采用石油沥青涂料和环氧煤沥青涂料涂层，其构造见表6-10、表6-11。

表6-10　石油沥青涂料外防腐层构造

防腐等级	三油二布(普通级)	四油三布(加强级)	五油四布(特加强级)
构造	1. 底漆一层 2. 沥青 3. 玻璃布一层 4. 沥青 5. 玻璃布一层 6. 沥青 7. 聚氯乙烯工业薄膜一层	1. 底漆一层 2. 沥青 3. 玻璃布一层 4. 沥青 5. 玻璃布一层 6. 沥青 7. 玻璃布一层 8. 沥青 9. 聚氯乙烯工业薄膜一层	1. 底漆一层 2. 沥青 3. 玻璃布一层 4. 沥青 5. 玻璃布一层 6. 沥青 7. 玻璃布一层 8. 沥青 9. 玻璃布一层 10. 沥青 11. 聚氯乙烯工业薄膜一层
厚度	≥4.0 mm	≥5.5 mm	≥7.0 mm

表 6-11 环氧煤沥青涂料外防腐层构造

防腐等级	二油(普通级)	三油一布(加强级)	四油二布(特加强级)
构造	1. 底漆 2. 面漆 3. 面漆	1. 底漆 2. 面漆 3. 玻璃布 4. 面漆 5. 面漆	1. 底漆 2. 面漆 3. 玻璃布 4. 面漆 5. 玻璃布 6. 面漆 7. 面漆
厚度	≥0.2 mm	≥0.4 mm	≥0.6 mm

B. 外防腐的施工工艺

沟槽内管道接口处施工,应在焊接、试压合格后进行,接头处应黏结牢固、严密。

(1)石油沥青涂料外防腐。清除油垢、灰渣、铁锈,焊接表面应光滑无刺,无焊瘤、棱角。涂抹冷底子油两层,涂底漆时基面应干燥,基面除锈后与涂底漆的间隔时间不得超过8 h;应涂刷均匀、饱满,不得有凝块、起泡现象,底漆厚度宜为0.1~0.2 mm,管两端150~250 mm范围内不得涂刷;待冷底子油干燥后浇涂180~220 ℃、层厚1.5 mm的热沥青或沥青胶泥,常温下刷沥青涂料时,应在涂底漆后24 h之内实施;立即缠绕玻璃纱布,玻璃布的压边宽度应为30~40 mm;接头搭接长度不小于100 mm,各层搭接接头应相互错开,玻璃布的油浸透率应达到95%以上,不得出现大于50 mm×50 mm的空白;管端或施工中断处应留出长150~250 mm的阶梯形搭头,阶梯宽度应为50 mm;趁热(当沥青涂料温度低于100 ℃时)用牛皮纸或聚氯乙烯工业薄膜包扎在沥青涂层上作外保护层,不得有褶皱、脱壳现象,压边宽度应为30~40 mm,搭接长度应为100~150 mm。

(2)环氧煤沥青涂料外防腐。清除油垢、灰渣、铁锈,焊接表面应光滑无刺,无焊瘤、棱角;按设计要求配置涂料;均匀涂刷底漆,底漆应在表面除锈后的8 h之内涂刷,涂刷应均匀,不得漏涂;管道两端150~250 mm范围内不得涂刷;刮腻子;涂面漆和缠绕玻璃布应在底漆表干后进行,底漆与第一道面漆涂刷的间隔时间不得超过24 h。

2)钢管道内防腐

管道内防腐,对大口径管道采用水泥砂浆衬里,对小口径管道采用内壁刷环氧玻璃布做成玻璃钢。

(1)水泥砂浆内防腐层的材料质量要求:不得使用对钢管道及饮用水水质造成腐蚀或污染的材料;当使用外加剂时,其掺量应经试验确定;砂应采用坚硬、洁净、级配良好的天然砂,除符合现行国家标准《普通混凝土用砂、石质量及检验方法标准》(JGJ 52—2006)外,其含泥量不应大于2%,其最大粒径不应大于1.2 mm,级配应根据施工工艺、管径、现场施工条件,在砂浆配合比设计中选定;水泥宜采用 M42.5 以上的硅酸盐水泥、普通硅酸盐水泥或矿渣硅酸盐水泥;拌和水应采用对水泥砂浆强度、耐久性无影响的洁净水。

(2)水泥砂浆内防腐层施工工艺:水泥砂浆内防腐层可采用机械喷涂、人工抹压、拖筒或离心预制法施工;当采用预制法施工时,在运输、安装、回填土过程中,不得损坏水泥砂浆内防腐层;清除管道内壁的浮锈、氧化铁皮、焊渣、油污等;将配置好的涂层均匀抹在管内壁;水泥砂浆内防腐层成型后,应立即将管道封堵,终凝后进行潮湿养护;普通硅酸盐水泥养护时间不应少于 7 d,矿渣硅酸盐水泥不应少于 14 d;通水前应继续封堵,保持湿润。

8. 覆土

验收合格后,对埋地管在管沟处进行覆土压实,以达到规定的压实系数要求。

三、附属构筑物施工

(一)阀门井

管网中的各种附件一般应安装在阀门井内(见图 6-16)。为了降低造价,配件和附件应布置紧凑。阀门井的平面尺寸取决于管道直径以及附件的种类和数量,应满足阀门操作及拆装管道阀件所需的最小尺寸;井深由管道埋深确定,但井底到管道承口或法兰盘底的距离不得小于 0.1 m,法兰盘与井壁的距离宜大于 0.15 m,从承口外缘到井壁的距离应在 0.3 m 以上,便于接口施工。

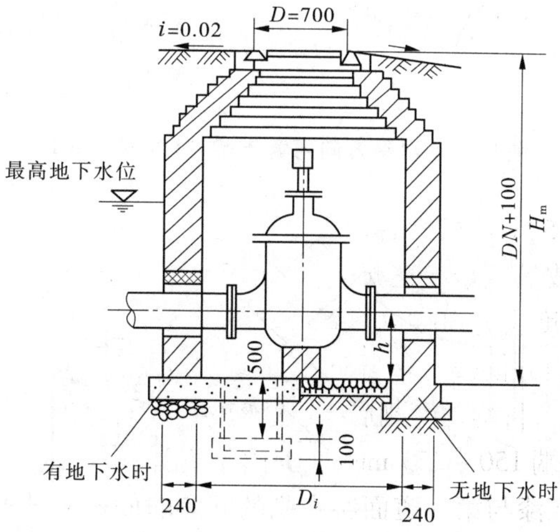

图 6-16 阀门井 (单位:mm)

位于地下水位较高处的井,井底和井壁应不透水,在水管穿越井壁处应保持足够的水密性。阀门井应有抗浮稳定性。

阀门井一般用砖砌,也可用石砌或钢筋混凝土建造。在井室砌筑时,应同时安装踏步、预留支管,预留支管的管径、方向、高程应符合设计要求,管与井壁衔接处应严密,预留支管管口宜采用低强度等级砂浆砌筑封口抹平。砌筑至规定高程后,应及时浇筑或安装井圈,盖好井盖。雨季井身应一次砌起。为防止漂管,可在井室侧墙底部预留进水孔,回填土前应封堵。冬期砌筑应采取防寒措施，在两管端加设风挡。

（二）水表井

水表井可按全国通用给排水标准图 S145 进行施工。

（三）管支墩

承插式接口的管道，在弯管处、三通处及管道尽端盖板上以及缩管处，都会产生拉力。在这些部位须设支墩支承，以承受拉力和防止事故。当弯管管径大于 700 mm，且水平敷设时，应尽量避免使用 90°弯管。若垂直敷设，应尽量避免使用 45°以上的弯管。支墩应砌筑在坚土上。若利用土体做后背墙，则一定要选原状土，并保证支墩和土体紧密接触，如有空隙，应用与支墩相同的材料填实。直线管段每隔 8 ~ 12 m 需设一滑动支墩，另设一固定支墩。固定支墩间距一般可采用 60 ~ 70 m，最大不超过 100 m。

在管道水平转弯处设侧面支墩（见图 6-17）；在垂直向下转弯处设弯管支墩（见图 6-18）；在垂直向上转弯处用拉筋将弯管和支墩连成一整体（见图 6-19）。给水管道支墩设置见给排水标准图集 03S504、03SS505。

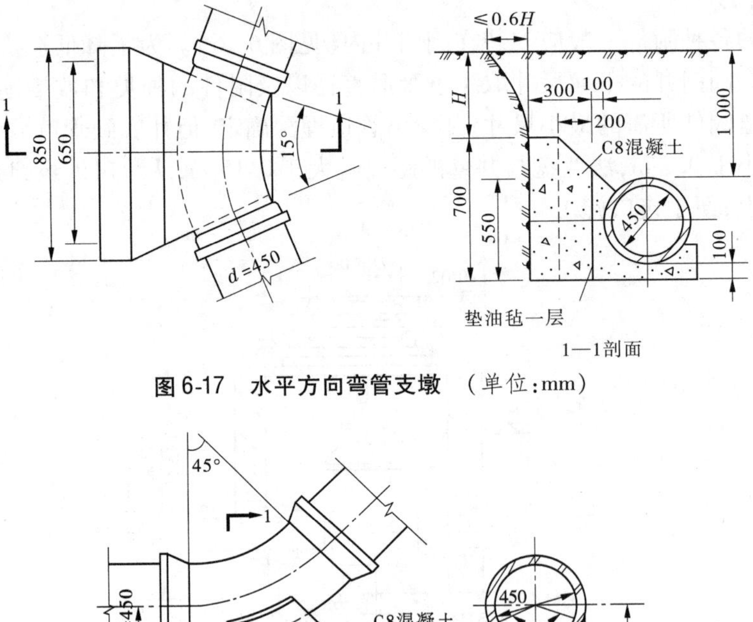

图 6-17　水平方向弯管支墩　（单位：mm）

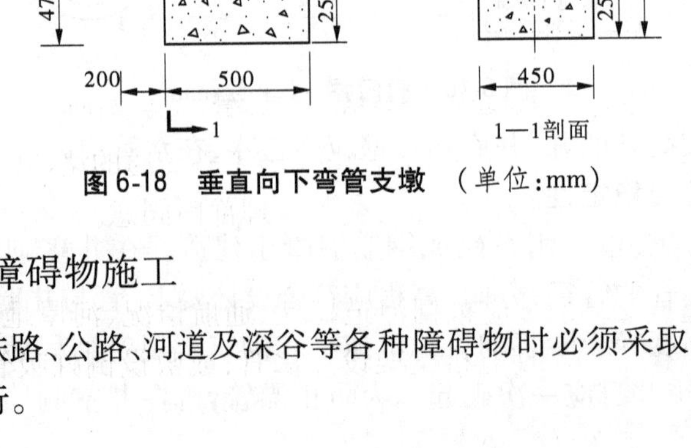

图 6-18　垂直向下弯管支墩　（单位：mm）

四、管道穿越障碍物施工

给水管道通过铁路、公路、河道及深谷等各种障碍物时必须采取一定的措施，以确保管网工作的安全运行。

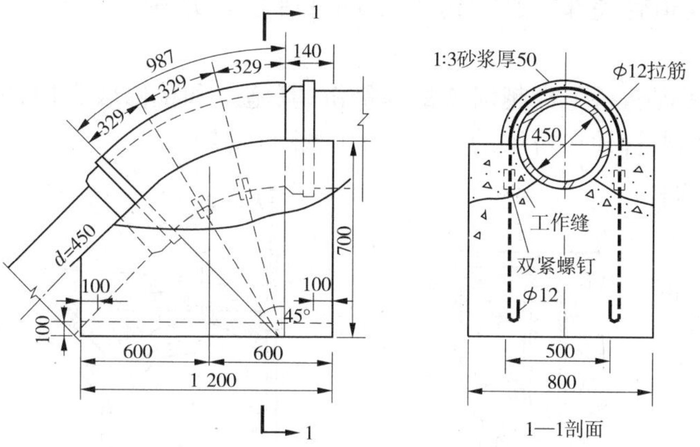

图6-19 垂直向上弯管支墩 （单位:mm）

（一）穿越铁路或公路

当管道穿越铁路或公路时，其穿越地点、方式和施工方法，应满足有关铁道部门穿越铁路的技术规范。根据其重要性可采取如下措施：当穿越临时铁路、一般公路或非主要路线且管道埋设较深时，可不设套管，但应尽量将铸铁管接口放在轨道中间，并用青铅接口，钢管则应有防腐措施；当穿越较重要的铁路或交通频繁的公路时，须在路基下设钢管或钢筋混凝土套管，套管直径根据施工方法而定，应比给水管直径大300 mm，顶管法施工应比给水管的直径大600 mm。套管应有一定的坡度以便排水。路的两侧应设检查井，内设阀门及支墩，并根据具体情况在低的一侧设泄水阀、排水管或集水坑，见图6-20。当穿越铁路或公路时，水管顶（设套管时为套管管顶）在铁路轨底或公路路面的深度不得小于1.2 m，以减轻动荷载对管道的冲击。

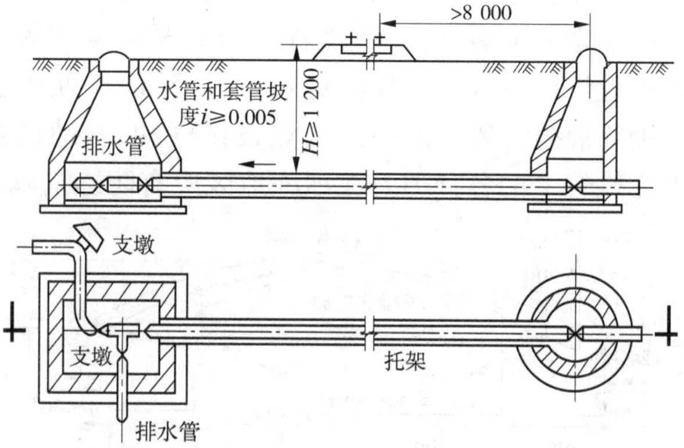

图6-20 设套管穿越铁路的给水管 （单位:mm）

施工方案尽可能选用顶管施工，以减轻由于施工对交通的堵塞。在施工前，应将施工方案报经有关铁路部门或当地道路城建及交通管理部门同意。

（二）穿越江河或深谷

当管线穿越河道或深谷时，应根据河道特性、通航情况、河岸地质地形条件、过河管材和直径、施工条件等，可利用现有桥梁架设给水管，或敷设倒虹吸管，或建造专用管桥。

施工方案应报经河道管理部门、环保部门等同意后方可实施。

1. 有桥梁

给水管架设在现有桥下穿越河流最为经济，其施工和检修较方便，但应注意振动和冰冻的影响。通常给水管架在桥梁的人行道下(见图 6-21)。

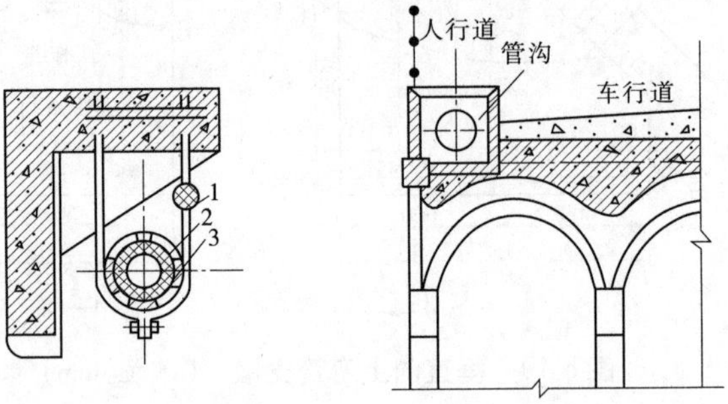

(a)钢筋混凝土桥之水管吊架　　(b)桥边人行道下的管沟

1—吊环;2—钢管;3—块木

图 6-21　敷设于桥梁上的管道

2. 无桥梁

无桥梁利用时，可考虑架设拱管桥或设置倒虹吸管。

1)架设拱管桥

大口径管道由于质量大，当架设在桥下有困难或无桥梁可利用时，可建专用管桥，架空穿越河道，如图 6-22 所示。拱管利用钢管自身作为支承结构，起到了一管两用的作用，节省了架设管桥所需的支撑材料。由于拱是受力结构，钢材强度较大，管壁较薄，造价较经济。管桥应有适当高度来保证通航，一般拱管的矢高和跨度比为 1/8 ~ 1/6，常取 1/8。拱管一般用钢管或铸铁管焊接而成，每节长度为 1 ~ 1.5 m，为便于检修，可用青铅接口；也可用承插式预应力钢筋混凝土管。应在最高点设排气阀，两端设置伸缩接头。在两岸应有支座以承受作用在拱管上的各种力。在冰冻地区应有防冻措施。

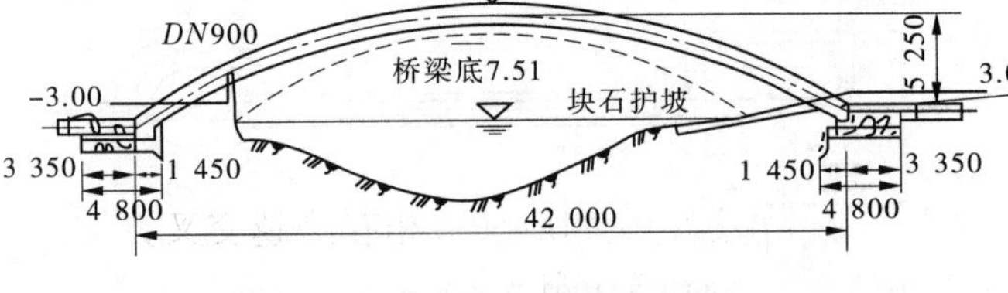

图 6-22　拱管桥　(单位:mm)

2)倒虹吸管

倒虹吸管从河底穿越，比较隐蔽，不影响航运，但施工和检修不便。

倒虹吸管施工设计包括:倒虹吸管施工平面布置图及沟槽开挖断面图设计;导流或断流工程施工图设计;施工机械设备数量与型号确定;施工场地临时供电、供水、通信等设计;沟槽开挖与回填的方法;管道的制作与组装方法;管道运输方法与浮力计算;水上运输航线的确定;管基的打桩方法;管道铺设方法;安全保护措施。

倒虹吸管应选择在地质条件较好、河床及河岸不受或少受冲刷处,当河床土质不良时,应做管道基础。倒虹吸管一般用钢管并加强防腐措施。当管径小、距离短时可用铸铁管,但应采用柔性接口。为保证安全供水,倒虹吸管一般设两条,两端应设阀门井,井内安装阀门、泄水阀和倒虹吸管的连通管,以便放空检修或冲洗倒虹吸管。阀门井顶部标高应保证洪水时不致淹没。倒虹吸管管顶在河床下的埋深,应在其相应防洪标准的洪水冲刷深度以下,且不小于 1 m。当管道埋设在通航河道时,管道埋设深度应在航道底设计高程 2.00 m 以下。倒虹吸管管径可小于上下游管道的直径,以便管内流速较大而不易沉积泥砂,但当两条管道中有一条发生事故时,另一条管中流速不宜超过 2.5 ~ 3.0 m/s。倒虹吸管见图 6-23。

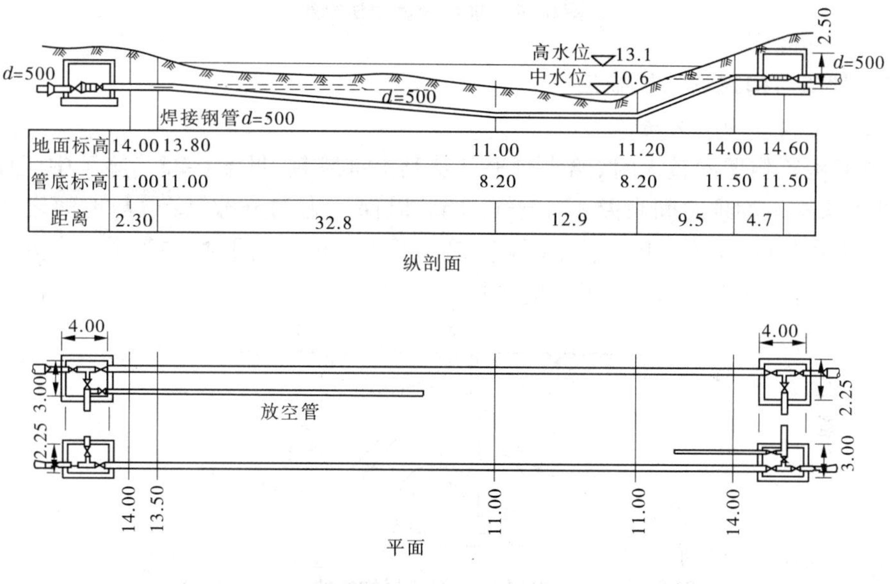

图 6-23　倒虹吸管　(单位:m;管径单位:mm)

五、地下工程交叉施工

(一)管道与管道交叉施工

管道与管道之间或管道与构筑物之间应采取相互跨越交叉方式,不允许立面上重叠敷设,同时保持适宜的垂直净距及水平净距。

当给水管道从其他管道上方跨越时,若管间垂直净距 H 大于等于 0.25 m,一般不予处理;否则应在管间夯填黏土,保证密实或在管侧底部设置墩柱,支承给水管。

当其他管道从给水管道下部穿越时,若同时安装,管道间沟槽土的回填、密实按规范和设计要求;若其他管道从原给水管道下方穿越则掏空(掏空长度为给水管管径加 0.3 m),敷管,给水管道设置 135°包角范围的支座。

当给水管与排水干管的过水断面交叉,高程一致时,给水管道无法跨越(覆土不能保证),则降低排水干管高度,保证管底坡度及过水断面面积不变。给水管设置于盖板上,管底与盖板间所留的0.05 m间隙中填砂土,沟渠两侧夯填砂夹石,排水管扁沟法穿越如图6-24所示。

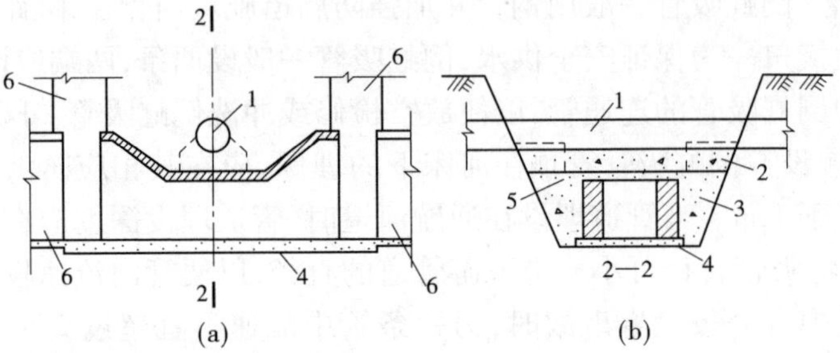

1—给水管;2—混凝土管座;3—砂夹石;4—排水沟渠;5—黏土层;6—检查井

图6-24 排水管扁沟法穿越

(二)管道与构筑物交叉施工

1. 管道与构筑物交叉施工

当地下构筑物埋深较大时,给水管道可从其上部跨越,见图6-25。施工中应控制的参数有:管底与构筑物顶之间高差不小于0.3 m,以保证力的分散;管顶与地面之间的覆土深度不小于0.7 m(冰冻地区更严,应保证最小覆土厚度)。同时,在管道最高处应安装排气阀,并砌筑排气阀井(以防超压对构筑物的影响)。

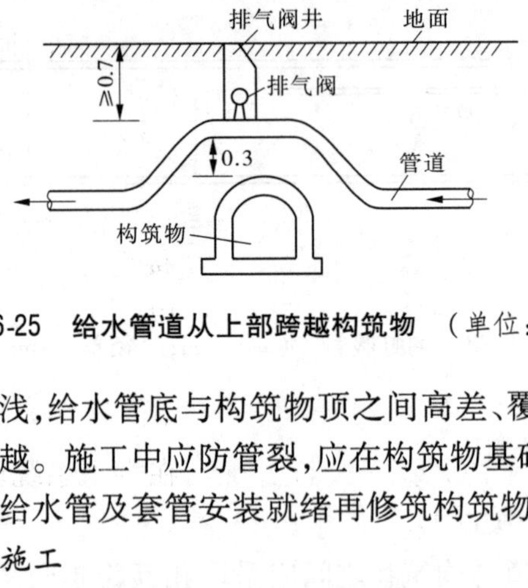

图6-25 给水管道从上部跨越构筑物 (单位:m)

当地下构筑物埋深较浅,给水管底与构筑物顶之间高差、覆土深度不能同时满足时,给水管道从构筑物下部穿越。施工中应防管裂,应在构筑物基础下面的管道上增设套管。当构筑物后施工时须先将给水管及套管安装就绪再修筑构筑物。

2. 建筑物建在管道上施工

管道原则上不允许被压在建筑物下。当实在无法避开时,则应保证建筑物下沉时管道不受影响,管道维修方便。施工中应控制:当基础未建在管道上时,管道与基础垂直处理(见图6-26),在两外墙处设置基础梁,在建筑物内修建过人管沟;当基础建在管道上时,管道与基础平行处理(见图6-27),将基础分开,基础上部设梁,高度满足管沟检修要求。

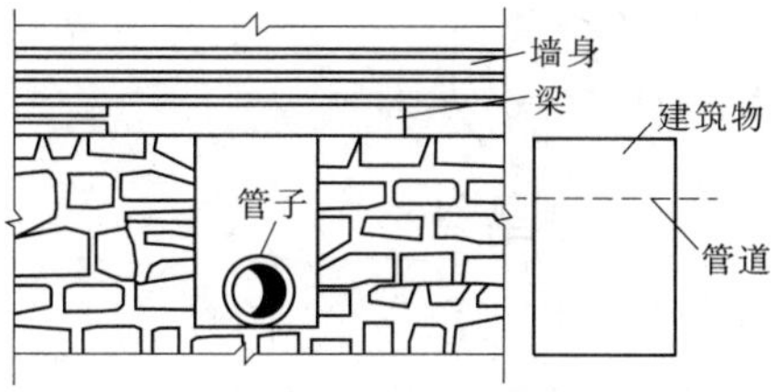

图 6-26　与管道垂直的基础处理方法

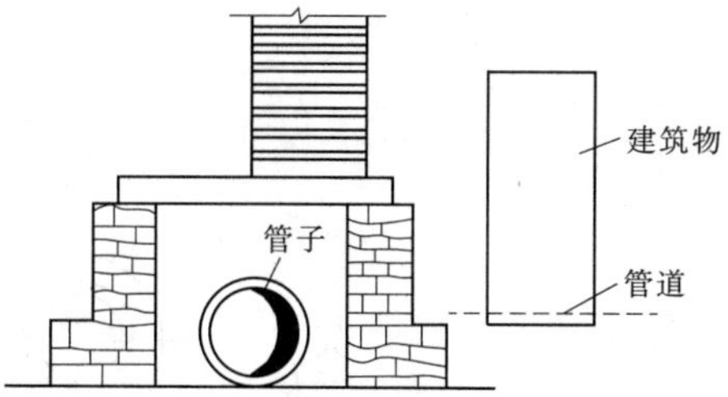

图 6-27　与管道平行的基础处理方法

第二节　阀门、仪表的安装

一、阀门的安装

阀门的连接方式有法兰连接和螺纹连接,与管道连接类似。

阀门安装有如下要求:

(1)对截止阀、止回阀、吸水底阀、减压阀、泄水阀等阀门,安装时必须使水流方向与阀门标注方向一致;水平安装与垂直安装不能混淆。

(2)法兰与阀门对正并平行,特别是蝶阀,应防止阀门受力不均和受力过猛而损坏,应尽量避免操作手轮位于阀体下方。

(3)安全阀安装在管道或设备留出的管头上,出口不能有任何障碍物。安装连接完毕后,要用压力表参照设计压力值定压。

(4)减压阀安装及运行时不得有任何杂质掉入阀内,以防止阻塞造成减压阀失灵。

(5)排气阀安装时应伴装一个隔离用阀门,要安装在管道顶部,以保证正常使用。

(6)便于检修。螺纹连接的阀门应伴装一个活接头;法兰连接、对夹连接等安装的阀门宜伴装一个伸缩接头,以利于阀门的拆、装。阀门安装位置应符合设计要求。

二、仪表的安装

为了满足用户的用水需求和进行正常的管理,在供水系统里需要安装流量计、水表、压力表、温度计、液位计等仪器仪表。

(一)水表及流量计

安装水表时应注意水表上箭头所示方向,应与水流方向相同。一般应水平安装;当允许垂直安装时,水流方向必须由下而上(否则水表在静压太大时会自动冲开运转)。

水表及流量计应安装在水流较稳定的直管段上,保证前、后有一定长度的直管段。

(二)压力表

安装压力表时,应考虑表弯,防止传动机构损坏及产生误差(见图 6-28)。应按设计压力等级及精度进行安装。

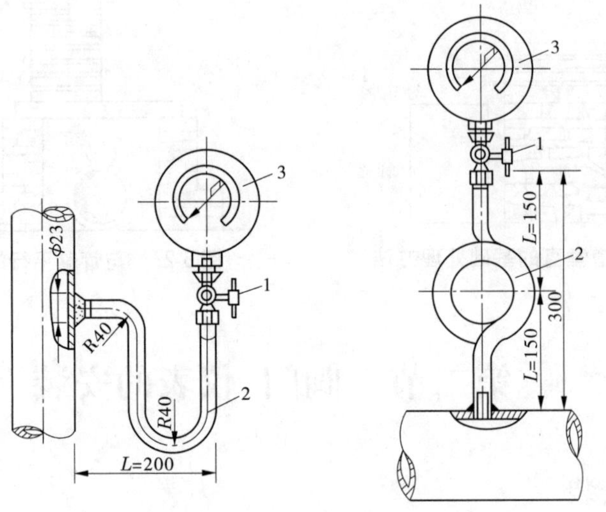

1—三通旋塞;2—表弯;3—压力表

图 6-28　压力表安装　(单位:mm)

(三)温度计

安装时应保证温度计的敏感元件处于被测介质的管道中心线上,并应迎着或垂直流束方向;保证温度计在使用范围内。

(四)液位计

液位计常安装在敞口或密闭容器上,显示容器内的液位。安装时应保证液位高、低设置正确。液位计的上、下固定点应比最高水位高 25 ~ 50 mm,比最低水位低 25 ~ 50 mm。

第三节　常用设备及工具

管道工程施工中经常用到熔接器、切管机、套丝机、管剪刀等专用的工具和设备。

一、熔接器

熔接器也叫热熔器,适用于热塑性塑料管材,如 PP－R、PE、PP－C 的连接(见图 6-29)。熔接器有多组不同规格的模头,适应不同管径的管材连接。熔接器出厂时温度已调整好,非专业人员不得随意调整,以免影响熔接器的正常使用及寿命。

图 6-29　熔接器

(一)主要指标

(1)环境湿度:－20 ~ 50 ℃,相对湿度:45% ~ 95%;电压范围:交流 176 ~ 245 V;频率:(50 ± 1) Hz。

(2)加热头温度:(260 ± 5) ℃。

(3)安全指标:绝缘电阻不小于 1 MΩ,漏电流≤5 mA(交流有效值)。

（二）使用方法

（1）安装熔接器加热端头，把熔接器放置于架上，根据所需管材规格安装对应的加热模头，并用内六角扳手扳紧，一般小在前端、大在后端。根据相应管件裁截好管材。

（2）通电开机。接通电源（注意电源必须带有接地保护线），绿色指示灯亮，红色指示灯熄灭，表示熔接器进入自动控制状态，可开始操作。注意：在自动控温状态，熔接器处于受控状态，不影响操作。

（3）熔接管材。用切管器垂直切断管材，将管材和管件同时无旋转推进熔接器模头内，并按表 6-12 要求进行操作。达到加热时间后立即把管材与管件从模头同时取下，迅速无旋转地直线均匀插入到所需深度，使接头形成均匀凸缘。

表 6-12　熔接器使用要求

公称外径（mm）	热熔深度（mm）	加热时间（s）	加工时间（s）	冷却时间（min）
20	14	5	4	3
25	16	7	4	3
32	20	8	4	4
40	21	12	6	4
50	22.5	18	6	5
63	24	24	6	6
75	26	30	10	8
90	32	40	10	8
110	38.5	50	15	10
160	55	60	25	20

注：如操作环境温度低于 5 ℃，加热时间延长 50%。

二、旋转式切管机

旋转式切管机可切割碳钢管、不锈钢管、铸铁管、球墨铸铁管，适用于 25 ~ 50 mm 的管径（如图 6-30 所示）。

切管机安装有 4 个刀片，只需来回摆动 90° ~ 110° 即可进行切割，管子周围只需 4 in（1 in = 2.54 cm）操作空间。导向架能够确保刀片走一条轨迹，使切割笔直。360° 全封闭刀架，将力量集中在一起，使切割更省力，为无火花冷切割。

图 6-30　旋转式切管

三、手动（电动）套丝机

当金属管材采用螺纹接口时，常要用套丝机对管口进行螺纹加工，如图 6-31 所示。

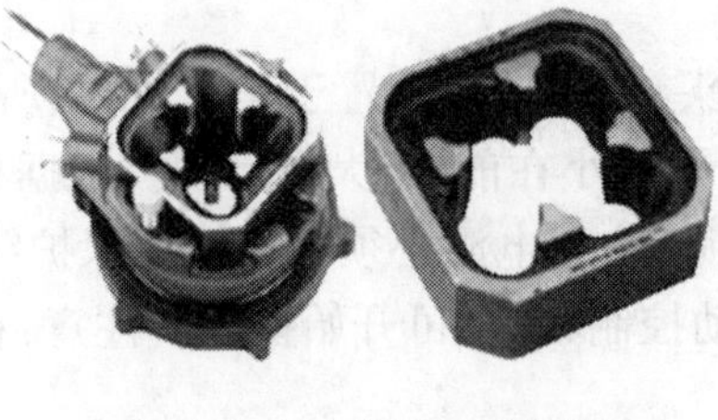

图 6-31　手动套丝机及板牙

这种机械连接口底盘尺寸可以任意调整,四方板牙可单独更换。由于底盘可针对管径大小而调整,因此给不同管径套丝时只更换板牙即可,无需更换套头和绞牙。

四、PE 管铡刀

PE 管铡刀如图 6-32 所示,适用于切割 PE 管。

操作时,需 30°～60°的摇摆空间,管子周围需 6 in 操作空间;切割时,随底部滚轮的活动摇动工具,因此不会挤扁管子,而且切割快速、笔直。刀片可重磨或单独更换。和锯子相比,不会有屑片残留在管道内。

图 6-32　PE 管铡刀

五、管剪刀、管割刀

管剪刀(见图 6-33)、管割刀(见图 6-34)适用于小口径塑料管、PPR 管、PE 管、橡胶合成管等管子的切割加工。

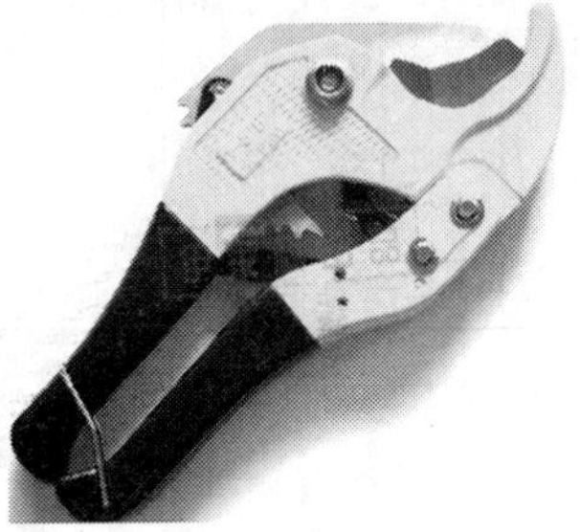

图 6-33　管剪刀

图 6-34　管割刀

(1)管剪刀:刀架采用铝合金压铸,刀片用高碳工具钢,刀口为圆弧形与三角形设计,刀口由数控磨床精磨而成,刀刃口中性准确无误,切口平整,剪切轻松快速。

(2)管割刀:管割刀手柄采用铝合金压铸表面喷塑加工,进退快速。滑道经过拉床精密加工,切割时不走螺旋、不偏离方向。

思考与练习

1. 管道的连接形式有哪些？管道的敷设顺序是什么？

2. 采用什么方法对压力管道进行试验？试验的步骤是什么？

3. 压力管道的强度试验原理是什么？试验程序是什么？

4. 压力管道的严密性试验原理是什么？试验程序是什么？

5. 如何进行钢管道的内、外防护？

6. 外防腐中石油沥青涂料的五油四布及环氧煤沥青涂料的四油二布构造各是什么？

7. 当给水管道穿越铁路或公路时有哪些技术要求？采用倒虹吸管穿越河道时应满足哪些技术要求？

8. 安装水表、阀门要注意哪些问题？

第三篇 供水工程运行与管理

乡镇供水工程形式多样、规模差异大,运行与管理的条件不同,要求也不同,应分类进行运行与管理。

满足生活饮用水需求、保障生活饮用水卫生安全是乡镇供水的主要任务。乡镇供水工程的运行与管理应符合国家现行的有关生活饮用水卫生安全的规定。供水工程应有必要的净水设施和消毒措施,凡与生活饮用水接触的材料、设备和化学处理剂,不应污染水质,供水水质应符合生活饮用水卫生标准,应建立水质检测制度和卫生防护措施等,集中供水系统不应与非生活饮用水管网和自备供水系统相连接。

第七章 水源及取水系统管理

【学习目标】

了解水源保护区的范围;掌握保护水源的具体要求和方法;了解水质管理的具体内容;了解取水构筑物的防洪、防汛措施;掌握常见取水构筑物运行管理的内容、方法。

第一节 水源及水质管理

一、水源管理

饮用水水源应按《中华人民共和国水污染防治法》和《饮用水水源保护区污染防治管理办法规定》设保护区,设置明显的范围标志和严禁事项告示牌,并及时清理污染源和保护区内的污染物;水源保护区内的土地宜种植具有水源涵养作用的林草或按有机农业的要求进行农作物种植。供水单位应按照要求,结合实际情况,合理设置生活饮用水水源保护区,并经常巡视,及时处理影响水源安全的问题。

(一)地表水水源的保护

地表水水源保护应符合下列规定:

(1)取水点周围半径 100 m 的水域内,严禁捕捞、网箱养鱼、放鸭、停靠船只、洗涤、游泳等可能污染水源的任何活动。

(2)取水点上游 1 000 m 至下游 100 m 的水域,不应有工业废水和生活污水排入;不应堆放废渣、垃圾,不应设立有毒、有害物品的仓库和堆栈,不应设立装卸垃圾、粪便和有毒有害物品的码头,不应使用工业废水或生活污水灌溉及施用持久性或剧毒的农药,不应排放有毒气体、放射性物质,不应从事放牧等有可能污染该段水域水质的活动。

(3)当以河流为供水水源时,根据实际需要,可将取水点上游1 000 m以外的一定范围河段划为水源保护区,并严格控制上游污染物排放量。受潮汐影响的河流,取水点上、下游及其沿岸的水源保护区范围应根据具体情况适当扩大。

(4)当以水库、湖泊和池塘为供水水源时,应根据不同情况的需要,将取水点周围部分水域或整个水域及其沿岸划为保护区范围。

(5)当有条件时,可建人工湿地等生物预处理设施改善水源水质。

(二)地下水水源的保护

地下水水源保护应符合下列规定:

(1)地下水水源保护区和井的影响半径范围应根据水源地所处的地理位置、水文地质条件、开采方式、开采水量和污染源分布等情况确定,且单井保护半径不应小于50 m。

(2)在井的影响半径范围内,不应再开凿其他生产用水井,不应使用工业废水或生活污水灌溉和施用持久性或剧毒的农药,不应修建渗水厕所和污废水渗水坑、堆放废渣和垃圾或铺设污水渠道,不应从事破坏深层土层的活动。

(3)井口应有防止雨水积水和雨水漫溢到井内的措施,无井房的水源应设防护栏。

(4)渗渠、大口井等受地表水影响的地下水源,其防护措施与地表水源保护要求相同。

(5)地下水资源匮乏地区,开采深层地下水的饮用水水源井不应用于农业灌溉。

二、水质管理

为保证农村饮用水的安全可靠性,集中式供水工程应根据水源水质、水处理工艺和供水规模,按照《生活饮用水卫生标准》(GB 5749—2006)、《生活饮用水标准检验方法》(GB/T 5750—2006)的要求确定水质检测指标、配备水质检测仪器、建水质化验室。

《生活饮用水卫生标准》(GB 5749—2006)共106项指标,其中常规指标42项,非常规指标64项,指标设置比较全面。常规指标是指能反映生活饮用水水质基本状况的水质指标,非常规指标是指根据地区、时间或特殊情况需要监测的生活饮用水水质指标,各地可根据经济发展水平、水域污染程度、水源种类,结合当地实际情况调整常规和非常规项目进行监测。

为保证饮用水安全,所有的生活饮用水厂都应该对各项水质标准进行检测。可根据当地经济发展水平、水域污染程度、水源种类等的实际情况来确定不同水质指标的检验频率。表7-1规定了所有生活饮用水水厂水质检测频率的最低要求,各生活饮用水水厂均应严格执行,并完整清晰地记录,档案资料保存完好。不具备水质检验条件的自建集中式供水单位,应委托计量认证合格的检验机构按要求进行检验。若生活饮用水水厂规模相对较大(当供水规模达到1 000 m^3/d时),或者当地经济条件相对较好,或者原水水质条件较差时,应采用表7-2中规定的生活饮用水水厂水质检测频率的要求进行检验。

表 7-1　小型集中式供水和分散式供水水质基本检测项目和检验频率

水样类别	检验项目	检验类别
水源水	地表水按《生活饮用水卫生标准》(GB 5749—2006)中表 4 全部项目和表 3 非常规指标	每年不少于 2 次(丰水期和枯水期)
出厂水	《生活饮用水卫生标准》(GB 5749—2006)中表 4 全部指标以及表 2 相关消毒剂指标	每季度不少于 1 次
	《生活饮用水卫生标准》(GB 5749—2006)中表 3 非常规指标	每季度不少于 2 次
管网末梢水	浑浊度、色度、臭和味、肉眼可见物、消毒剂控制浓度、菌落总数、总大肠菌群、耐热大肠菌群、大肠埃希氏菌	每季度不少于 2 次
	《生活饮用水卫生标准》(GB 5749—2006)中表 4 全部指标	每年不少于 2 次

表 7-2　集中式供水单位水质测定项目及检验频率

水样类别	检验项目	检验类别
水源水	浑浊度、色度、肉眼可见物、COD_{Mn}	每日 1 次
	细菌总数、总大肠菌群、粪大肠菌群	每两周 1 次
	《生活饮用水卫生标准》(GB 5749—2006)中表 1 全部常规检验项目及表 2 非常规检验项目、附录 A 中可能含有的有害物质	每半年 1 次
出厂水	浑浊度、色度、肉眼可见物、COD_{Mn}、细菌总数、总大肠菌群、粪大肠菌群、游离余氯	每日 1 次
	《生活饮用水卫生标准》(GB 5749—2006)中表 1 全部常规检验项目及表 2 非常规检验项目中可能含有的有害物质	每半年 1 次
管网末梢水	浑浊度、色度、肉眼可见物、COD_{Mn}、细菌总数、总大肠菌群、粪大肠菌群、游离余氯	每月 2 次
	《生活饮用水卫生标准》(GB 5749—2006)中表 1 全部常规检验项目及表 2 非常规检验项目中可能含有的有害物质	每半年 1 次

注: 出厂水、管网末梢水如检出总大肠菌群,则需进一步检测粪大肠菌群。除此之外的有害物质的检验项目及检验频率由当地卫生行政部门和供水单位根据具体情况确定。

规模化水厂,应建水质化验室并设微生物指标检验室;可选用实验室用检测仪器和便携式检测仪器装备水质化验室;水质检测仪器的配备至少应能检出细菌总数、大肠菌群、耐热大肠菌群、浑浊度、色度、肉眼可见物、臭和味、pH、电导率、消毒剂余量和水源水已知超标的指标,有条件时还应能检测 COD_{Mn}、氨氮、硝酸盐等水源水存在超标风险的指标。

小型水厂可建水质化验室(也可将运行管理办公室兼作水质化验室),配备便携式水质检测仪器;有条件时水质检测仪器的配备宜能检测浑浊度、色度、肉眼可见物、臭和味、pH、消毒剂余量和水源水已知超标的指标。

受建设和运行管理条件限制,水厂的水质化验室无法完成必需定期检测指标的检测时，可委托县级水质监测中心或其他有水质检测资质的单位进行检测。

有条件时，集中供水厂可在出厂水总管上设浑浊度、消毒剂余量等水质在线检测设备，规模较大工程还可在水源和管网的关键部位安装水质在线检测设备。

第二节　取水构筑物的运行与管理

取水构筑物分为地下水取水构筑物和地表水取水构筑物。地下水取水构筑物有管井、大口井、渗渠和泉室等；地表水取水构筑物有湖泊水、水库水、池塘水、溪水、河水、海水、雨水等取水构筑物。乡镇地表水水源基本以水库水、湖泊水、池塘水、溪水、河水、雨水（水质应符合《地表水环境质量标准》（GB 3838—2002）Ⅲ类以上的水体）为主，所以水库水、湖泊水、河水、溪水等取水构筑物是乡镇的主要取水构筑物。

一、地表水取水构筑物

（一）取水头部

对于河水取水构筑物，水流中常挟带树枝、树叶、水草、木材、稻草、鱼、虾等漂浮杂物。这些杂物不仅漂浮在水面上，也漂浮于各层水之中，特别是汛期，水草杂物特别多。杂物很容易聚集于进水孔和取水头部的格栅和格网上，严重时会堵死进水孔和取水头部造成断流事故，所以进水孔和取水头部是江河取水构筑物日常维护管理的重点。常采用的措施有：放置浮堰，拦截水面漂浮物；设置栅栏，拦截水中悬浮物；加强维护管理，及时清除堵塞物。

（1）防草措施。在河网地区、取水口附近的河面上，常设置防草浮堰、挡草木排等，以阻止漂浮在水面上的杂物靠近取水头部和进入水泵。防草浮堰、挡草木排的顶部标高要高于 20 年一遇的洪水位 30 cm，挡草木排间距为 1 ~ 5 cm。

（2）改进格栅。在取水头部或进水间进水孔上设置格栅，以拦截水中粗大漂浮物和鱼类。当格栅不能有效拦截时，可采取增加栅条数量和在栅条上增设横向钢筋等措施。

（3）加强管理。建立巡回检查制度，一般每天检查一次。在汛期，应增加检查次数，发现有堵塞现象要及时采取措施，以免延误。

（二）进水管

取水构筑物的进水管主要有自流管、虹吸管、进水暗渠、明渠（引水廊道）。进水管的主要任务是清淤。

1. 自流管清淤

自流管一般埋设在河床下 0.5 ~ 1.0 m，以减少其对江河水流的影响和免受冲击。自流管如需敷设在河床上，须用块石或支墩固定。清淤主要是消除进水管内的泥沙淤积，通常采取顺冲和反冲两种方法。

（1）顺冲法。顺冲时关闭一部分进水管，使全部水量通过待冲的一根进水管，以加大流速来实现冲洗；或在河流高水位时，先关闭进水管上的阀门，从该格集水间抽水至最低水位，然后迅速开启进水管阀门，利用河流与集水间的水位差来冲洗进水管。顺冲法比较简单，不需另设冲洗管道，但附在管壁上的泥沙难以冲掉，冲洗效果较差。

(2)反冲法。将泵房内出水管与引水管连接,利用水泵高压水或高位水池水进行反冲洗,冲洗时间一般约需 30 min。

2. 虹吸进水管的维护

虹吸进水管的轻微漏气将使虹吸管投入运行时增加抽气时间、减少引水量,严重时会导致停止引水。日常运行要避免较大振动;定期检查引水管的各个部件、接口、焊缝有无渗漏现象,外壁保护涂料有无剥落和锈蚀情况,发现问题,及时检修。

3. 引水廊道的维护

引水廊道一般采用矩形断面,廊道内采用耐磨材料衬砌,以抵抗砂砾的磨损。廊道一般按无压流考虑,因此廊道内水面以上应留有 0.2 ~ 0.3 m 的保护高度。为了避免泥沙淤积,廊道内的流速从起端到末端逐渐增大,并大于泥沙的不淤流速。廊道起端流速不小于 1.2 m/s,末端流速不小于 2 m/s。

如果在引水廊道内淤积泥沙,则用 196 ~ 490 kPa(2 ~ 5 kg/cm^2)的高压水进行冲洗。

(三)进水间及其附属物

含沙较多的河水或者山溪水进入进水间后,由于流速降低,常有大量泥沙沉积,需要及时排除,以免影响取水。常用的排泥设备有排沙泵、排泥泵、射流泵、压缩空气提升器等。对于乡镇水厂进水间或者积泥不严重时,采用高压水带动的射流泵排泥。

进水间附属物的重要部件是格栅和格网。格栅、格网日常管理维护的重点是查看是否出现堵塞、水流不畅的现象。格栅、格网出现堵塞将引起前后水位差,可通过观察或检测水位了解情况。格栅和格网堵塞尤其是格网堵塞时需要及时清除和冲洗,以免格网前后水位差过大,使网破裂。在管理维护过程中,还应注意有无破损,一旦发现应及时修补。在冲洗格网时,应先用起吊设备放下备用网,然后提起工作网至操作台,用 196 ~ 490 kPa(2 ~ 5 kg/cm^2)的高压水通过穿孔管或者喷嘴进行冲洗。

(四)取水泵房

当固定式取水构筑物运行时,应注意观测取水头部、集水井、吸水井等处的水位及变化情况,以判断格栅、格网和管道是否有堵塞现象,当水位差超过正常范围时,应采取措施进行清洗。泵房内的设备应经常进行检查,一旦发现问题,及时进行检修,以保证设备处于完好状态,应定期对设备进行保养和维护。

(五)低坝式取水构筑物

低坝主要用来抬高水位、拦蓄水量。水坝的维护主要是防止溢流时河床受到冲刷,一般在坝下游一定范围内的混凝土或浆砌块石上铺筑护滩,护滩上设齿栏进行消能。

为了防止在上下游水位差作用下,水从上游经过坝基土壤向下游渗透,上游河床应用黏土或者混凝土做防渗铺盖。黏土铺盖上需设置厚度为 30 ~ 50 cm 的砌石层加以保护,有时候还需要在坝基打入板桩或砌筑齿墙防渗。

(六)移动式取水构筑物

移动式取水构筑物的管理和维护量相对较大,必须随时注意观测水位,以保证浮船或缆车能在不同水位下正常取水。移动和拆接的时间要尽可能短。在洪水季节,应密切注意当地及上游水位变化的动向,及时与水文气象台站取得联系,以免浮船或缆车发生意外。

缆车式取水构筑物在运行时应特别注意以下问题：

(1)随时了解河流的水位涨落及河水中的泥沙状况，及时调节缆车的取水位置，保证取水工作的顺利进行。

(2)在洪水到来时，采取有效措施保证车道、缆车及其他设备的安全。

(3)注意缆车运行时的人身、设备安全，进入缆车前，每次调节缆车位置后，应检查缆车是否处于制动状态，确保缆车运行时处于安全状态。

(4)定期检查卷扬机与制动装置等安全设备，以免发生不必要的安全事故。

(七)抗洪、防汛措施

取水构筑物一般紧靠河道，防汛工作至关重要。主要采取以下防汛措施：

(1)物资准备。汛前应根据实际需要备全备足防汛物资。常用的防汛物资有土、砂、碎石、块石、水泥、木材、毛竹、草袋、铅丝、绳索、圆钉和照明工具、挖掘工具等。

(2)防汛前检查。汛前要对取水头部、进水管、闸门、渠道、堤防以及河道内阻水障碍物等所有工程设施做一次全面细致的检查，发现隐患及时消除。

(3)堤防的巡查。取水头部与进水泵房附近的堤防直接关系到水源的安全，要建立巡查、联络及报警制度。在汛期特别是水情达到警戒水位时要组织巡查。查堤要周密细致，在雨夜和风浪大时更要加强对堤面、堤坡出现的裂缝、漏水、涌水现象的观察。

(4)防漫顶措施。在水位越过警戒水位、堤防有可能出现漫顶前要立刻修筑子堤，一般在堤上铺筑草袋加高堤防。草袋装土七成左右，将袋口缝紧铺于子堤迎水面。铺筑时袋口应向背水侧互相搭接、用脚踩实，要求上下层缝必须错开，待铺叠至可能出现的水面所要求的高度后，再在土袋背水面填土夯实。填土的背水坡度不得陡于1:1。

(5)防风浪冲击。当堤防迎水面护坡受风浪冲击严重时，可采取草袋防浪措施。方法是用草袋或麻袋装土(或砂)七成左右，袋口用绳缝合，放置在波浪上下波动的位置并互相叠压成鱼鳞状。也可采用挂树防浪，即将砍下的树叶繁茂的灌木树梢向下放入水中，并用块石或砂袋压住，其树干用铅丝或竹签连接在堤顶的桩上，木桩直径0.1~0.15 m、长1.0~1.5 m，布置成单桩、双桩或梅花桩。

二、雨水收集构筑物

水窖是常用的雨水集蓄设施，由窖体、沉淀过滤池、进出水管和排污清淤设施等组成。水窖的管理有以下几方面：

(1)应经常清扫树叶等杂物，保持集水场与集水槽(或汇水渠)的清洁卫生。

(2)定期对地面集水场进行场地防渗保养和维修。

(3)地面集水场应用栅栏或篱笆围起来，防止闲人或牲畜进入使其损坏；周围宜建截流沟，防止受污染的地表水流入；集水场周围种树绿化可防止风沙。

(4)当采用屋顶集水场时，为保证水质，应在每次降雨排弃初期降雨后，再将水引入简易净化设施。

(5)每年雨季前应掏淤一次以保持正常的储水容积，保证水质良好。掏淤时应检查窖壁，有损坏的要及时修补。当窖内水深仅有0.3 m时，应封窖停止使用，防止窖壁干裂。

(6)为防止污染，窖边严禁洗澡、洗衣服。

(7)如窖内滋生水生物,应及时打捞,并投加漂白粉。

(8)如水窖发生浑水现象,应及时投加明矾溶液,使水凝聚沉淀并澄清。严重时,应抽出全部窖水,查明原因,采取清淤、修补窖壁等措施。

(9)如果采用滤料过滤雨水,当发现出水变浑浊或出水管出水不畅,水自溢流管溢出时,应清洗滤料。清洗时分层将滤料挖出来,分别清洗,清洗后再依粒径先大后小的顺序,放入池内,每层均应铺平。

三、地下水取水构筑物

管井、大口井、渗渠和泉室是乡镇给水工程主要的地下水取水构筑物。

(一)管井

地下水取水设施中用得最多的是管井,管井可以开采深层地下水,并且不受地层岩性限制。管井由井室、井壁管、过滤器、沉淀管等组成,常用管井的直径为 50 ~ 200 mm,井深在 100 m 以内。管井的设计应符合《管井技术规范》(GB 50296—2014)和《机井技术规范》(SL 256—2000)的要求。

1. 管井技术档案的管理

管井验收交付使用后,应及时以打井日志和施工文件等为基础建立技术档案。该档案是管井管理的重要依据,以便分析、研究管井运行中存在的问题。

技术档案主要包括下列资料:

(1)管井日志。管井日志是对打井全过程的记录,对今后的管理工作具有重要的参考价值,同时也对当地新建井的设计具有重要的指导意义。管井日志应记录打井日期、人员、方法、试验数据等。

(2)管井施工说明书。该说明书为综合性施工技术文件,主要包括管井的地质柱状图(岩层名称、厚度、埋藏深度),井的结构,过滤器和填砾规格,井位坐标及井口绝对标高,抽水试验记录,水的化学及细菌分析资料,过滤器安装、填砾、封闭时的记录资料等。

(3)管井使用说明书。主要包括管井的最大开采量、选用的抽水设备类型与规格、管井在使用中可能发生的问题、防止水质恶化和管井维护方面的建议。

(4)管井运行记录。主要是认真填写观测卡,记录抽水起始时间、静水位、动水位、出水量、出水压力及水质(主要是含盐量及含砂量)的变化情况。

(5)水泵与电机运行记录。详细记录电机的电位、电压、耗电量、温度等和润滑油料的消耗以及水泵的运转情况等。

2. 管井的日常维护

管井在使用中会有井腔淤积,井台下沉,井管弯曲、折断、接头错位,出水量逐渐减少或不上水等现象,在保证成井质量的前提下要加强日常维护、提高管理水平。

(1)井深、水深和水位测定。投入使用的机井,每半年应测定井深和水深 2 ~ 5 次,掌握井淤和水位变化,做好维护性抽水清淤。发现异常,应查明原因,及时处理。

(2)抽水设备维护。井泵要配套,这样可以节约能源,并且不会超采地下水。机、泵安装要合理、规范,避免因机械振动毁坏井管或发生井台下沉。柴油机启动时严禁大油门和高速运转,避免在极短时间内造成井腔内水位下降过大,产生涌砂或井淤。

对设备的易损易磨零件要求有足够的备用件,以便在发生故障时及时更换。

(3)管井填塞的清理。当井内有砖头、瓦块等杂物填塞时,根据具体情况,通常可采用以下方法:

①用不同规格的抽筒将杂物抽出。操作时应尽量缩短抽筒上下冲程,慢抽慢进,尽量避免抽筒碰撞井管。

②如果填塞物卡于井管之中,可用钻杆将填塞物冲下,使之落于井底再设法打捞。

③如果填塞物较大,可用抓石器将填塞物抓上来。如经过上述处理,井内仍存有残留填塞物,可用空气压缩机抽水的方法将填塞物吸净。

(4)维护性抽水。对于季节性供水的管井或备用井,在停泵期间应每隔 10 d 或半个月进行一次维护性抽水,以防止过滤器发生锈结,保持井内清洁,延长管井使用寿命,抽水时间一般为 24 ~36 h;同时检查机、电、泵等设备的完好情况。地下水矿化度较高且含铁量过多的,除定期抽水外,还可向井内投入少量稀盐酸,以减缓滤水管的锈结。

对于闲置多年的机井,必须坚持每 2 ~3 个月维护性抽水 1 次,每次不少于 4 h。

(5)管井的卫生管理。加强管井的卫生管理是保障管井出水水质的重要措施。管井启用前,无论是第一次投产还是每次检修之后都要进行消毒。常用的消毒药剂是漂白粉。漂白粉在使用前应先调成浆糊状,然后加水配制成 2% ~5% 的溶液。消毒时井内浓度为 1% ~5% 。消毒可分两步进行,首先将配好的药液倒入井内,使其与井水充分混合,开动水泵,当出水带有氯气味时停泵,然后再次将配好的溶液倒入井内与水充分混合,静置 24 h 后再启动水泵,直至氯气味消失。

(6)管井出水量的恢复。由于管井本身使出水量减少,主要是过滤器或其周围填砾、含水层填塞。针对不同的原因,可采取恢复措施:

①更换过滤器、修补封闭漏砂部位、修理折断的井壁管。

②清除过滤器表面的泥沙,或进行活塞洗井、压缩空气洗井。

③酸洗化学性堵塞。地下水含有盐类等天然的电解质,金属过滤器浸在其中会产生不同程度的电化学腐蚀,尤其是当地下水水位升降或与空气接触曝气而含有溶解氧时,会加速电化学腐蚀。电化学腐蚀的产物在管壁上结垢,使过滤器堵塞。常见的解决方法是用酸洗法进行清除,酸通常用浓度为 18% ~35% 的盐酸。注酸洗井必须严格按操作规程进行,以保证安全。洗毕应立即抽水,防止酸洗剂的扩散,以保证出水水质。

细菌繁殖造成的堵塞,解决方法是用氯化法或酸洗法使其缓解。

(二)大口井

大口井构造简单、取材容易、施工方便、使用年限长、容积大,能起水量调节作用,但深度较浅,对水位变化适应性差。

1. 大口井的运行和管理

大口井的运行和管理基本上与管井相同:

(1)建立健全大口井技术档案。其中包括管井地质结构图、抽水试验和水质化验等技术资料,以便在管井发生事故时有据可查。

(2)做好井运行记录。其中包括静水位、动水位、出水量、含砂量和水质变化情况等。一旦发现情况,应查明原因,及时处理。

(3)注意井周围是否发生沉陷。一旦发现应及时处理,以防出现井管折断、水泵损坏或井报废等事故。

(4)定期进行维护性抽水。大口井停止使用时间过长,容易发生出水量减少现象,特别是在含水层颗粒较细的地区,往往会使进水管堵塞。应定期(1～2月)进行维护性抽水,每次历时不得小于4 h。

(5)定期进行维护性清淤。大口井在使用过程中会出现井底淤积现象。有些是因滤料不合格,拦不住水中泥沙造成淤积;有些是因井管接口不严密,抽水时泥沙从接缝中流入井内;有些是因抽水洗井不及时、不彻底,井内泥沙过多;还有些是因管理不善,不盖井口,砖石或泥沙进入井内等。当发现井内泥沙淤积过多时应立即进行清淤。

大口井还应注意以下两点:

(1)严格控制开采水量。大口井在运行中应均匀取水,最高时开采水量不应大于设计允许的开采水量,在使用的过程中应严格控制取水量。

(2)防止水质污染。大口井一般汇集浅层地下水,应防止周围地表水,尤其是受污染的地表水的汇入。井口、井筒的防护构造应定期维护;在地下水影响半径范围内,注意检测地表水水质情况;严格按照水源卫生防护的规定制定管理制度;保持井内良好的卫生环境,经常换气并防止井壁微生物生长。

2. 大口井保证出水量的措施

(1)更换井底反滤层。大口井运行一段时期后井底反滤层会出现淤积、堵塞,影响出水量,应及时更换。更换时要先将地下水位降低,将原有反滤层全部清出并清洗、补充滤料。更换时要严格控制粒径规格和层次排列,保证施工质量。

(2)定期清理井壁进水孔。为了防止进水孔发生堵塞,一般在井壁外堆填粒径为80～150 mm的砾石,在其外再填三层滤料:内层粒径为50～80 mm,中间层为10～20 mm,最外层为2～4 mm。泥沙淤积堵塞井壁进水孔后会导致出水量下降,要定期利用中压水冲洗进水孔,以增加其出水量。

(三)渗渠

渗渠的管理与管井、大口井有共同之处,另外还应注意以下几点:

(1)记录渗渠在不同时期出水量的变化。渗渠的出水量与河流流量的变化关系密切,当河流处于丰水期时渗渠出水量大,枯水期时出水量小。每隔5～7 d观测并记录井或孔中的水位及相应的河水水位与水泵的出水量,连续观测2～3年可基本掌握渗渠出水量的变化规律。

(2)加强水质管理。渗渠一般汇集浅层地下水,其水质受地表水影响较大,因此要做好渗渠的水质检测和水源卫生防护工作。

(3)做好渗渠的防洪。设置于河床中的渗渠、检查井、集水井等要严防洪水冲刷和洪水灌入集水管造成整个渗渠的淤积。应在每年洪水期前做好一切防洪准备,仔细检查井盖封闭是否牢靠,护坡、丁坝等有无问题等。洪水过后应再次检查并及时清淤,修补被损坏部分。

(4)加强渗渠防冻、防冰凌。在冰冻期,设置于河床中的渗渠、检查井、集水井可能会受到冰冻或冰凌压力,造成地表水侵入渗渠,影响水质和供水安全,应制定相应防护措施。

(5)增加渗渠出水量的措施。第一,修建拦河闸。山区河流如果距离渗渠下游河床较近,则可垂直河流修建拦河闸,枯水期关闸蓄水,抬高水位以增加渗渠出水量。丰水期开闸放水,冲走沉积的泥沙,恢复河床的渗透性能。修建拦河闸要尽量选择造价低廉、管理方便的闸型,还要考虑河水水位抬高后,不会导致上游农田和房屋受淹的问题。第二,修建地下潜水坝。当含水层较薄、河流断面较窄时,两岸为基岩或弱透水层,在渗渠所在河床下游 10 ~30 m 范围内修建截水潜水坝,可以最大限度地截取地下水,有效提高渗渠出水量。

(6)渗渠淤塞的处理。渗渠的淤积与堵塞影响渗渠的出水量。常用的维修方法如下:

①水冲洗清淤。在集水井地面附近安装两台水泵,一台为高扬程水泵,水泵压水管末端与水枪相连,将水枪放在集水井内,利用水枪形成的高压水柱的冲力使淤积的泥沙变成浑水,另一台为低扬程水泵,将浑水从集水井中排出,直至浑水排完。

②修理和加厚反滤层。由于反滤层太薄使浑水进入集水管,应翻修反滤层并适当加厚,翻修时要严格掌握反滤层的级配及厚度要求。

③加大渗渠与集水管的流速。由于集水管中流速太小造成淤积,可使集水井内水位下降,加大集水管与渗渠的水力坡降,减少淤积。

(7)集水管的漏水处理。当渗渠或集水管基础发生不均匀沉陷,或集水管衔接损坏造成集水管向外漏水时,应把集水管内的水抽干净,查明漏水部位,针对漏水原因进行修补。

(四)泉室

泉水是优质的地下水资源,是饮用水工程的首选水源。通过修建泉室收集泉水,可有效降低工程的建设成本及运行成本。泉室的维护内容及措施如下:

(1)检查泉水周边的排水沟运行是否正常,并将周边的地表径流引走。如果排水沟运行不正常,应对排水沟进行改造。用砾石或石头衬砌排水沟,加快排水速度,防止边坡的侵蚀。

(2)当泉室周围建有篱笆时,应检查篱笆是否能有效防止动物进入泉水区。

(3)检查水质。如果暴雨后泉水浊度增加了,则表明地表径流进入并已污染泉水。应查清径流是如何进入泉水的,并改进对泉水的保护措施。

(4)检查泉水盖板是否漏水。

(5)检查所有的泉水是否都进入泉室。仔细观察泉室周边是否有水渗出。如果有水渗出,用黏土或者混凝土密封渗出处,保证所有的水都引入泉室。

(6)清理泉室。每年对泉水系统进行一次消毒,清除泉室中的沉淀物。具体步骤如下:打开盖子,打开出水阀,排空泉室中的水。如果泉室只有一条出水管和溢流管,用水泵或者桶把水排出,然后用小铲将室底的沉淀物铲掉。清洁完后,用氯溶液对泉室墙壁进行清洗,氯应直接加入水中,并保持 24 h。如果氯不能保持 24 h,应每隔 12 h 加氯一次,共两次,以保证完全消毒。

(7)检查管道上的滤网是否需要清洗。如果滤网被阻塞或者非常脏,要对其进行清洁或者更换。

(8)防山洪。设置于山区的泉室要严防洪水冲刷和灌入集水管,造成整个泉室的淤积。应在每年洪水期前,做好一切防洪准备,如仔细检查泉室封闭是否牢靠,护坡、丁坝等有无问题等。洪水过后应再次检查并及时清淤,修补被损坏部分。

(9)定期维护供水管道。高处泉水采用重力输水的管道需要定期进行检查,以防管道淤积泥沙。供水管道直径不小于1 000 mm时,在管道上每隔500~600 m需设检查井,井内设闸阀、排污阀、自动排气阀等;管道直径小于1 000 mm的可不设检查井。

思考与练习

1. 如何进行地表水水源保护?
2. 如何进行地下水水源保护?
3. 小型集中式供水水质的主要检测指标有哪些?
4. 进水间、进水管如何进行维护?
5. 移动式取水构筑物如何进行维护?
6. 如何做好取水构筑物的抗洪、防汛工作?
7. 雨水利用与管理的措施有哪些?
8. 管井的技术档案有哪些内容?
9. 管井的日常维护有哪些内容?
10. 泉室的维护内容及措施有哪些?

第八章　水处理构筑物及水厂运行与管理

【学习目标】

掌握常见水处理构筑物运行管理的内容;熟悉运行维护的方法;了解一体化净水设备的维护内容、要求;了解水厂自动化的应用及管理的内容。

水质净化的主要任务是满足用户对水质的要求。为了达到生活饮用水卫生标准,必须加强对净水构筑物及水厂的运行管理,确保水厂安全可靠的运行。

第一节　水处理构筑物的运行与管理

一、反应池

(一)混凝反应

1. 及时掌握原水水质变化情况

混凝剂的投加量与原水水质关系密切,需对原水的浊度、pH、碱度定时进行测定。通常每 2 h 测定一次水温、浊度和 pH,每班测定 1 或 2 次碱度,以便及时调整混凝剂的投加量。

2. 确定混凝剂的投加量

混凝剂投加量是影响混凝效果的重要因素。混凝剂最佳投加量是指达到既定水质目标的最小投加量。其与原水水质条件、混凝剂品种、混凝条件等因素有关。根据原水水质情况,通过混凝试验初步确定适宜的混凝剂投加量,一般用烧杯试验法确定最佳混凝剂量。先按化验室提供的数据投加,再随时观察絮凝池中絮体凝结情况和沉淀池絮体沉淀情况,测定沉淀池出水浊度是否在 10 mg/L 以内。如果絮体凝结情况良好,沉淀池出水又符合要求,就不必调整混凝剂的投加量。

对于浊度在 200 mg/L 左右的原水,则在絮凝池进口处已能明显看到密集、细小而结实的絮体颗粒。随着流速减小,絮体逐渐增大。到絮凝池后部,颗粒之间界限清楚,形成的泥水分离面清晰而透明,犹如聚集的云块。进入沉淀池后,流速更慢,泥水分离,絮体浓度随之降低。此情况表明运行正常,混凝剂投加量适宜。如果在絮凝池后部已出现明显泥水分离现象,说明混凝剂投加过量;如果在絮凝池后部和沉淀池进口处没有泥水分离现象,水呈浑浊状,表明混凝剂投加量不够。

对于浊度在 50 NTU 以下的原水,结成的絮体一般类似小雪花片形状,密度小,颗粒轻而不结实。在絮凝池前部不能明显地看到絮体,在中段和出口处才能看到类似小雪花片的絮体。进入沉淀池后,产生泥水分离。上述情况也表明运行正常,混凝剂投加量适宜。但这种絮体沉降性能差,沉速缓慢,当水平流速较大或受风力等外界条件影响,沉淀池出口处会有少量絮体带出，但对水浊度影响不大。如果在沉淀池进口处已产生泥水分离，水质透明，而出口处仍有较多的絮体带出，并呈现乳白色，出水浊度高，说明混凝剂投加过量。如果在絮凝池出口和沉淀池进口处都见不到类似小雪花状的絮体，同时也没有泥水分离现象，则说明混凝剂投加量不足。

3. 烧杯试验

烧杯试验的基本设备包括搅拌器、烧杯和浊度检测或 pH 检测等相关仪器、仪表。在烧杯试验设备中所发生的混凝过程就相当于一个微型的间歇式完全混合反应器内的混凝过程。在选用足够大的水样体积和严格的操作条件下，烧杯试验完全能够模拟生产规模的混凝过程，得出反映混凝过程中影响因素复杂关系的结果以指导生产，是控制混凝过程的最主要的方法。

利用 1.5 L 圆形玻璃烧杯，在六联搅拌机上进行混凝反应后，用虹吸法取距离表面 5 cm 处的混合液体进行指标分析。在使用无机混凝剂进行强化混凝静态试验时，将各种无机混凝剂配制成 2% 的水溶液，投加量均以 $A1_2O_3$ 计。混凝反应条件为：在 1.5 L 圆形玻璃烧杯内装入 1 L 原水，置于六联搅拌机上，启动六联搅拌机并加入混凝剂后，在转速 250 r/min 的条件下，快速混合 1 min。再在转速 50 r/min 的条件下，慢速絮凝 14 min。停止搅拌，静止沉降 15 min 后，从玻璃圆筒侧壁距离液面 50 mm 处的取样口取样，并进行相关的水质分析。

4. 混凝反应设施运行与管理

日常维护：每日检查投药设施运行是否正常，储存、配制、传输设备是否堵塞、渗漏，设备的润滑、加注和计量是否正常；每日检查机械混合装置运行状况，加注润滑油；保持环境和设备的清洁。按混凝要求，注意池内和出口处絮体情况，当原水水质发生变化时，要及时调整加药量。

定期维护与大修：每月检查维修投加设施与机械搅拌，做到不渗漏、运行正常；每年对混合池、絮凝池、机械和电气设施进行一次解体修理或更换部件，金属部件应油漆一次。加药间和药库应 5 年大修一次，混合设施及机械传动设备应 1 ~ 3 年修理或更换一次。

运行控制参数的技术测定：在运行的不同季节应对絮凝池进行技术测定。测定内容包括入池流量、进出口流速、停留时间、速度梯度的验算及记录测定时的气温、水温和水的 pH 等。

（二）反应池

1. 隔板反应池

（1）隔板反应池对原水的缓冲能力差，应每隔 1 h 检测原水的浊度、流量等指标，及时调整混凝剂的投加量。定期监测积泥情况，避免絮粒在絮凝池中沉淀。如难以避免，应采取相应的排泥措施。

（2）隔板絮凝在转弯处胶体颗粒易破碎，要每隔 2 h 观察水中胶体情况，并记录。

（3）当原水属于低浊、多藻微污染水时，水中的藻类多、有机物多、浊度低、颗粒少而导致相互碰撞机会少、絮凝效果差，宜采取预加氯措施。

（4）当原水中藻密度较大时，应定期清洗板壁上的藻类代谢物。

（5）初次运行隔板反应池时进水速度不宜过大，以防止隔板倒塌变形。

2. 折板反应池

折板反应池将隔板反应池的平板隔板改成一定角度的折板。与隔板式相比,水流条件大大改善,有效能量消耗比例提高,但安装维修较困难,折板费用较高。

(1)折板反应池日常维护:每隔 1 h 检测原水的浊度等指标,及时调整混凝剂的投加量;每隔 4 h 检测原水的碱度等指标,及时调整原水的 pH;每隔 2 h 观察水中胶体情况;正常情况排泥周期为 72 h,当原水碱度低、需要投加石灰等时,排泥周期宜为 36 h。

(2)当原水属于低浊、多藻微污染水时,水中的藻类多、有机物多、浊度低、颗粒少而导致相互碰撞机会少、絮凝效果差,宜采取预加氯措施。

(3)当原水中藻类密度较大时,应定期清洗板壁上的藻类代谢物。

3. 网格(栅条)反应池

网格、栅条反应池设计成多格竖井回流式。每个竖井安装若干层网格或栅条,各竖井间的隔墙上、下交错开孔,进水端至出水端逐渐减少,一般分 3 段控制。前段为密网或密栅,中段为疏网或疏栅,末段不安装网、栅。

(1)网格(栅条)反应池日常维护:每隔 1 h 检测原水的浊度等指标,及时调整混凝剂的投加量;每隔 4 h 检测原水的碱度等指标,及时调整原水的 pH;每隔 2 h 观察水中胶体情况,并记录。

(2)末段清洗。反应池末端流速低,易造成池底积泥现象,每半年要进行清洗除淤。

(3)当原水属于低浊、多藻微污染水时,网格上易滋生藻类,甚至堵塞网眼,要进行预氯处理,并定期进行网格冲洗。

二、沉淀池

原水经过投药、混合、絮凝后,水中微小颗粒絮凝成肉眼可见的体积较大的絮凝体,进入沉淀池。沉淀池的主要作用是使矾花即水中的杂质依靠重力作用从水中分离出来使浑水变清。为了确保沉淀池出水水质和节省混凝剂投加量,在运行管理中要及时掌握原水水质的变化情况,根据不同情况确定混凝剂的适宜投加量和必需的助凝剂,同时应及时排除积泥。

沉淀池底积泥过多,就会减少沉淀池有效容积和过水断面面积,影响沉淀效果。及时排泥对穿孔管排泥装置特别重要,否则排泥孔易堵塞,且不易清通。

(1)当原水浊度突然增高时(一般出现在暴雨后),如果在絮凝池后矾花很少,而沉淀池进口处表层却很清,无成堆的云块状矾花,在 1 m 以下可见浑水进入,这种情况表明沉淀池水质即将变坏。这是由于后进入沉淀池的高浊度原水因混凝剂投加量不足,大部分悬浮杂质未充分凝聚而潜入沉淀池下部,原来低浊度的水停留在沉淀池上层,产生上清下浑现象。

待上层清水逐渐流走以后,浑浊水开始向上流动,并出现在沉淀池中部或出口处,这就是所谓密度异重流现象。当产生上述情况时,应迅速投加过量混凝剂;若原水碱度不足,还应适量加碱。过量投加混凝剂的时间应一直持续到水质转好。

高浊度浑水一出现就相应加大投药量,尽量避免上述水质恶化的现象发生。

(2)当原水藻类含量较高时,为了提高混凝效果,在投加混凝剂前先加氯(称为预氯化)，加氯量与加矾量可以通过试验确定。

(一)斜板(管)沉淀池

斜板(管)沉淀池是在沉淀池中装置许多间隔较小的平行倾斜板(管)，因此斜板(管)沉淀池具有沉淀效率高、在同样出水条件下池容积小、占地面积少的特点。在相同颗粒沉淀效果的条件下，单位池面面积的产水率是平流式沉淀池的6~10倍。

(1)斜板(管)沉淀池的缓冲能力及稳定性较差，对前置的混凝处理运行稳定性要求较高，对絮凝水样的目测，应每小时不少于一次。

(2)斜板(管)内易产生积泥，需及时排泥。穿孔管式排泥装置必须保持快开阀的完好、灵活和排泥管畅通，排泥频率应每8 h不少于1次。

(3)斜板(管)沉淀池的系统运行需加强对以下几个因素的控制：①靠水力混合的混合器应尽量按设计负荷运行水流速度，确保水头损失较小，使原水在管道混合器中剧烈紊动、充分碰撞；②絮凝池出水穿孔墙的过孔流速要足够小，配水区的起端流速要低一些，以减小水流的速度梯度，避免已形成的矾花破碎；③加强斜板(管)沉淀池的排泥控制，在斜管沉淀池内相关部位设置泥位测定装置加强监控，在排泥盲区增设小型排泥设备如潜污泵适时排泥，并定期清除斜管表面的积泥；④絮凝反应池及整流缓冲区也要适时排泥，将沉积的泥及时排出。

(二)平流沉淀池

平流沉淀池是一种历史悠久的沉淀池型，因为它具有构造简单、池深浅、造价低、操作维护方便、对原水水质水量变化适应能力强、药耗和能耗低、便于排泥等优点，在大、中型水厂得到广泛应用。

1. 平流沉淀池主要运行控制指标

(1)水力停留时间是指原水在沉淀池中实际停留时间，是沉淀池设计和运行的一个重要控制指标。设计规范规定为2.0~4.0 h。停留时间过短，难以保证出水水质。

(2)表面负荷率是指沉淀池单位面积所处理的水量，是控制沉淀效果的重要指标。

(3)水平流速是指水流在池内流动的速度。水平流速的提高有利于沉淀池体积的利用，一般在10~20 mm/s范围内比较合理。

2. 平流沉淀池的运行与维护

平流沉淀池的运行与维护直接影响沉淀出水水质并反馈混凝效果。在水厂管理中，沉淀池的管理往往是与加药、混凝统一管理，具体措施如下：

(1)掌握原水水质和处理水量的变化，以确定混凝剂投加量。在线检测浊度实现投药串级控制的水厂，可以较好地解决原水水质和水量的变化对混凝效果与沉淀后水的影响。对于一些中小水厂，一般要求2~4 h检测一次原水浑浊度、pH、水温、碱度，在水质变化频繁季节，每1~2 h要进行一次检测。在水质频繁变化的季节，如发生洪水、台风、暴雨、融雪，需加强运行管理，落实各项防范措施。要了解泵房开停状况，运行水位宜控制在最高允许运行水位和其下0.5 m之间。对水质测定结果和处理水量的变化要及时填入生产日记。

(2)出水水质控制。沉淀池出口应设置质量控制点，出水浊度宜控制在3 NTU以下。

(3)及时排泥。沉淀池运转中及时排泥极为重要。若排泥不及时，池内积泥厚度升高,会缩小沉淀池过水断面,相应缩短沉淀时间,降低沉淀效果,导致出水水质变坏。但排泥过于频繁又会增加耗水量。穿孔管排泥是在池底设置多排穿孔管,利用水池内水位和穿孔管外水位差将污泥定期排出池外,但孔眼易堵,影响排泥效果。当采用排泥车排泥时,每日累计排泥时间不得少于 8 h;当采用穿孔管排泥时,排泥周期视原水浊度不同,通常为每 3 ~5 h 排泥一次,每次排泥 1 ~2 min,每年需定期放空 1 ~2 次。

(4)防止藻类滋生、保持池体清洁卫生。当原水藻类含量较高且除藻不当时,藻类会在沉淀池中滋生。对此,应采取适当的预处理措施,杀灭滋生的藻类。沉淀池内外都应经常清理,保持环境卫生。

三、澄清池

澄清池是将混凝与沉淀两个过程集中在同一个处理构筑物中进行,并循环利用活性泥渣,使经脱稳的细小颗粒与池中活性泥渣发生接触絮凝反应,进而使水得以净化。澄清池具有絮凝效率高、处理效果好、运行稳定、产水率高等优点。

为了充分发挥澄清池的处理能力,确保出水浊度能达到处理要求(小于 10 NTU),降低耗药量,要加强澄清池的运行管理。应及时掌握原水水质及其变化情况,根据不同的水质情况准确地确定混凝剂的投加量和使用助凝剂。为此,需对原水浊度、pH、碱度等定时进行测定。通常每班应测定 1 或 2 次,如果原水水质变化较大,则 1 ~2 h 就应测定一次,根据测定结果,及时调整药剂投加量。每次测定都应做好数据记录,以便总结经验。

(一)澄清池运行管理的基本要求

对澄清池运行管理的基本要求是勤检测、勤观察、勤调节,特别要重视投药和排泥两个环节。

(1)投药量调整。澄清池的投药与运行不应间歇进行,应根据进水量和水质的变化及时调整混凝剂的投加量,以保证出水水质符合要求。

(2)排泥及时。澄清池中泥渣层浓度应保持不变,及时排泥是保证正常运行的关键之一。要正确掌握澄清池排泥周期和排泥时间,既要防止泥渣浓度过高,又要避免出现活性泥渣被大量排至池外,降低出水水质。泥渣浓度和出水浊度的关系见表 8-1。

表 8-1 泥渣浓度和出水浊度的关系

泥渣浓度(mg/L)	1 500 ~2 000	1 000 ~1 500
出水浊度(NTU)	5 ~7	7 ~10

泥渣浓度的控制方法:控制泥渣面高度,在设计泥渣面附近设置活动取样管或在池壁设观察窗检查泥渣面位置。当泥渣面上升到设计位置时开始排泥。

(二)澄清池的检修

澄清池最好每年放空 1 ~2 次,检修时间宜选在用水低峰季节。检修的主要内容有:彻底清洗池底与池壁积泥,维护各种闸阀及其他附属设备,检查各取样管是否堵塞。

(三)机械搅拌澄清池

(1)搅拌和提升。澄清工艺对叶轮转速和搅拌桨的转速有不同要求,叶轮的外缘线速度为0.5~1.5 m/s,搅拌桨的外缘线速度为0.3~1.0 m/s。在机械搅拌澄清池中,提升叶轮与搅拌桨板一般都采用变速电机驱动,用同心轴的方法来旋转,外面一根带动叶轮,里面一根带动搅拌桨板。为了取得较好的运行效果,通常用升降传动轴的方法来调整叶轮出口宽度,从而调节提升流量。

在实际运行中,叶轮外缘线速度很少超过1.0 m/s,提升水头仅5~10 cm,通常只做季节性调整,以适应原水浊度、水温、水量的变化。但当夏季原水浊度变化很大时,也应做相应调整。

搅拌桨板高度通常为第一反应室高度的1/3~1/2,宽度为高度的1/3。经验表明,加长中片长度,加宽中片,使中片总面积增加,桨板搅拌强度增大,有助于改进澄清池处理效果,减少池底积泥。

(2)排泥。定时自动排泥,排泥周期一般为0.5~1.0 h,排泥历时为5~60 s,泥渣含水率为97%~99%(按质量计),排泥耗水量占进水量的2%~10%。

(3)为了掌握澄清池各部分的运行情况,需要在进水管、第一反应室、第二反应室、分离室和出水槽、污泥浓缩室等处设取样管,定期采集澄清池各部分水样。各取样龙头宜加以编号并沿池壁集中设置以利操作。第一反应室、第二反应室及污泥浓缩室泥渣浓度大,在取样管内易沉积,故在池外需设置固定的反冲洗管。

(四)水力循环澄清池

水力循环澄清池是借进水喷射形成真空,引起高浓度泥渣回流,并与加过药剂的原水充分混合,依靠活性泥渣的接触吸附作用,促进混合絮凝和接触凝聚,加速泥水分离。因此,保持泥渣的活性和适宜的浓度,对提高澄清池运行效果十分重要。

泥渣的活性可通过观察进行判断。泥渣颗粒粗大,疏松多孔,色泽较浅,说明活性好,吸附力强;泥渣颗粒细小,密实,色泽较深,说明泥渣已经老化,必须及时排出池外。泥渣浓度以2 500~5 000 mg/L为宜,因为测定水中泥渣的质量浓度费时费工,在澄清池运行中,常常通过测定泥渣的5 min沉降比的方法间接求其相应的质量浓度。5 min沉降比是指将100 mL泥渣水样置于100 mL的量筒内,静止沉淀5 min后,沉下泥渣部分占水样总体积的百分比。在运行中,应首先测定一系列水样的5 min沉降比及相应的质量浓度,再在直角坐标系内绘制5 min沉降比与质量浓度的相关曲线。以后欲知活性泥渣的质量浓度,只需测定5 min沉降比,即可方便快捷地从相关曲线上求得相应的质量浓度。一般将5 min沉降比控制在15%~20%,超过20%~25%就应及时排泥。

为保持泥渣活性和浓度,可采取以下措施:

(1)调整投药量和投加点。当原水浊度较高,出水水质变坏时,应适当加大药剂投加量,并采用多点投加,以促进药剂快速均匀分散。对于循环泥渣型,则可用控制回流比的方法进行调节。

(2)对初次投入运行的澄清池,应设法尽快形成高浓度活性泥渣。若原水浊度低于200 NTU,一方面应加大混凝剂投加量(通常为正常投药量的3~4倍),另一方面还应投加黄泥、泡花碱或聚丙烯酰胺等绒体核心类助凝剂。其中以投加黄泥最为简便易行。将黄泥打碎过筛后用水搅拌成黄泥浆,投加到第一絮凝室,投加量视原水浊度而定。当澄清池开始出水时,如发现分离室悬浮物产生分离现象并有少量絮体上浮但水不是很浑浊,第一絮凝室泥渣含量逐渐增高,则认为投药和投泥量适当。如果第一絮凝室泥渣含量下降,或加泥时水浑浊,不加时变清,则说明黄泥投加量不足,需继续增加黄泥投加量。如果发现分离室的泥浆水向上翻,则说明投药量不足,悬浮物不能分离,需增加投药量。若原水浊度在 2 000 NTU 以上时,可以不投加黄泥等助凝剂,只需将进水流量控制在设计流量的 1/3,混凝剂投加量比正常投加量增加 50% ~100%,减少回流水量,延长混凝时间,即能在短期内形成活性泥渣。

对于正常运行的澄清池,每隔 1 ~2 h 应测定一次原水与出水浊度和 pH,以便及时调整药剂投加量并决定是否加碱或加氯助凝。第一絮凝室、第二絮凝室和泥渣沉降比应每隔 1 ~2 h 测定一次,掌握泥渣沉降比与原水水质、混凝剂投加量、泥渣回流量与排泥时间之间的变化关系和规律。如果原水浊度高,沉降比要控制得小些。

正确排泥对澄清池的正常运行至关重要。在澄清池运行中应注意及时排泥,使池内泥渣保持平衡;但排泥历时又不能过长,因为泥渣过多或过少都会影响出水水质。

澄清池要提高负荷,应提前 20 ~30 min 增大投药量至正常量的 1 倍左右,并适当排泥降低泥渣层高度,再逐渐增加进水量。对较长时间停止运行的澄清池重新运行时应先开启放空阀,少量排除池底压实的泥渣,使底部泥渣松动后再进水,并适当增加混凝剂投加量,待出水水质稳定后再逐渐恢复到正常投加量,1 ~2 h 内可恢复正常运行。

四、滤池

(一)滤料和承托料的质量检验、保管与存放

(1)滤料的质量检验。滤料的质量直接影响过滤效果、出水水质、工作周期和冲洗水量。滤料的质量检验程序复杂,乡镇集中供水一般需要委托大型水厂进行检验。

(2)保管与存放。滤料和承托料一般都包装在织物袋中,并有颜色标志,滤料在运输及存放期间应防止包装袋破损使滤料漏失、相互混杂或混入杂物。不同种类和不同规格的承托料及滤料应分别堆放。

(二)过滤设施的维护与检修

(1)日常保养。每日检查阀门、冲洗设备和电气仪表等的运行情况,进行相应的加注润滑油和清洁卫生保护。

(2)定期保养。对阀门、冲洗设备和电气仪表等,每月检查维修一次,每年解体修理一次或部分更换,金属件油漆一次。

(3)滤池构筑物及其土建构筑物的管理与维护。滤池、土建构筑物、机械 5 年之内应进行一次大修,翻换全部滤料;根据集水管、滤砖、滤板、滤头、尼龙网等的损坏情况进行更换;对阀门、管道系统、土建构筑物进行恢复性修理;滤料应分层铺填平整,每层厚度偏差不得大于 10 mm,滤料经冲洗后,对表层抽样检验,不均匀系数应符合设计要求,滤料应平整,并无裂缝和与池壁分离的现象。

(三)滤池运行前的准备工作

(1)清除滤池内的杂物,检查各阀门是否正常,滤料面是否平整,滤料层高度是否满足要求。初次铺设的滤料应比设计厚度多 5 cm 左右,以保证正常运行时的滤层厚度。

(2)滤池滤干或放空后再运行,应用反冲洗水排除滤层中的空气,防止形成“气阻”。

(3)未经洗净的滤料需连续反冲洗两次以上,直至将滤料冲洗清洁和去除不合规格的细小颗粒。

(4)滤池翻修或添加滤料,都应用漂白粉溶液或氯水进行消毒处理。氯的耗量可按有效氯 0.05 ~0.10 kg/m^3 滤料计算。

(四)滤池试运行

(1)测定初滤时的水头损失和滤速,用出水阀门进行调节。初始水头损失为0.4 ~0.6 m,滤速应符合设计。一旦正常过滤,不应再调节出水阀门,防止滤速突变使水质恶化。

(2)若进水浊度不大于10NTU,而滤池水头损失增长很快,运行周期比设计短,可能是滤料级配不好或表层滤料粒径太细,可将滤料表层3 ~5 cm 厚的细滤料层刮除。

(3)若进水浊度不大于10NTU、出水浊度超过3NTU,可能是滤料粒径太大,或滤层厚度不足或厚薄不均,或滤速太高或投药量不够引起杂质穿透。应分析原因及时处置。

(五)滤池正常运行

根据试运行情况,制定出严格的操作规程和管理办法。正常运行时应注意:

(1)控制好滤池进水浊度,适当控制滤速,确保出水水质。

(2)保持滤料表面有较高水位,以免进水直冲滤层、破坏滤层结构,造成滤水短路。

(3)按时测定和记录进水浊度、出水浊度、水头损失。

(4)当水头损失达到规定时即应反冲洗。

(5)及时消除滤池水面上的漂浮杂质,定期洗刷池壁、排水槽等,保持池子清洁。

(6)每2 ~3 个月对滤池进行技术测定,如滤速、水头损失增长情况、反冲洗强度、膨胀率、反冲洗历时、滤料含泥量、水温、滤层高度等,分析滤池运行状况。

(7)及时维修滤池配件和附件。

(六)滤池反冲洗

反冲洗是滤池运行管理中重要的一环,反冲洗的效果直接影响滤池的过滤效果。反冲洗时,应根据设计要求控制好冲洗强度和滤层膨胀度,掌握好各阀门的开关顺序。冲洗后要求滤层清洁、滤料面平整、反冲洗排水浊度在20NTU 以下。对设有辅助冲洗装置的滤池,更应严格控制冲洗程序、反冲洗强度和冲洗时间,确保滤层结构不被破坏。

(七)快滤池常见故障原因分析及排除措施

(1)水头损失增加很快,运行周期大大缩短。这种现象可能的原因是:原水水质变坏、藻类繁殖、胶体物增多、沉淀池出水浊度过高、滤池反冲洗不当、滤速过大、空气滞留滤层等。可根据产生的原因采取相应的措施。用滤前加氯杀死藻类、氧化胶体物质;提高沉淀效率,降低沉淀池出水浊度;改进反冲洗措施等;杂质在滤料表层高度集中,滤料层露出水面后未采取排气措施便运行,反冲洗后期水流夹气,滤池排气阀失灵等都会形成气阻,在滤池运行中应尽量避免。

(2)水头损失增加很慢,过滤水浊度不合格。这种现象往往是滤层经常冲洗不净、滤层含泥量超过3%、泥球含量超过2.5%、滤层表面形成“泥毡”,过滤时产生裂缝、浑水从裂缝中短流等原因造成的。可以用增设表面冲洗,改进冲洗方法,增大冲洗强度和冲洗时间,降低滤速,用药剂(漂白粉、氯水、烧碱和苏打、硫酸等)浸泡滤料,清除滤料中的有机质、氢氧化铝、腐殖酸盐及钙镁沉积物,更换表层滤料等方法解决。配水系统损坏造成局部漏砂也会使滤池出水浊度不合格,应及时检修和清理。

(3)水头损失增加正常,但滤后水质不好。可能由于沉淀池出水浊度太高或滤速过大造成,可根据实际情况进行调整。

五、清水池

(一)氯消毒

1. 概述

加氯机用来将氯气均匀地加到水中,应用较多的有转子加氯机和转子真空加氯机。前者构造及计量简单、体积较小,可自动调节真空度,防止压力水倒流入氯瓶;后者加氯量稳定,控制较准确,水源中断时能自动破坏真空,防止压力水倒流入氯瓶。

(1)使用前准备工作。氯属于Ⅱ级(高度危害)物质,操作者必须经专业培训,取得特种作业合格证后方能上岗;检查加氯间内检修工具、材料、防毒面具、备用氨水、水射器、氯气导管、加氯管及压力水源、加氯机各部件、氯瓶放置位置等是否符合要求。

(2)运行与检查。严格按照加氯机使用手册控制运行操作调换氯瓶;记录投入运行的时间和转子流量计显示的加氯量及氯瓶的质量;检查转子流量计的转子位置,如有移动及时调整;检查水射器的工作头部,发现问题立即采取措施;检查是否有漏氯,检验方法是用10%氨水对准可能漏氯的部位,如果出现烟雾就表示该处漏氯(氯与氨接触会生成氯化铵(NH_4Cl)晶体微粒,形成白色烟雾)。

2. 氯瓶安全使用

液氯钢瓶的使用必须严格按照《氯气安全规程》(GB 11984—2008)执行。氯瓶上最重要的部件是出氯总阀,共两只。总阀下面装有低熔点安全塞,温度到70 ℃时就会自动熔化,氯气就会从钢瓶中逸出,但不致引起钢瓶爆炸。出氯总阀外面有保护帽,防止运输和使用时碰坏。使用时应一个在上,一个在下,上面一只阀门接到加氯机,出氯总阀都与一根弯管连接,氯气从伸到液氯面以上的弯管出来。如果氯瓶内装氯较满,或弯管位置移动,出来的不是氯气而是液氯时,需转动氯瓶,将下面一只总阀转到上面,或将氯瓶在出氯总阀一端垫高。

氯瓶的供热、降温与保温直接影响到液氯汽化效果和加氯机的正常工作。

(1)氯瓶的供热。氯瓶中每千克液氯挥发成氯气时需要吸收280 kJ的热量。氯瓶周围空气中热量被吸收后,会在瓶壳上结露水,继而结霜,阻碍液氯的汽化。用自来水冲淋氯瓶外壳即为氯瓶供热。

(2)氯瓶的降温。夏季气温升高,氯瓶内压力会迅速提高。如果液氯汽化不完善,加氯机会产生喷雾(即氯气和液氯的混合)现象,输氯管也会结霜,影响其正常使用。用自来水冲淋,可以降低液氯的温度,降低氯瓶内压力,消除喷雾。

(3)氯瓶的保温。冬天水温较低时加氯,氯在水中会生成黄色晶体状水化物即氯冰,将阻碍液氯汽化。因此,加氯间应有防冻保暖措施。为了保证液氯充分汽化,氯瓶的温度要比输氯管低,输氯管的温度要比加氯机低。加氯间不能采用明火取暖,暖气散热片应离开氯瓶和加氯机。

3. 消毒设施的维护保养

日常维护保养：保持氯瓶、加氯机及其组成部件、输氯系统、起重行车等装置的完好性及整洁。

定期保养与大修：①委托氯气生产厂在充装前维护保养；②定时清洗加氯机、清通和检修输氯管道与阀门；③应每年更换安全阀、针形阀、弹簧膜阀、压力表等。

现场采用电解氯化钠制备氯气消毒剂，需要根据厂家提供的规范进行操作维护。

4. 加氯间的管理与维护

氯是一种剧毒气体，当空气中氯气浓度为 1 mg/kg（百万分之一）时人体即会产生反应，当浓度为 15 mg/kg 时即可危及人的生命。因此，在运行管理中应特别注意用氯安全。加氯间不允许漏氯。如遇氯泄漏，必须立即检查原因并及时采取措施加以处理。

（1）正确控制加氯量，确保出厂水的余氯要求。要掌握原水水质的变化，加强前后处理工序的联系，控制余氯量，并根据余氯量及时调整加氯量。

（2）加强设备维护，预防泄漏。所有设备要定期检查和维护，各种管道阀门要有专人维护，一旦发现漏气，立即调换。务必做好操作记录，使各种设备处于完好状态。

（3）氯瓶的安全使用。运输人员应充分了解氯瓶的安全运输常识；运输车辆必须是经公安部门验收合格的化学危险品专用车辆；氯瓶应轻装轻卸，严禁滑动、抛滚或撞击和堆放；氯瓶不得与氢、氧、乙炔、氨及其他液化气体同车装运；储存库房应符合消防部门关于危险品库房的规定；入库前应检查是否漏氯，并做必要的外观检查。外观检查包括瓶壁是否有裂缝、鼓起或变形。当瓶身有硬伤、局部片状腐蚀或密集斑点腐蚀时，应认真研究是否需要报废。

氯瓶存放应按照先入先取先用的原则，防止某些氯瓶存放期过长。氯瓶在开启前，应先检查氯瓶的放置位置是否正确，然后试开氯瓶总阀。不同规格的氯瓶有不同的放置要求。氯瓶与加氯机紧密连接并投入使用以后，应用 10% 氨水检查连接处是否漏氯。氯瓶在使用过程中，应经常用自来水冲淋，以防止瓶壳由于降温而结霜。冬季在加氯间内，氯瓶周围要有适当的保温措施，以防止瓶内形成氯冰，但严禁用明火等热源为氯瓶保温。氯瓶使用完毕后，应保证留有 0.05～0.1 MPa 的余压，以免遇水受潮后腐蚀钢瓶，同时这也是氯瓶再次充氯的需要。

（4）加氯间的安全措施。加氯间应设有完善的通风系统，并时刻保持正常通风。加氯间内应在最显著、最方便的位置放置灭火工具及防毒面具，应设置碱液池并时刻保证池内碱液有效。每班应检查库房内是否有泄漏，库房内应常备 10% 氨水，以备检漏使用。当发现氯瓶严重泄漏时，应先带好防毒面具，然后立即将泄漏的氯瓶放入碱液池中。

（5）氯中毒的紧急处理措施。在操作现场，氯浓度应限制在 0.006 mg/L 以下。长期在低氯环境中工作会导致慢性中毒，表现为：眼膜受刺激流泪；呼吸道受刺激咳嗽，并导致慢性支气管炎；牙龈炎、口腔炎、慢性胃肠炎；皮肤发痒等症状。短时间内暴露在高氯环境中可导致急性中毒，轻度急性氯中毒表现为喉干胸闷、脉搏加快等轻微症状，重度急性氯中毒表现为支气管痉挛及水肿、昏迷或休克等严重症状。处理严重急性氯中毒事故，应设法迅速将中毒者转移至新鲜空气中；对于呼吸困难者，严禁进行人工呼吸，应让其吸氧；如有条件也可雾化吸入 5% 的碳酸氢钠溶液；用 2% 的碳酸氢钠溶液或生理盐水为其洗眼、鼻和口;严重中毒者,请医务人员处理或急送医院。

(二)二氧化氯消毒

二氧化氯化学性质活泼、易分解,生产后不便储存,必须在使用地点就地制取。二氧化氯的投加点:以消毒为目的,在滤后;保持配水系统中余氯量的,在配水系统中补充投加;为了控制臭和味,可分散多点投加。因为制备的药剂使用不当,或二氧化氯水溶液浓度超过规定值都会引起爆炸。因此,在二氧化氯设备运行中,必须有特殊的防护措施,二氧化氯水溶液浓度应不大于8 mg/L,并避免与空气接触。

二氧化氯消毒设备的型号选择,应根据水厂的最大时处理量和按水源水质确定的单位投加药量来确定。乡镇供水量小、水质相对较好时,二氧化氯消毒液的消耗量就非常少,一般地下水的投加药量为0.5~1 g/m^3,地表水的投加药量为1~2 g/m^3。

(三)清水池

清水池是给水系统中调节流量的构筑物,并储存水厂生产用水和消防用水。

(1)清水池运行管理包括:①水位控制。必须设水位计,并应连续检测,或每小时检测一次;严禁超上限或下限水位运行。②卫生控制。清水池顶不得堆放污染水质的物品和杂物,当池顶种植植物时,严禁施肥;检测孔、通气孔和人孔应有防护措施,以防污染水质。③排水控制。清水池清洗时的排水应排至污水管道,并应防止泥沙堵塞管道;汛期应保证清水池周围的排水通畅,防止污水倒流和渗漏。

(2)清水池维护包括:①日常保养。检查水位尺,清扫场地。②定期维护。每1~3年清刷一次,且在恢复运行前消毒;每月检修阀门一次,对长期开或关的阀门,每季操作一次;对机械传动水位计或电传水位计定期校对和检修;对池体、通气孔、伸缩缝等1~3年检修一次,并解体修理阀门,油漆铁件一次。③大修维护。每5年对池体及阀门等全面检修,更换易损部件;大修后必须进行满水试验检查渗水情况。

六、一体化水处理设备

一体化净水器就是把絮凝、沉淀(澄清)、过滤三个净化过程组合在一体的净水设备,具有净化效率高、扩容便捷、占地面积小、操作管理简便、造型美观等优点,特别适用于规模较小的乡镇供水工程。

净水器的运行维护要求有:①进水量控制。由于净水器不能超负荷运行,一般要在净水器的进水口安装流量计。②加药。根据原水浊度投加药剂,一般用流量计投加,要求设备运行即加药。泵前加药时要在开泵前几分钟开始加药,在关泵后几分钟再停止加药。当原水浊度变化时要及时调整加药量,并在实践中积累经验。③净水器反冲洗。当出水浊度超标时必须进行反冲洗,反冲洗周期一般为8~24 h。为了防止滤料流失,重力式净水器,当反冲水位到达液位顶部(水槽下)时减少反冲进水量,待滤料回落后再加大水量至设计反冲水量;当排污管排出的污水较清时,关闭反冲洗进水阀,最好开出水阀排空滤池存水(也可安装初滤排水阀),然后关闭出水阀,并反复进行2~3次。对于压力净水器,当反冲洗水刚流出反冲排污管时,关小反冲洗进水阀,待滤料回落后(约30 s)再加大水量至设计反冲水量,这样可以防止滤料流失。

第二节　水厂自动化管理

自动化控制是乡镇供水管理现代化的基础，随着自动化和信息化技术日趋成熟，在乡镇供水中已越来越多地应用自动化系统来实施管理。

乡镇供水工程的自动化控制设计以提高供水系统运行的安全、可靠和经济性，以及管理的方便程度和质量为目标，选择集成度较高、自动化程度较高的设备，按无人值守进行设计，做好水质、水量、水位和水压的监控。

一、自动化控制系统的要求

乡镇集中供水工程的自动化控制系统可分为现地控制和集中控制两大类。具体包括：①系统控制原理图、流程图、平面布置图、设备接线图和供电及接地系统图；②I/O 表清单、设备材料清单以及设计说明书。

小型供水工程，水泵机组、水处理设备、加药设备、消毒设备等可采用现地控制方式，条件许可时宜联动控制。

规模化供水工程，宜设中控室和计算机控制管理系统，对控制运行的闸阀、水泵机组、水处理设备、加药设备、消毒设备等实行集中控制，通过采集水质、水量、水压、水位、液位、电气参数等在线监测设备的数据进行实时监测和调控。

对自动化控制系统的要求是：

(1)每个控制点应有现地控制，便于应急处置和维修。

(2)当水源离水厂较近时，信息收集宜采用电缆传输的方式，管网中的加压泵站、高位水池以及各乡镇的监测点可采用无线传输的方式。

(3)可在水源、水厂大门、水处理间、加药间、消毒间和配电室等重要部位设摄像头，进行视频监视。

(4)计算机控制管理系统，应有故障和超限报警、数据处理和报表功能，应设置运行时间不短于 30 min 的 UPS 电源、可靠的防雷和接地措施。

(5)中控室宜靠近配电室。

二、自动化与信息化技术应用

水厂的自动化控制设备宜选用工业自动化领域应用最广泛、性价比最优的系统控制站，目前以西门子 S7 – 200 系列(500 m^3/d 以下)和西门子 S7 – 300 系列(500 ~ 5 000 m^3/d) CPU PLC 作为控制站的较多，以此为主构成控制柜；柜内供电系统、开关、按钮等元器件以提高系统的可靠性、稳定性为前提进行选用。

随着环保事业的发展，对水资源的保护和合理利用已成为一个非常重要的课题。组态软件已成功应用于水处理行业，系统采用工控机(其上运行组态软件)，通过西门子 PLC 对现场进行实时监控。在具体应用中，选研华工业控制计算机 IPC – 610 作为系统监控站，北京亚控公司组态王 V6.0 作为监控软件，以完成对系统的监控功能，所有设备通过西门子 MPI 网络进行连接，形成基于网络的数字化控制系统。

（一）自动控制系统

自动控制系统主要包括以下几个方面：

（1）加药系统。把原液和水按照一定的比例配成溶液，根据原水浊度、流量和加药流量控制加药变频泵进行调节，以达到标准参数。

（2）加氯系统。包括原水加氯和滤后水加氯，根据原水水质、流量和滤后水余氯，对加氯机进行控制及调节。

（3）排泥系统。控制排泥机对沉淀池进行排泥。

（4）滤池系统。控制滤池反冲洗和滤池恒水位调节。

（5）回用水系统。控制回用水泵调节回用水的液位，控制排泥机、刮泥机和污泥泵进行排泥、刮泥等。

（6）给水系统。控制给水变频泵来调节出厂水的压力及流量。

（7）污水系统。控制污水泵调节污水液位的高低。

（二）系统功能

（1）中心控制室能集中对全厂各种设备和生产运行数据进行监视和控制，水处理过程工艺参数和设备的状态在上位机上显示。各设备均可按下列三种方式控制，即就地手动控制、分控站 PLC 控制、水厂集中控制。在控制室具有自动控制、远程手动（遥控）两种方式。

①就地手动控制。就地通过控制箱或柜上的按钮或控制器对设备进行手动控制。

②控站控制。各分控站 PLC 执行自己的控制程序，处理该站现场 I/O 信号。在与控制室脱机或通信出现故障时，各分控站能独立利用自己的 PLC 进行控制以及 PLC 之间的通信。

③中心控制室集中控制。中心控制室能对全厂生产过程进行监测控制和数据处理，对所控设备进行自动或键盘（或鼠标）控制，打印生成全厂的各种报表和曲线，方便水厂的操作、完善管理。

（2）把必要的数据保存在 ACCESS 数据库中。

（3）对采集的数据通过组态软件的 ODBC 控件对 ACCESS 数据库中的数据进行显示、检索、编辑、查看等工作。

（4）智能配方功能，具有对配方数据查看、编辑、检索等功能。

（5）当出现报警时，不仅有各种报警通知功能，而且能处于自动运行方式。

思考与练习

1. 反应池的日常维护有哪些？
2. 如何进行沉淀池的运行管理？
3. 澄清池运行管理的基本要求是什么？
4. 如何做好滤池的维护与管理？
5. 如何进行氯瓶的维护保养？
6. 氯中毒后如何处理？
7. 如何进行清水池的管理和维护？
8. 水厂自动化管理的要求是什么？如何实现？

第九章 管网及设备运行与管理

【学习目标】

掌握管网运行管理的内容；熟悉管网巡查、维修的方法；了解建立管网技术档案的要求；掌握常见设备维护的内容、要求；熟悉设备的故障类型、故障原因；了解排除故障的方法。

第一节 管网的运行与管理

输配水管网是给水系统中必不可少的组成部分，任何供水系统都必须通过管道系统将水送至用户。管网运行管理的基本任务就是确保输配水管网安全可靠地运行，并满足各用户对水质、水压及水量的要求。

一、管网运行管理的主要内容

管网运行管理的主要内容有：

(1)建立健全管网的技术档案资料。

(2)管网的日常运行调度。

(3)定期进行管网的测流、测压。

(4)管网渗漏的检查与修复。

(5)管道的清洗和防腐。

(6)管道设备的维护和检修。

(7)管道的小修、大修、抢修。

(8)管网的扩建与技术改造。

二、管网管理的技术档案资料

由于管网一般埋置于地下，很难直观地掌握其走向、位置、管径、管材、使用年限、阀门位置等。要科学有效地进行管理，必须建立健全管网技术档案资料。管网的技术档案资料包括：

(1)管网总平面图。管网总平面图应绘制在供水区域地形图上，应能包括整个供水系统的各个组成部分及用户情况。图中应标出主要干管的走向、管径及与其相关的管道附属设备、主要用户等。

(2)管线带状平面图与管线高程图。管线带状平面图与管线高程图比总平面图的比例尺要大些，内容更为翔实。图中应准确标出管线的具体位置、高程，附属设备节点位置，用户节点位置等。

(3)节点详图。节点详图有附属设备节点详图与用户节点详图。节点详图应能准确反映附属设备与管网的连接关系，用户节点与管网的连接方式等。

(4)用户管理卡。用户管理卡主要记录用户与管网的关系，主要内容有：进户管的管径、管材、埋深、准确位置；用户闸门与水表的型号、口径；进户管安装与启用的日期等。

(5)闸门管理卡。闸门管理卡主要记录闸门(包括消火栓、测流装置、泄水阀、排气阀等)的运行与完好状况，主要内容有：闸门编号、型号、口径、安装年月、准确位置；闸门井构造与平面布置；闸门启闭方向与转数、启闭人等。

管网技术资料必须设专人负责保管，建立健全技术资料的收集、整理、鉴定、保管、统计和使用等专门制度，以充分发挥这些资料的作用。

三、管网水压和流量的测定

出厂水压、入村(乡、镇)水压以及最不利用户接管点处的水压是保证用户用水的控制指标，输、配水总管上的流量是系统工作状态的控制指标，取水总量、供水总量、乡镇用水量、企事业单位和住宅用水量是成本核算、计量收费的重要依据。

(一)管网压力的测量

管网测压一般在选定的固定测压点或临时测压点进行。

固定测压点一般选在能说明管网运行状态，具有一定代表意义的压力点上。管网测压点一般每 10 km 设置一个，不少于 2～3 个。经常测压的测压点，应采用自动水压记录仪，每小时测定 4 次。当条件允许时，还可设置无线遥测水压传示仪，连续监测水压。

临时测压点一般是根据临时测压需要设置，一般无固定式的测压设备，采用临时装配压力表的方法进行测压。

常用的压力测量仪表有单圈弹簧管压力表，电阻式、电感式、电容式等远传压力表。单圈弹簧管压力表常用于压力的就地显示，远传式压力表可通过压力变送器将压力信号远传至显示控制端。

(二)管网流量的测量

管网流量的测量是掌握管网运行状态的重要参数。一般根据管内流量进行管网的水量调度及发现、查找管网故障。

水厂常用的流量测量仪器较多，有电磁流量计、插入式涡轮流量计、孔板流量计、文丘里流量计、喷嘴流量计、超声波流量计、均速管流量计等。管网测流常用毕托管。

四、管网的水质管理

管网的水质管理是供水系统管理的重要内容。造成管网水质下降的常见因素有：管内结垢的脱落，管内壁锈蚀严重，管线中水流停滞时间过长，管道接口渗漏，管内细菌繁殖等。为此，可采取以下措施：

(1)加强管网水质的监测，发现问题及时采取有效措施予以解决。

(2)经常注意放掉管网中停滞时间过长的“死水”。

(3)有计划地对管道实施刮管涂料，保护管道内壁，防止管道腐蚀结垢。

(4)对离水厂较远的管线，若余氯不能保证，应采取中途加氯措施。

(5)对新敷设的管线及因检修污染的管线应进行冲洗和消毒。消毒可采用含氯量为

20～30 mg/L 的漂白粉溶液,应浸泡 24 h 以上。消毒后用清水冲洗,直至出水合格。

(6)定期清洗水塔、清水池及高位水箱。

五、管道巡查与检漏

管网运行管理主要是对管网进行巡查、检漏和管道渗漏的修补等。

管道漏水不但浪费水量,而且影响建筑物基础的稳固。因此,管线及管网在运行过程中,一定要加强巡查与检漏,加强各管道及配件的技术管理。

(一)管道巡查与检漏

巡查与检漏是管线管理的一项常规工作。

(1)管道巡查工作。应掌握管网现状和长期运行情况,如管道的位置、埋深、口径、工作压力、地下水位及管道周围的土壤类型,管道的维修情况、使用年限等。沿输水管道检查管道、阀门、消火栓、排水阀、排气阀、检查井等有无被埋压、损坏等情况,检查套管内的管道是否完好,用户水表是否正常等。

(2)漏水特征及原因。在管网沿线地面发现有湿印或积水,或管网供水正常但末端出水不足或供水量与收费水量相差较大等现象,均可能是管网发生了漏水。

(3)管道检漏方法。应设专职人员进行检漏,检漏的顺序是表前、表后、干管。查明漏可直接观察,还可采用溶解气体法,在水中加 N_2O、用红外线探测漏气位置等方法;查暗漏可检查地面迹象及细听,同时借助仪器设备来检测。

(二)检漏设施

常用的检漏设施有巡管仪、听音杆、听漏仪、相关仪等。

1. 巡管仪

管线巡管仪,主要用来对地埋管道进行定位。

2. 听音杆

机械听音杆是最基本、经济、实用、简单便携的漏水检测工具,由听筒、听针、震片组成(见图 9-1)。根据杆身与听筒的连接方式分为三节连接式和一节直通式。三节连接式机械听音杆全长 150 cm = 50 cm + 50 cm + 50 cm,可分为三节携带,衔接紧密,传音效果好;一节直通式机械听音杆全长 150 cm,方便插入草地、泥土,用于检测埋得较深的管道。

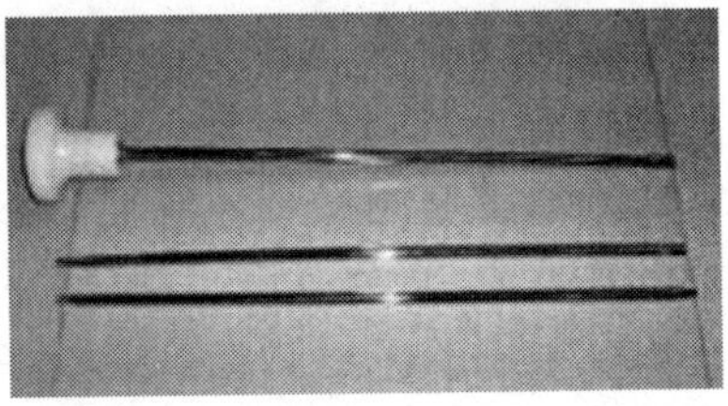

图 9-1　听音杆

听音杆构造简单,操作灵活方便,非常实用。检测时,首先要找到管道的阀门、消防栓、分支等暴露点,然后在外界噪声相对较小的时间(一般在夜里),用听音杆的杆尖接触到这些外露点,耳朵紧贴听筒,这时如果附近的管道有漏水点,则漏水噪声沿着管壁传递到杆尖的听针,再传至杆身,最后经震片和听筒把音量扩大,就可以听到很远的地方音量较小的漏水点了。检测的范围,取决于管道材质和漏水噪声音频高低。钢管和铸铁管传音较好,可以听得很远;而水泥管和塑料管是声音传播的不良导体,只能听很近的距离。

听音杆的另一个作用是检测一般性漏点位置,也就是路面听音法。对于埋深 1 m 以内的管道,如果在该管的外露点听到的漏水声音很大,再沿着管道所埋位置的上方听路面，通过比较路面传来的漏水声音大小精确判断漏点的位置。

3. 听漏仪

听漏仪是一种精确定位漏点的仪器，通过 LCD 屏显示 6 个测量值的图像和数据（见图 9-2）。通过不同的滤波模式抑制任何噪声干扰，通过平均值和最小值功能对漏点进行精确定位。应用时，可选择 PWG 脉冲声波发生器增加管线定位功能（与管线的材质无关）。

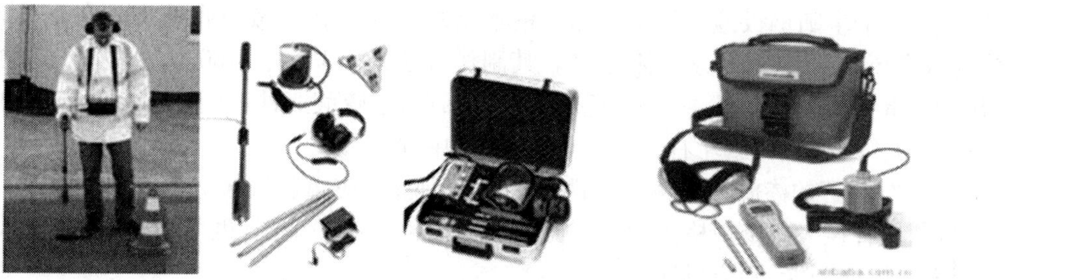

图 9-2　听漏仪

4. 相关仪

相关仪适用于供水管道的检漏及漏点的精确定位，如图 9-3 所示。其原理是基于压力管道在漏水口产生漏水声音，漏水的声音沿管道同时向两端传播，借助于安装在可以触及的管件（消防栓、阀门等）上的灵敏传感器进行接收声音信号的探测，该信号被增强后借助无线电信号传送到主机。通过相关计算原理，计算漏水相关、相干波形，并在 LCD 显示屏上显示。利用相关仪能有效地找到漏点，减少误开挖。

图 9-3　相关仪

5. 压力管道渗漏的修补

管道材质欠佳、管材被腐蚀、不均匀沉陷和安装不符合标准等均可能造成渗漏。渗漏的表现形式有接口渗水、窜水、砂眼喷水、管壁破裂、接口脱落等。不同材料管道渗漏的修补措施如下：

（1）铸铁管渗漏。管道在输水过程中发生渗水，若接口是灰接口，应将填料清除，重新填料封口。若发现砂眼喷水，一般可做钻孔丝加塞头处理。由于腐蚀、生锈造成孔洞不规则，若孔洞较大，可用 U 形螺栓管堵水。若管身出现规则的纵向裂纹，可在裂纹两端加刚性填料管箍。若管身破裂，则应更换水管。

（2）镀锌钢管渗漏。若接口螺纹有滴漏，可加麻丝、油漆重新拧好。如果管道因锈蚀引起渗漏，应更换新管，也可用金属卡胶垫嵌固堵漏。

（3）钢管嵌钢管的渗漏。对于局部锈蚀或开裂的管段，可在外壁焊上一块弧形钢板堵漏。焊接时要排除管内积水。如锈蚀严重,应切除更换新管。

(4)钢筋混凝土压力管渗漏。管身蜂窝造成漏水,可用环氧树脂腻子修补。管身裂缝,可用玻璃钢或环氧树脂腻子处理。当柔性接口漏水时,可将插口档胶圈凸出部分清除,将胶圈送至适当深度,把接口改成石棉水泥刚性接口。若承插部位漏水,纵向部位严重窜水等,可在承插口外焊接钢套圈,修补方法是:如有裂缝,将裂缝部分凿开 2 ~ 3 cm 的沟槽露出钢筋,用环氧树脂胶打底,用环氧树脂腻子补平抹实,将接口全部改为水泥石棉接口;用两个半圆钢板箍,焊成一套圈,钢套圈外用水泥砂浆做防腐处理。在修补时应将管内水降至无压,使用防水胶浆止水。其制作方法是:60 份水,400 份水玻璃,硫酸亚铁、硫酸铜、重铬酸钾和明矾各 1 份,把水加热至沸点,把硫酸亚铁等四种药品放入水中溶化,搅拌均匀,降温到 50 ℃左右,将其倒入水玻璃中拌匀即成。

(5)塑料管的渗漏。塑料管与铁、钢件连接脱落,应重新安装。当有砂眼或较小漏洞时,可用比管径大一个规格的两个半圆塑料电熔件焊成一个圈;也可用塑料鞍形座焊接处理。发生纵向裂缝,则应更换管道。

第二节　常用机械设备的运行与管理

保持设备完好是保证供水系统正常运行的根本。水厂常用的主要设备包括泵类、各种阀门、鼓风机、混凝搅拌设备、刮泥设备等。

一、设备的选用

结合设备的应用现状及存在的问题,通过优化选择设备,提高设备的使用效率,加强设备质量的稳定性,降低设备购置和使用成本,能有效保障供水系统的安全运行。

(一)工艺设备

1. 泵(机组)

工艺设备中泵(机组)的优化选择应着重于安全可靠、高效节能、便于调度。设计时宜根据供水工况的变化,对水泵机组的形式、台数、节能方式确定不同的方案进行比较。方案设计原则是:①在提高水泵效率的基础上,高效范围要宽。②合理选用附有多种动态运行参数监测的高效能水泵。③为提高水泵效率,选用先进调速传动系统。④国家明文规定淘汰禁用的产品,要立即更换。⑤设备投资可在 10 年内从电费中回收的,原则上可以更新;5 年内能回收的,应列入计划限期更新;2 年内能回收的,要立即更新。

2. 阀门

(1)阀门特别是选用参与控制的电动或气动阀门,应首先考虑其型式要合理,性能要可靠。

(2)*DN*300 以下阀门尽可能选用软密封阀门,对管网上旧的金属座封闸阀逐步更换。

(3)滤池和泵房阀门的电动装置选用双线、大扭矩结构,并包括遥控、电脑集成块似的智能型控制,实现阀门程控和群控自动化要求。

(4)*DN*300 以下水泵出水阀,逐步选用多功能水泵控制阀替代微阻缓闭止回阀,大口径出水泵仍以蓄能罐式液压蝶阀为主。

3. 加药消毒设备

(1)加药设备的选择与药剂投加方式有关。根据水厂运行经验,选择湿式投入方式是改善水厂运行环境的重要部分。

(2)采用变频器控制计量泵驱动电机,实现对计量泵流量输出进行自动控制。

(3)应用于药液提升和输送的离心泵,由于其机械密封处易泄漏造成环境污染和腐蚀,新兴的无泄漏磁力驱动离心泵(磁力泵)将会得到越来越广泛的应用。

(4)前馈数学模型计算机优化自动控制和后馈数学模型计算机优化自动控制是较理想的控制加药方式。以自动控制絮绒体的检测器(FCD)、流动电流测定仪(SCD)、絮绒体检测器或模拟斜管作为前馈控制,并以沉淀水浊度作为后反馈微调。

4. 其他机械设备

其他机械设备包括搅拌机、鼓风机、起重机等,应尽量选用高质量、高效率、高寿命、易于操作和自动化控制的产品。

(二)电气设备

合理的供电模式对水厂安全供水至关重要,同时包括电源、变压器、电动机和高低压开关柜为主导的电气设备,其能耗水平也影响着经营成本。

(1)电源。有条件的水厂均应设置一用一备、先断后通的双路电源运行模式,提高供电的可靠性,简化倒闸操作。

(2)变压器。新建水厂选型或技改更新都应选用 S9 或能耗更低的节能型变压器;有条件的水厂结合高压断路器的无油化设计或无油化改造,采用低损耗干式变压器;对于正在使用的 64 标准、73 标准、S7(SL7)变压器逐步更新。变压器最佳负荷率为 0.5 ~ 0.61,负荷率低于 0.4、绝缘不佳或铜铁损耗使本身效率降到 98% 以下者宜更新。

(3)电动机。电动机是与水泵配套使用的。为节约投资,保证质量,应改变电动机往往由水泵厂配套决定的传统订货方式,特别是大型水泵机组,水泵和电动机应分别订货。当正在使用的电动机负荷率在 0.5 以下时,宜更换。

(4)高低压开关柜。有计划地淘汰 BSL、BFD 低压开关柜和 PGL 开关柜,逐步应用 GGD、JK、GCS、MnS、ArTV、SIKUS、SIVACON 型开关柜;将无油开关改为真空开关,将传统继电保护装置改为微机综合保护;高供低计用户高压侧设备围墙上隔离开关(或负荷开关)+高压熔断器的用户用环网柜取代;积极推广铠装开关柜、中置开关柜、气体绝缘开关柜。

(三)流量仪器仪表

应首选计量准确度优于 1.0 级的管段式电磁流量计和超声波流量计;有条件的水厂的出厂水流量计可采用单机安装方式,其管道内流速相对较稳定,宜于保证测量准确度;重视开发准确度高、量程宽、低流速的计量仪表;调整输水管的实际流速与设计流速的关系;若实际供水量太少,输水管应适当改造,使流量计能准确地计量。

采用灵敏度高的水表,提高用户水表的精度。淘汰计量等级低的 A 级水表,代之以性能优越、经济适用的 B 级及以上的水表。

(四)检测维修设备

设备维修由事后维修、计划检修逐步向预知维修阶段发展,设备状态和故障检测的作用必须高度重视。常规的电器试验、监测设备应向易操作、准确可靠、智能化发展；在生产的关键环节设置自动监测仪表；充分利用在线监测设备，连续监测诊断大型关键机组的运行状态，为适时维修提供可靠的技术数据。

二、设施、设备的运行管理

(1)专人负责管理供水设施、设备的资料档案信息。对设施、设备资料信息进行登记并随时更新。信息内容必须包括原始资料、日常运行、维护及检修资料。根据设施、设备类型，对设施、设备运行效果、技术改进措施及成效进行记录和分析。

(2)编制设施、设备运行管理的技术规程，规范化、科学化管理。技术规程应包括设施、设备正常运行工况，监测、维修等特殊情况，突发事件等情况下的运行操作程序、注意事项和监督制度。

(3)建立设施运行的水质监测制度。严格监督浊度和余氯等常规处理中的关键性运行指标，以确保供水安全；定期观察测定影响运行效果的关键部位，定期测定一格滤池全过程和进出水质、滤速、水头损失以及冲洗时间与初滤水的关系，以确定合理的滤池运行时间和冲洗时间。

(4)提高关键设施、设备的自动化管理水平。进水、沉淀池出水、滤后水及出厂水宜安装线浊度仪；浊度、余氯以及其他主要运行参数宜有越限警报，能在水厂调度室监视；实施混凝剂加注自动化、加氯自动化、滤池运行自动化。

(5)制订设备保养规程、明确责任。制订设备月保养计划，设备保养完成后要记录在设备档案中，包括保养内容、人员、时间等。

(6)对设备操作人员进行岗前培训，落实持证上岗制度。

三、水泵运行常见故障处理

安全与节能是水泵运行管理的重要内容。水泵运行中常见的故障及处理方法有：

(1)启动困难。大多属于底阀、吸水管泄漏，真空系统出故障或排气阀孔未打开造成吸水管及水泵灌不满引水。

(2)不出水或水量过少。原因有：引水不满，泵壳中存有空气；水泵转动方向不对或转速太低；吸水管及填料漏气；吸水扬程过高发生气蚀；水泵扬程低于实际扬程；管路、叶轮等有堵塞或漏水；水面产生旋涡空气进入水泵；出水阀门或止回阀未开等。

(3)振动或噪声过大。主要原因有：基础螺栓松动，隔振装置不够或损坏；泵与电机安装不同心；吸水扬程太高发生气蚀；轴承损坏与磨损等。

(4)水泵运行中突然停止出水。主要原因有：进水管路突然被杂物堵塞；叶轮被吸入的杂物打坏；进水管口吸入大量空气等。

水泵运行中出现故障后一般应停止水泵运行，找出故障原因，排除故障后再运转。预防故障首先应按照设计及设备技术说明书的要求安装，保证管路连接紧密，保证有足够的水量，保证水泵安装高度符合要求，保证管路阀件等不出现堵塞。

四、阀门维护

阀门的基本功能是接通或切断水的流通，改变水的流动方向，调节水的压力和流量，保护管路设备的正常运行。阀门的维护可分为保管维护和使用维护两种。

（一）保管维护

保管维护是指不让阀门在保管中损坏或降低质量。阀门保管应该井井有条，小阀门放在货架上，大阀门可在库房地面上整齐排列，法兰连接面不能接触地面。搬运中应避免打碎手轮、碰歪阀杆、手轮与阀杆的固定螺母松脱丢失等。

对暂不使用的阀门，应取出石棉填料，以免产生电化学腐蚀，损坏阀杆。对刚进库的阀门，要进行检查，如在运输过程中进了雨水或污物，要擦拭干净，再予存放。阀门进出口要用蜡纸或塑料片封住，以防脏东西进入。对在大气中易生锈的阀门加工面要涂防锈油，加以保护。放置在室外的阀门，必须盖上油毡之类防雨、防尘物品。存放阀门的仓库要保持清洁干燥。

（二）使用维护

使用维护的目的在于延长阀门寿命和保证启闭可靠。

阀杆螺纹与螺母经常摩擦，要涂起润滑作用的黄油、二硫化钼或石墨粉。已经脏了的润滑剂要及时更换，防止其中的硬杂物磨损螺纹和阀杆表面，影响使用寿命。对室外阀门的阀杆要加保护套，以防雨、雪、尘土锈污。若阀门为机械驱动，要按时给变速箱添加润滑油。

不要依靠阀门支持其他重物，不要在阀闸上站立。要经常保持阀门的清洁，经常检查并保持阀门零部件的完整性，排气阀要排气灵活。不经常启闭的阀门要定期转动手轮，对阀杆螺纹添加润滑剂，以防咬住。在冰冻地区应有适当的保温措施。

思考与练习

1. 管网运行管理的主要内容有哪些？
2. 管网的技术档案包括哪些资料？
3. 如何做好管网的水质管理？
4. 如何做好管网的巡查和检漏？
5. 水泵运行常见的故障及原因有哪些？
6. 如何进行阀门的维护？

参 考 文 献

[1] 孙士权．村镇供水工程[M]．郑州:黄河水利出版社,2008.

[2] 黄敬文,马建锋．城市给排水工程[M]．郑州:黄河水利出版社,2008.

[3] 张世瑕,张杰,张继明,等．小型农村饮用水工程[M]．北京:中国水利水电出版社,2011.

[4] 张奎．给水排水管道工程技术[M]．北京:中国建筑工业出版社,2005.

[5] 于金凤,张永伟．水泵与水泵站[M]．郑州:黄河水利出版社,2009.

[6] 陈亚萍,李雪转．乡镇供排水技术[M]．郑州:黄河水利出版社,2014.

[7] 中国灌溉排水发展中心.村镇供水工程设计规范:SL 687—2014［S].北京:中国水利水电出版社,2014.

[8] 上海市政工程设计研究总院.镇(乡)村给水工程技术规范:CJJ 123—2008［S］. 北京:中国建筑工业出版社,2008.

[9] 中华人民共和国住房和城乡建设部.城市给水工程规划规范:GB 50282—2016[S]．北京:中国建筑工业出版社,2017.

[10] 中国疾病预防控制中心环境与健康相关产品安全所.生活饮用水卫生标准 GB 5749—2006[S]．北京:中国标准出版社,2006.

[11] 中华人民共和国住房和城乡建设部.室外给水设计标准:GB 50013—2018[S]．北京:中国计划出版社,2019.

[12] 中华人民共和国住房和城乡建设部.建筑给水排水设计规范:GB 50015—2003(2009 年版)［S]．北京:中国计划出版社,2010.

[13] 中国环境科学研究院.地表水环境质量标准:GB 3838—2002［S］.北京:中国环境科学出版社,2002.

[14] 中华人民共和国住房和城乡建设部.给水排水管道工程施工及验收规范:GB 50268—2008[S]．北京:中国建筑工业出版社,2009.

[15] 中华人民共和国住房和城乡建设部.给水排水构筑物工程施工及验收规范:GB 50141—2008[S]．北京:中国建筑工业出版社,2009.

[16] 中华人民共和国住房和城乡建设部.建筑地基基础设计规范:GB 50007—2011［S］.北京:中国建筑工业出版社,2012.

[17] 中华人民共和国水利部.泵站设计规范:GB 50265—2010［S］.北京:中国计划出版社,2010.

[18] 全国国土资源标准化技术委员会. 地下水质量标准:GB/T 14848—2017[S]．北京:中国标准出版社,2017.

[19] 中国市政工程中南设计院.生活饮用水水源水质标准:CJ 3020—93［S］.北京:华文出版社,1994.